Reinhard Habeck

TEXTE,
die es nicht geben
dürfte

Mysteriöse Schriften und Botschaften
aus aller Welt

UEBERREUTER

IN GEDENKEN AN
den Heimatdichter der Stadt Tulln:

Dr. Humbert Dell'mour (1881–1948)

Österreichischer Sprachwissenschaftler,
Philosoph, Autor und außerdem
mein Großvater

Das säurefreie und alterungsbeständige Papier EOS liefert Salzer, St. Pölten
(hergestellt aus chlorfrei gebleichtem Zellstoff aus nachhaltiger Forstwirtschaft).

ISBN 978-3-8000-7498-3
Covergestaltung: Kurt Hamtil, Verlagsbüro Wien
Coverfoto: Reinhard Habeck
Copyright © 2011 by Verlag Carl Ueberreuter, Wien
Druck: CPI Moravia Books GmbH
1 3 5 7 6 4 2

Ueberreuter im Internet: www.ueberreuter.at

Inhalt

Über das Geheimnis schweigsamer Texte

Um unbekannte Schriften weht ein Hauch von Rätselhaftem (…)
Und entsprechend wird besonderer Ruhm demjenigen zuteil,
der als erster ihr Geheimnis lüftet.
Maurice Pope, Das Rätsel der alten Schriften, 1975

Als das Denken schreiben lernte, geschah etwas Ungeheuerliches: Der Mensch konnte zum ersten Mal in seiner langen Entwicklungsgeschichte sein Denken gewissermaßen konservieren. Er konnte dies so tun, dass ein völlig Unbekannter, der an einem fernliegenden Ort, in einer fernen Kultur, ja sogar in einer weit entfernten Zeit leben würde, erneut einzutauchen vermochte in den Kosmos des Schreibers, seine Gedanken und Fantasien. Der Schreibkompetenz des Autors musste allerdings die Kompetenz des Lesers begegnen, denn sonst erkannte der Textbetrachter im besten Fall zwar auf der Tontafel, unvergänglichem Granit oder einer gegerbten Lederhaut Symbole und Striche als eine Botschaft, nur konnte er die Information selbst eben nicht entziffern. Über Jahrtausende wurde dieser Zustand eigenartigerweise von babylonischen und ägyptischen Priestern, die die Schrift vor mehr als 5000 Jahren erfanden, geradezu gewollt. Denn lesen und schreiben zu können bedeutete für Priester und Könige, Macht zu besitzen: Macht über das Wort.

Im Zeitalter des Internets, in der wir die voluminöseste Entladung von geschriebenen Wörtern erleben, die es jemals gab, gilt es, sich nicht nur der Macht, sondern auch der magischen Gewalt der Wörter, des Wortzaubers wieder bewusst zu werden. Das Wort war ein Bote der Götter, ein Bote von Geistern und Menschen, das es zugleich zu beschwören und zu bannen, aber auch zu nutzen galt. Seltsam und unverständlich-magisch muss so mancher Text mit seinen eigenartigen Linien und Schnörkeln auf den Betrachter früherer Epochen gewirkt haben. Denn nicht nur die alten Ägypter glaubten an Wortmagie, wenn sie in ihren Hieroglyphen (sie nannten sie »Gottesworte«) ein kräftegeladenes Bild erkannten. So groß war ihre heilige Furcht z. B. vor dem Zeichen der Hornviper, die im Schriftsystem lediglich den Konsonanten *f* bezeichnet, dass sie dieses Symbol in den Gräbern verstümmelten, um dem Toten kein Unglück widerfahren zu lassen. Die jüdischen Kabbalisten des 13. Jahrhunderts lehrten, dass die Welt durch eine Verbindung Gottes mit den 22 Buchstaben des hebräischen Alphabets entstanden sei. Noch im 18. Jahrhundert fand das Magische Quadrat – es besteht aus einem kurzen Text aus fünf Wörtern, die sich vor- und rückwärts, ab- und aufwärts identisch lesen lassen – Anwendung gegen Seuchen und Feuer. All diese Texte, diese Worte eines Gottes, diese beschwörenden Formeln für das Dies- und Jenseits, die nicht für Millionen Ägyptentouristen gedacht waren, dürfte es streng genommen gar nicht geben.

Selbst der große Klassiker deutscher Sprache, Johann Wolfgang von Goethe, taucht noch hinab in diese mystische Seite der Sprache und Schrift, lässt seinen Faust das »geheimnisvolle Buch, von Nostradamus' eigner Hand«, geschrieben in »heiligen Zeichen«, zum Schlüssel für das Tor zur Geisterwelt werden. Goethe wusste sehr gut, dass der Besitz solcher Bücher der Magie den Tod bedeuten konnte. Denn die »Heilige Inquisition« verteufelte jeden Text, der nicht als bibeladäquat galt und die Macht der Kirche bedrohte.

Verwundern hingegen muss uns, wenn im 21. Jahrhundert der Wiener Autor Reinhard Habeck ein Buch mit dem Titel »Texte, die es nicht geben dürfte« herausgibt. Welcher Art sind diese Texte, die es heute nicht geben darf? Keine ideologischen, politischen oder gesellschaftskritischen Texte, für deren Besitz in totalitären Staaten Menschen noch immer um ihr Leib und Leben fürchten müssen, sind gemeint, keine religionskritischen Texte, die sich auf dem Index des Vatikans befinden oder gegen die islamische Fundamentalisten hetzen, und auch keine Geheimdossiers, wie sie von WikiLeaks veröffentlicht werden. Reinhard Habeck spürt weit aufregenderen, ja wundersamen Texten nach.

Immer wieder bin ich verblüfft, mit welchem Spürsinn für das Ungewöhnliche und mit welcher Akribie und Fortune der Autor dieses Buches über viele Jahre den »Texten, die es nicht geben dürfte« nachgeforscht hat. Da ich mit meinem Autorenkollegen Reinhard Habeck seit jugendlichen Jahren befreundet bin, konnte ich das Privileg genießen, einige Nachforschungen gemeinsam mit ihm zu betreiben. Was übrigens stets auch ein Vergnügen ist, denn »Meister Habeck«, wie ihn der Kulturwissenschafter Prof. Roland Girtler nennt, ist nicht nur ein hervorragender Kriminalist des Ungewöhnlichen, er ist zugleich ein äußerst humorvoller Zeitgenosse. Auf den Spuren des Heiligen Grals und des geheimnisumwitterten Templerordens begaben wir uns zusammen mit meinem Bruder, dem Schriftsteller Dr. Johannes Fiebag (1956–1999), mehr als ein Mal auf ungewöhnliche Pfade durch Österreich, durchstöberten alte Bibliotheken und Privatsammlungen, erforschten unterirdische Gänge und alte Klosterkirchen – immer auf der Suche nach verschollenen und verbotenen Texten. Als Germanist freilich weiß ich, dass neben Ausdauer mitunter nur der Zufall oder himmlische Fügung das Gesuchte finden lässt.

Reinhard Habeck erscheint mir dabei ein Kind des Glücks zu sein. Ihm öffnen sich Türen, die sonst verschlossen sind. Menschen erzählen und zeigen ihm Dinge, die sie sorgsam für sich bewahren. Ausgerechnet dort, wo in Innsbruck oder Wien täglich Tausende von Menschen unachtsam an geheimnisvollen Ensembles sprachlicher Zeichen vorbeischauen, ohne sie wahrzunehmen, findet der Wiener Autor Texte, die es in der Tat nicht geben dürfte. Er befragt die ungewöhnlichsten Manuskripte der jüngsten Jahrhunderte, der Renaissance, des Mittelalters, biblischer Zeiten, steigt hinunter in pharaonische Krypten oder hinauf auf Palastruinen versunkener Kulturen, ordnet rätselhafte, mitunter heftig umstrittene Texte historisch und kulturell ein, hinterfragt ihren Sinngehalt, analysiert ihren Wahrheitsanspruch und stellt aufregenden Fakten spannende Theorien gegenüber, die fesseln und zum Weiter- und Weiterlesen zwingen.

Staunend öffnet er die Gewölbekeller von Schrift und Text und zeigt uns, dass wir – trotz all unseres Wissens – nur partielle Alphabeten sind, die noch zahlreiche Geheimzeichen entschlüsseln müssen. So wird das vorliegende Buch zu einem Text, den es unbedingt geben muss! Allen Lesern wünsche ich somit etliche spannende Lesestunden.

Peter Fiebag

Vorweg gesagt: Wissen mit Ablaufdatum

Nur einen Schmerz haben die Verleger:
Es geht noch immer nicht ohne Schriftsteller.
Peter Hille (1854–1903)

Etwas kann man uns Erdenbewohnern nicht absprechen. Wir leiden an chronischer Kurzsichtigkeit. Wir sind keine »Über-den-Tag-hinaus-Denker«, blicken nicht über den Tellerrand, machen uns kaum Gedanken über die Generationen nach uns. Wie wird die Welt in 10.000 Jahren aussehen? Werden intelligente Lebensformen, so wie wir sie kennen, dann überhaupt noch existieren? Selbst wenn der Homo sapiens allen Katastrophen trotzt, so ist es doch sehr wahrscheinlich, dass die Welt in ferner Zukunft eine andere sein wird. Der Mensch wird dann entweder durch das Unvermögen seiner Vorfahren in die Steinzeit zurückversetzt worden sein – oder er hat sich weiterentwickelt, besitzt neue, uns heute noch fremde Technologien und hat längst das Sonnensystem besiedelt. Vielleicht würden wir, wenn wir gegenwärtig mit unverstandenem Hightech-Wissen der Zukunftsmenschen konfrontiert wären, dieses als Hokuspokus oder Fantasy bezeichnen. Doch wie könnte eine hypermoderne Spezies des Jahres 12.011 etwa davon abgehalten werden, Wüstengebiete mit vergrabenen radioaktiven Abfällen zu betreten, die ihnen Urahnen – also wir – als tödliches Erbe hinterlassen haben?

Ob dann noch jemand das Englisch unserer Tage verstehen wird? Es darf bezweifelt werden. Genauso fraglich ist, ob die Menschen von übermorgen wissen, was eine CD oder ein USB-Stick ist. Was wäre, wenn die Nachzeit-Archäologen Bruchstücke davon ausgraben würden? Wie würden die Superhirne die »prähistorischen« Funde deuten? Als Speichergerät? Oder doch eher als »Heiliges Amulett für kultische

Zeremonien einer untergegangenen Plexiglasgesellschaft«? Selbst wenn der wahre Zweck erkannt würde, bliebe die Frage, wie die Informationen abgerufen werden könnten, wenn zugehörige und funktionstüchtige Abspielgeräte nicht mehr existieren. Das ist ja heutzutage schon ein Dilemma, wie jeder PC-Anwender weiß: Sobald ein neues Dateiformat auf den Markt kommt, was bekanntlich mindestens alle paar Jahre geschieht, können bisher gespeicherte Informationen gefährdet sein, weil sie von den Neuerungen nicht mehr gelesen werden können. Die Haltbarkeit digital gespeicherter Daten ist problematisch. Festplatten wird eine Lebensdauer von 30 Jahren eingeräumt.

Wie könnte man Menschen in 10.000 Jahren etwas Wichtiges mitteilen, etwa die Warnung vor einem atomaren Endlager? Nach fürchterlichen Reaktorunfällen wie 1957 in Kyschtym (Russland) und Sellafield (Großbritannien), 1979 in Three Mile Island bei Harrisburg (USA), 1986 in Tschernobyl (Ukraine) oder zuletzt 2011 mit der Unfallserie in Fukushima (Japan) ist die Sorge berechtigt. Eine Lösung für das Problem gibt es nicht, trotzdem wird gefährlicher Atommüll für zukünftige Generationen als »Erbschaft« angereichert. Nach dem Motto: Nach uns die Sintflut. Ein digitales Vermächtnis als Warnung eignet sich jedenfalls nicht, das wäre bis dahin zerbröselt. Da waren unsere Urahnen mit der »primitiven« Methode, ihren gesammelten Wissensschatz in Stein zu meißeln und somit über Jahrtausende zu erhalten, doch schlauer.

Der amerikanische Sprachwissenschaftler Thomas Sebeok verfasste bereits 1984 eine Studie zum Thema »Communication Measures to Bridge Ten Millennia« und kam zu dem Schluss, dass sich die Sprachentwicklung nicht Jahrtausende voraussagen lässt, dass es keine Formen nonverbaler Kommunikation gibt, deren Bedeutung unwandelbar ist und auch keine Datenträger, bei denen mit Sicherheit angegeben werden kann, dass sie so lange Zeitspannen überstehen können. Wie also sollten bedeutende Informationen der Nachwelt mitgeteilt werden? Woher wüsste sie von der über Jahrtausende wirkenden Strahlengefahr am Beispiel atomaren Mülls? Man kann sie weder schmecken noch riechen noch sehen. Sebeok dachte daran, soziale Traditionen zu etablieren, die jede Generation verpflichten würden, die Warnhinweise für die Nachkommen neu zu formulieren. Doch wer könnte dafür garantieren, dass die Botschaft in 10.000 Jahren noch verstanden würde? Darüber dachte der Linguist nach und kam schließlich auf die

Idee, dass man eine Priesterkaste gründen müsste, die das Wissen um die Gefahren in Form von Mythen bewahren und weitergeben würde. Nur mit Legenden, die immer wieder neu erzählt und interpretiert würden, so glaubt der Sprachforscher, ließe sich der Respekt vor radioaktiver Strahlung lange Zeit erhalten.

Damit sind wir mitten in der Bewertung sonderbarer Überlieferungen wie den versunkenen Königreichen Atlantis und Lemuria, der Beschreibung vorsintflutlicher Hinterlassenschaften in arabischen Büchern, der Urerinnerung an eine weltumspannende Flutkatastrophe, den Berichten über unverstandene magische Rituale und Zaubersprüche sowie den alten Mythen über außerirdische Kulturbringer, die den Legenden zufolge vor Jahrtausenden von den Sternen zur Erde herabgestiegen waren, um den Menschen ihr profundes Wissen zu vermitteln.

In diese Richtung können auch arabische Texte interpretiert werden, die mehrfach begründen, dass die Pyramiden von Gizeh vor der großen Flut als Wissensspeicher für die Nachwelt erbaut worden sind. Bedenkt man, was allein an mathematischen und astronomischen Daten von der Cheopspyramide abgeleitet werden kann – vom Lehrsatz des Pythagoras bis zur Umlaufbahn der Erde –, so mutet diese Behauptung nicht weniger verrückt an als die amtliche Version vom leeren Grabmal für König Cheops. Die Errichtung einer Zeitkapsel oder eines Datenbunkers für zukünftige Generationen ist zudem ein recht vernünftiger Gedanke, der gerade in unserer verletzbaren hypermodernen Informationsgesellschaft mehr denn je Gültigkeit besitzt.

Wer den Spuren solcher Thesen und Überlieferungen folgt, muss sich von einigen Koryphäen der streitbaren Skeptikerbewegung gefallen lassen, als »Pyramidiot« bezeichnet zu werden. Alles, was auch nur den Anschein erweckt, gängige Lehrmeinungen kritisch zu hinterfragen, andere Sichtweisen aufzuzeigen oder gar Zweifel an bestehenden Dogmen zu äußern, wird abwertend als »pseudoarchäologische Esoterikspinnerei« verunglimpft.

Enthusiasten können sich natürlich in eine Idee verrennen. Das hat es immer wieder gegeben, gilt aber für beide Lager – auch Wissenschaftler sind nicht vor Irrtümern gefeit. Meine Vorstellung von einem skeptischen Zeitgenossen ist: differenziert zu einer Fragestellung stehen, kritisch, aber nicht gehässig sein, eine ergebnisoffene Grundhaltung zu einer kontroversen Debatte einnehmen und die ge-

gensätzlichen Argumente nach ihrer Glaubwürdigkeit hinterfragen. Ein angenehmer Charakterzug, den manche selbst ernannten Wissenschaftspolizisten auf entsprechenden Internetforen vermissen lassen.

Schon vor drei Jahrzehnten wies der deutsche Parapsychologe Professor Hans Bender (1907–1991) darauf hin, dass begeisterte Okkultgläubige und militante Skeptiker die gleiche Persönlichkeitsstruktur besitzen: Beide Gruppen mit fanatischer Ausprägung sind rationalen Argumenten gegenüber nicht zugänglich, weil sie überzeugte Gläubige sind, wenn auch jeweils mit unterschiedlichem Vorzeichen. Gegen konstruktive Kritik, die mit guten Sachargumenten und logischen Gegenbeweisen überzeugen will, wird es keine Einwände geben. Ideologisch geprägte Rationalisten, die vieles nicht genau, aber alles besser wissen und letztlich nur ihre persönliche Weltanschauung als einzige Wahrheit akzeptieren können, sind dagegen weder hilfreich noch ernst zu nehmen.

Es darf keine Denkverbote geben. Faktum ist, dass z. B. eine ganze Reihe arabischer Dokumente über den prädynastischen Ursprung der Pyramiden von Gizeh berichtet. Es ist legitim, diese Legenden als »Märchen aus Tausendundeiner Nacht« abzutun. Das ist bestimmt der bequemere Standpunkt. Doch ebenso legitim ist es, den orientalischen Mythen die Chance zu geben, vielleicht doch wahr zu sein.

Auf den folgenden Seiten präsentiere ich fantastische und ungelöste Schriftpassagen von der Steinzeit bis zur Gegenwart, die eines gemeinsam haben: Sie sind unglaublich, aber wahr! Zweifler können die Originalquellen prüfen und sich ihren Reim darauf machen – oder das Staunen lernen!

Reinhard Habeck

P.S.: Um gewitzten Kritikern vorzubeugen: Nein, mit »Texte, die es nicht geben dürfte« sind freilich nicht die Werke des Autors gemeint.

VERLORENES WISSEN

Es gibt zwei schöne Dinge auf der Welt: Erinnern und Vergessen.
Und zwei hässliche: Erinnern und Vergessen.

Sándor Rosenfeld (»Roda Roda«) (1872–1945),
österreichischer Humorist

Unlesbare Schriften und weltumspannende Kultur-kontakte im Altertum

Am Anfang war das Wort, so lautet eines der bekanntesten Bibelzitate. Aber wann genau war dieser Anfang? Warum haben unsere Urahnen einst begonnen, miteinander zu reden?

Dies sind nicht irgendwelche Fragen, es sind *die* Schlüsselfragen der Evolution, die uns Menschen von allen anderen Erdgeschöpfen unterscheidet. Bis heute ist es immer noch ein Rätsel, wie aus primitiven Grunzlauten die ersten sinnvollen Wörter entstanden sind und sich in der Folge eine komplexe Sprache entwickelt hat. Waren es zunächst einfache Töne und imitierte Tierlaute, wie der britische Naturforscher Charles Darwin (1809–1882) glaubte, die dann mit Bedeutungen belegt wurden? Oder verständigten sich die Urmenschen anfangs mit einer Art Gebärdensprache, bevor sie zur Lautsprache wechselten? Oder war es so wie die amerikanische Anthropologin Dean Falk vermutet, dass Mütter die ersten Stimmen erfanden, um ihre Säuglinge zu beruhigen? Aber wie konnten sich daraus später die verschiedenen Sprachsysteme der Welt entwickeln?

Die Fähigkeit des Menschen, mit Gleichgesinnten zu kommunizieren, führt zum Frühmenschen, zum Homo erectus. Diese Spezies lebte bereits vor zwei Millionen Jahren und war die erste, die Afrika verließ, Feuer machte, Behausungen baute, das Knüpfen von Knoten beherrschte und seefahrend unterwegs war. Für diese kulturelle Evolution muss der Homo erectus bereits eine Sprachform genutzt haben, anders wären seine Eroberungen nicht erklärbar. Trotz seiner Vielseitigkeit gelang es dem Urahn aber nicht, sich in die Neuzeit hinüberzuretten. Als vor rund 150.000 Jahren der »vernunftbegabte« Homo sapiens die Weltbühne betrat, verdrängte er sämtliche Konkurrenten für immer. Letztes Opfer war der robuste, aber keineswegs einfältige Neandertaler. Jüngsten Studien zufolge könnte dieser Menschentyp als kleine Population noch vor 12.000 Jahren in Mitteleuropa gelebt haben. Würde man heute ein lebendes Exemplar in einen klassischen Herrenanzug stecken, ihm eine adrette Krawatte um den Hals binden und zum Hairstylisten schicken, dann wäre der dicke Steinzeitler im hektischen Großstadtdschungel von betriebsamen Geschäftsleuten nicht zu unterscheiden.

Der Zeitpunkt seines endgültigen Verschwindens fällt etwa mit dem Ende der letzten Eiszeit zusammen. Das Klima auf der Nordhalbkugel des Globus wurde wärmer, die Gletscher schmolzen und die modernen Jetztmenschen begannen sesshaft zu werden, gründeten größere Siedlungen und entdeckten die Landwirtschaft. Der Klimawandel förderte eine Veränderung bisheriger Lebensweisen, aus Jägern und Sammlern wurden Bauern.

Das Bergheiligtum von Göbekli Tepe im Südosten der Türkei irritiert Archäologen: Die Anlage entstand vor rund 12.000 Jahren und enthält auf Riesenmonolithen »heilige Schriftzeichen«. (Bild: www.templestudy.com)

In dieser revolutionären Epoche entwickelten sich nicht nur Viehzucht und Ackerbau, es entstanden ebenso gewaltige Monumentalbauten, wie die südanatolischen Pfeilerkolosse von Göbekli Tepe beweisen. Sie sind mit ausdrucksstarken Piktogrammen übersät, die so angeordnet sind, dass sie nicht nur der Verzierung gedient haben können. Verblüffte Archäologen sind überzeugt davon, dass die abstrakten Zeichen eine steinzeitliche Botschaft enthalten, die für uns unergründlich bleibt. Wir wissen auch nicht mit Sicherheit, wann, wo und durch welchen Geistesblitz Sprache erstmals fixiert wurde.

Eines aber ist unbestreitbar: Der prähistorische Erfinder der ersten Schriftzeichen muss ein Superhirn gewesen sein. War es ein Ägypter? Ein Sumerer? Oder keiner von beiden? Laut traditioneller Lehrmeinung bilden die vor über 5000 Jahren entstandene mesopotamische Keilschrift und die etwa zeitgleich entstandenen ägyptischen Hieroglyphen den Beginn sprachlich gestützter Schrift. Wenn das stimmt, wieso lassen sich dann schriftartige Zeichen auf Knochen und Felsen, die offenbar der Information und Verständigung gedient haben, bereits aus Jahrtausenden vorher aufspüren?

Wissenschaftler wollen rund 7000 Sprachen ermittelt haben, die sich heute auf alle Kontinente verteilen. Sind sie wirklich unabhängig voneinander entstanden? Oder wäre es ebenso gut möglich, dass die erste sprachliche Verständigung und die daraus entfalteten ältesten Schriftzeichen einer gemeinsamen, global verbreiteten »Ur-Mutter-Sprache« entsprungen sind? Wieso zeigen steinzeitliche Felsgravuren in geografisch weit auseinander liegenden Erdteilen auffallende Übereinstimmungen? Nur universelle Zufälligkeiten und archetypische Erinnerungen aus dem kollektiven Unbewussten aller Menschen? Oder gab es bereits einen frühen kulturellen Informationsaustausch über die Weltmeere hinweg, von dem wir heute nichts mehr wissen?

Vergessenes Kulturerbe

Was verraten uns mysteriöse Zeichen und farbenfrohe Symbole, die Menschen der Eiszeit an Höhlenwände pinselten, die aussehen, als wären es Bilder von Picasso? Das globale Phänomen ist besonders in der Region Südeuropas verbreitet. Die ältesten Kunstwerke sind 36.000 Jahre alt. In der 1994 entdeckten Chauvet-Grotte, nahe der südfranzösischen Kleinstadt Vallon-Pont-d'Arc, befinden sich die spektakulärsten Bildmotive.

Während der eiszeitlichen Periode kam es zu genialen Erneuerungen: erstaunlich genaue Mondkalender, ausgeklügelte Zahlensysteme, perfekte Musikinstrumente, raffinierte Werkzeuge und vollplastische Statuetten wie die berühmten Venusfigurinen sind nur einige der vielen großartigen Errungenschafen. Doch woher kam der »göttliche

Funke«, der den Wendepunkt in den altsteinzeitlichen Kulturen bedeutete? Wir wissen es nicht. Belegt ist aber, dass bereits viele Jahrtausende früher rätselhafte Felszeichnungen im freien Gelände entstanden sind, die geritzte, gehauene oder gemalte Petroglyphen enthalten. Manchmal lassen sich diese Markierungen auf tierischen Überresten finden, so etwa auf Knochen, Muscheln oder Schnecken. Die ältesten anerkannten Ornamente stammen aus der südafrikanischen Blombos-Höhle (vor 75.000 Jahren) und der Skhul-Höhle (vor 100.000 Jahren) in Israel. Die Entdeckungen belegen, dass bereits in grauer Vorzeit die abstrakte Ausdruckskraft hoch entwickelt war. Die Zeichen sind keinesfalls zufällig entstanden, sondern folgen einem strengen Schema.

Wie sind die meist als »primitiv« bezeichneten Symbole zu interpretieren? Die Fachwelt konnte bislang keine allgemeingültige These dazu anbieten. Wurden sie als Beschäftigungstherapie oder aus Langeweile geschaffen? Haben die prähistorischen Wunder lediglich Dekorationscharakter und sind Ausdruck natürlicher Triebe? Stehen die Zeichen und Bilder in Beziehung zu schamanistischem Jagdzauber und übernatürlichen Vorstellungen? Waren es Beschwörungsformeln, entstanden in Trance? Oder haben wir es mit magischen Bildern für Initialriten zu tun? In Bezug auf große Höhlengemälde mag diese Überlegung vielleicht zutreffen. Was aber ist von den vielen kleinen geometrischen Mustern zu halten? Sie sind häufig eher unscheinbar neben Darstellungen von Tieren, seltener neben Menschen und Mischwesen verewigt worden, darunter Halbkreise, gerade Linien, Zickzacklinien, Kreuze, Pfeile, Spiralen oder einfache Punkte in abwechselnder Vielfalt. Originell sind gerade Linien mit einer aufgesetzten Kuppel, die in unterschiedlicher Größe und Anordnung wie fliegende Untertassen zwischen Tierbildern zu schweben scheinen. Am Deckengewölbe der Grotte von Altamira und anderen nordspanischen Höhlen sind diese »UFO-Bilder« besonders zahlreich angebracht worden. Ein anderes häufig wiederkehrendes Motiv sind Handzeichen mit unterschiedlicher Fingeranzahl.

Versuche einer ersten Sprachfixierung? Vorstufen der Schrift? Prähistoriker können das nicht so recht glauben, hieße es doch, dass der Beginn der »kreativen Explosion«, der den Aufstieg zur Zivilisation ermöglichte, Zehntausende Jahre weiter in die Vergangenheit zurückverlegt werden müsste. Und doch spricht vieles dafür, dass den Markierungen ein logisches Informationssystem zugrunde liegt, das dem

Gebrauch von Schrift ziemlich nahe kommt. Diese Theorie fand neue Unterstützung durch ein Projekt der kanadischen University of Victoria in British Columbia. Die Altsteinzeit-Forscherinnen Genevive von Petzinger und April Nowell legten 2010 eine Studie vor, die sämtliche sonderbare Zeichen von 146 französischen Fundstätten in einer Datenbank miteinander verglichen hat. Die Entstehung der Steinzeit-Graffitis umfasst das Zeitfenster zwischen 35.000 bis 10.000 Jahren v. Chr.

Die Überraschung: 26 Zeichen, alle im selben Stil gemalt, erscheinen immer wieder an verschiedenen Kultplätzen. Eine neue Einsicht, die gar nicht so neu ist. Schon in den 1960er- und 1970er-Jahren hatten Mysterienforscher wie Marcel Homet, Erich von Däniken, Peter Kolosimo oder Robert Charraux darauf aufmerksam gemacht. Die Querdenker wurden von der etablierten Gelehrtenwelt ignoriert und belächelt. Nun wird die These eines geschriebenen Höhlen-Codes auch vermehrt in akademischen Archäologenkreisen diskutiert. Offenbar haben Eiszeitkünstler eine Bildsprache entwickelt und genutzt, die allen prähistorischen Stämmen im heutigen Frankreich (und wahrscheinlich ebenso in noch weiter entfernt liegenden Gebieten) verständlich war.

Manche Bildwerke sind paarweise angebracht, was wiederum als Indiz für eine frühe piktografische Schrift angesehen werden kann. Von Petzinger und Nowell wiesen überdies darauf hin, dass weltweit auf Felswänden identische Merkmale zu finden sind, allerdings sind diejenigen in Europa die ältesten.

Es gibt noch andere ungeklärte Indizien, die für eine Höhlenschrift – Jahrtausende vor der eigentlichen Erfindung der Schrift – sprechen. Dazu zählen Kieselsteine aus der südfranzösischen Höhle von Mas d'Azil. Sie sind mit farbigen Punkten und geometrischen Linien bemalt, die verblüffend an Buchstaben des phönizischen, griechischen und lateinischen Alphabets erinnern. Eigentlich ein Ding der Unmöglichkeit, denn die Kieselsymbole entstanden vor 14.000 Jahren. Solche Kalksteinplättchen wurden inzwischen an vielen europäischen Orten entdeckt, in Birseck bei Basel in der Schweiz genauso wie in der Schwäbischen Alb in Baden-Württemberg oder in der Klausenhöhle in Bayern.

Die skurrilsten Funde stammen aus der La Marche-Höhle in Südfrankreich: Hunderte gravierte Kalksteintäfelchen mit Karikaturen von Menschen und Tieren! Wie es vor rund 16.000 Jahren möglich war, dass jemand diese Porträtgalerie auf Stein bannen konnte, ist ein ungelöstes Rätsel. In Fachkreisen schwebt deshalb der Fälschervorwurf im Raum. Damit sind Wissenschaftler immer schnell bei der Hand, wenn außergewöhnliche Artefakte nicht ins vertraute Schema passen wollen. Der Archäologe Nicolas Mélard ist dennoch von der Echtheit der komischen Relikte überzeugt. Er hat sie jahrelang untersucht und versichert: »Sie sind hundertprozentig keine Fälschung, auch wenn einige Stücke sehr überraschende Motive aufweisen.«

Eine andere anonyme Hinterlassenschaft ist in der Höhle von La Pasiega im nordspanischen Kantabrien erhalten. Die 400 Meter lange Grotte ist in vier Abschnitte unterteilt, die aufgrund ungleicher Bildmotive jeweils eine unterschiedliche Funktion gehabt haben dürften. Die für die Öffentlichkeit gesperrte Höhle besitzt die meisten Malereien der iberischen Halbinsel. Neben 291 Tierzeichnungen und 134 anderen figürlichen Motiven gibt es jede Menge unverstandener Symbole und Markierungen, die bildschriftliche Eigenarten aufweisen, besonders deutlich auf der linken Seite einer Felswand, wo sich der Durchgang zur Haupthöhle verengt. Die komplexe Anordnung der Zeichen ist so bestimmend an der Pforte angebracht, dass sie als Warnung für ungebetene Eindringlinge verstanden werden kann. Sinngemäß könnte der Text lauten: »Unbefugten ist der Zutritt in den heiligen Bezirk verboten!«

Ob die »Inschrift« tatsächlich so »gelesen« werden darf, bleibt freilich Spekulation. Keine noch so kluge Koryphäe, die die Wurzeln der Zivilisation erforscht hat, war vor 14.000 Jahren persönlich dabei, als die Symbole am Zugang zur Grottenpforte aufgemalt wurden.

Beim Betrachten dieser und all der anderen eiszeitlichen Aufzeichnungen drängt sich auch immer wieder der Gedanke auf, dass uns die bunten Bildwerke packende Geschichten erzählen wollen. Der Wunsch, etwas festzuhalten und Ausgesprochenes bewusst in einer bilderschriftähnlichen Form zu fixieren, existierte offenbar schon damals. Warum also sollte die Steinzeitkunst nicht tatsächlich textliche Botschaften enthalten, die dazu geschaffen wurden, erste dauerhafte Informationen an spätere Generationen weiterzugeben? Ob man der These folgen möchte oder nicht, eine Schlüsselfrage provoziert Forscher beharrlich in aller Welt: Was bedeuten die vielen Kerben, Striche, Punkte und Kreise, die scheinbar geplant und durchdacht auf Felswänden angebracht worden sind?

Nun, es bedeutet, dass wir in einer Sackgasse sind. Denn um die

Nachrichten aus der Altsteinzeit zu verstehen, müssten wir neben den Bildsymbolen auch das Gesprochene kennen oder einen urzeitlichen Stein von Rosetta besitzen, der uns die unverstandenen Werke dechiffriert. Dazu fehlt aber leider jeder Anhaltspunkt. Die verlorene Symbolwelt und der rituelle Nachlass der Eiszeitsuperhirne bleibt eines der großen ungelösten Rätsel der Menschheit.

Wird es Prähistorikern, Felsbildarchäologen und Sprachforschern irgendwann gelingen, die aufgemalten und eingeritzten Erinnerungen unserer Urahnen zu entschlüsseln? Das ist trotz redlicher Bemühungen nicht sehr wahrscheinlich. Die Problematik des Wissensverlustes und der Sprachlosigkeit ist allgegenwärtig. Verliert ein Volk seine Sprache, ist auch sein kulturelles Erbe bedroht. Was bleibt, sind irgendwann bestenfalls mythologische Erzählungen einer versunkenen Epoche. Selbst wenn Gegenstände oder andere Spuren der Existenz erhalten geblieben sind, nützt das herzlich wenig, wenn wir ihren eigentlichen Sinn nicht begreifen können.

Wissenschaftler schätzen, dass weltweit alle vier Wochen eine Sprache ausstirbt. Das liegt an der Anzahl der Personen, die eine Sprache aktiv sprechen und kann sehr stark abweichen. Fast eine Milliarde Asiaten sprechen Mandarin-Chinesisch. Anders ist die Situation bei Naturvölkern, wo nur mehr ein paar Tausend Einheimische ihre Muttersprache beherrschen. Hier ist das kulturelle Gedächtnis der Ahnen gefährdet. Das wissen auch die Pygmäen im zentralafrikanischen Gabun. Sie geben einen poetischen Vergleich, der haargenau ins Schwarze trifft: »Wenn bei uns ein alter Mann stirbt, sagen wir, eine Bibliothek ist abgebrannt.«

Besonders dramatisch ist die Situation in Lateinamerika. Seit der Eroberung der Spanier im 16. Jahrhundert sind 141 indigene Sprachen und Dialekte in Mexiko ausgestorben. 36 noch existierende könnte demnächst das gleiche Schicksal ereilen, so z. B. Mocoritisch, Zacatekisch, Potlapigu oder Guazapar. Tragisch ist der Fall von Ayapaneco. Diese akut vom Aussterben bedrohte Sprache wird 2011 nur mehr von zwei Mexikanern fließend gesprochen. In der eigenen indigenen Sprache wird sie »Nuumte Oote« genannt und bedeutet übersetzt »Wahre Stimme«. Forscher der Universität Indiana sind verzweifelt. Denn obwohl der 75-jährige Manuel Segovia und der 69-jährige Isidro Velazquez nur einen halben Kilometer voneinander entfernt in Ayapa im Bundesstaat Tabasco leben, wechseln sie kein Wort miteinander.

Velazques ist im Gegensatz zu Segovia stoisch ruhig und verlässt sein Haus überhaupt nicht. Der Eigenbrötler spricht mit den Wissenschaftlern nur, wenn er Lust dazu hat.

Umgekehrt, wenn auch viel seltener, können ebenso unbekannte Sprachen entdeckt werden. Der jüngste Fall stammt aus dem Jahre 2010. Damals stießen amerikanische Forscher in einer abgelegenen Gebirgsregion des nordindischen Staates Arunachal Pradesh auf eine ihnen unbekannte Sprache namens Koro. Sie zählt zur tibetisch-birmanischen Sprachfamilie und wird noch von etwa 1000 Menschen gesprochen. In den Dörfern, in denen Koro entdeckt wurde, ist eigentlich Aka die dominierende Sprache, die jedoch völlig anders ist. Sie war die Sprache der Sklavenhändler. Ethnologen vermuten daher, dass Koro der geheimen Verständigung der Sklaven untereinander diente.

Wie lange wird es noch dauern, bis wieder ein Kulturerbe verloren gegangen ist? Wie wird es mit unserer Zivilisation weitergehen? Was wird von der überdigitalisierten Informationsgesellschaft in ferner Zukunft an gescheiten Wortgefügen erhalten bleiben? Wenn man den römischen Kaiser Marc Aurel (121–180 n. Chr.) zu Rate zieht, wird nichts erhalten bleiben, prophezeite er doch spöttisch: »Bald – und du hast alles vergessen. Bald – und alles hat dich vergessen.«

Alteuropäischer Schriftgebrauch vor der Erfindung der Schrift

Wann sind schriftartige Symbole Ausdruck einer echten Schrift? Im engeren Sinne dann, wenn ein System festgelegter Zeichen verschiedene Informationen enthält, die in Beziehung mit ausgesprochenen Silben, Wörtern und Satzbegriffen stehen. Das soll erstmals in Südmesopotamien (heute Gebiete im Irak) geschehen sein, als um 3600 v. Chr. die ersten Stadtstaaten entstanden. Damit einhergehend benötigten Menschen ein Medium zur Verwaltung von Waren und Steuern. Aus Zählsteinen für Schafe und Weinamphoren, so die verbreitete These, entstand um 3200 v. Chr. die Keilschrift, bei der mit einem Binsenrohr Bildzeichen in Tontafeln gedrückt wurden. Erst um 2600 v. Chr. sei aus der ersten Bilderschrift eine Silbenschrift entstanden, in der die Zeichen Lautwerte bekamen. Mit dieser grandiosen Idee war es nun möglich, Sprache, Gedanken und Nachrichten über Raum und Zeit zu übermitteln. Dass die Sumerer wirklich die Ersten waren, die eine sprachlich gestützte Schrift erfunden haben und als Kommunikationssystem nutzten, wird heute vielfach angezweifelt. Hieroglyphen aus Abydos in Ägypten, die nachweislich Sprache wiedergeben, sind ein paar Jahrhunderte älter. Die Erkenntnisse führten zu einem Meinungsdisput unter Ägyptologen, Altorientalisten und Philologen, der seit Jahrzehnten anhält. Halten wir zunächst fest: Die ältesten wissenschaftlich anerkannten Schriftsysteme sind mehr als 5000 Jahre alt.

Doch abgesehen von den ägyptischen Hieroglyphen und der Keilschrift existieren außergewöhnliche Funde untergegangener Reiche, die teilweise älter sind, aus anderen Regionen stammen und bereits schriftartigen Charakter aufweisen. Die Fachwelt bestreitet nicht, dass diese Zeichen eine Botschaft enthalten. Aber ist wirklich eine Sprache beschrieben und abgebildet worden? Wenn ja, sind es Logogramme, Silbenzeichen oder bereits alphabetische Buchstaben? Wie nicht anders zu erwarten, sind sich die Spezialisten in dieser Frage uneins. Das Dilemma bei der Analyse ist dasselbe wie beim Steinzeit-Code der Höhlenkünstler: Da die Sprachen der vergangenen Kulturen unbekannt sind, können auch ihre hinterlassenen Schriftzeichen nicht gelesen werden.

Die 1908 entdeckte alteuropäische Vinča-Kultur ist ein solcher Streitfall. Sie wurde nach dem kleinen Ort Vinča in Serbien benannt, der rund 14 km östlich von Belgrad liegt. Der Einfluss dieser ureuropäischen Zivilisation, deren Anfänge ins 7. Jahrtausend vor unserer Zeit zurückreichen, umfasst Gebiete in den heutigen Staaten Ungarn, Bosnien-Herzegowina, Serbien, Rumänien, Bulgarien und Nordgriechenland. Bei den Ausgrabungsstätten wurden zahlreiche Scherben, Tontafeln, Spindeln (runde Plättchen mit einem Loch in der Mitte) und Keramikfiguren gefunden. Das Ungewöhnliche daran ist, dass alle Artefakte fremdartige Inschriften tragen. Skeptiker halten sie für Besitzzeichen oder Töpfermarken. Dagegen spricht: Neben Markierungen, die man als Zahlenwerte und Maßeinheiten deuten könnte, gibt es mehr als 200 unterschiedliche Zeichen, die in Kombination mehrfache Verwendung fanden.

Die meisten Beschriftungen sind kurz und enthalten nur wenige Symbole. Man könnte sie für eine Vorläuferschrift mit fixierten Wörtern halten, wären da nicht ebenso Kunstwerke mit vielen Gravuren vorhanden. Es sind Einzelstücke, aber es gibt sie. Ein solches Beispiel liefern wenige Zentimeter große Tontafeln aus der rumänischen Ausgrabungsstätte Tartaria in der Grafschaft Alba. Die darauf gravierten

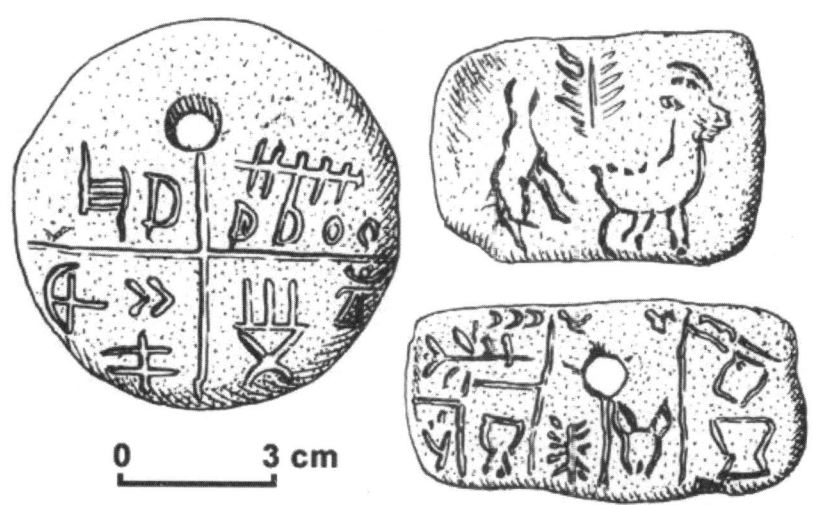

Votivtafeln aus Tartaria in Rumänien, die um 5300 v. Chr. entstanden sind. Die älteste Schrift der Welt? (Bild: Marija Gimbutas)

Inschriften erinnern stark an frühe Piktogramme aus Mesopotamien. Eine Zeit lang herrschte unter Gelehrten deshalb der Verdacht, Einwanderer aus dem Nahen Osten könnten den Alteuropäern die Schreibkunst übermittelt haben. Inzwischen wissen wir, dass die meisten Vinča-Zeichen bereits wesentlich früher und aller Wahrscheinlichkeit nach ohne fremden Einfluss entstanden sind. Ein Großteil der beschrifteten Relikte stammt aus Vinča selbst. Sie werden ins 6. Jahrtausend v. Chr. datiert.

Für die litauische Prähistorikerin Marija Gimbutas (1921–1994) und andere Sprachexperten sind die Gravuren einwandfrei als Anmerkungen eines logisch aufgebauten Schriftsystems zu deuten. Sie müssen einem sakralen Zweck gedient haben, denn alle beschrifteten Objekte wurden außerhalb der Siedlungsgebiete an Kultplätzen und Begräbnisstätten gefunden. Doch weshalb wurden die Tafeln und Statuetten mit Texten versehen?

»Das Schreiben stand im Zusammenhang mit religiösen Zeremonien, so mit der Anrufung einer Gottheit, mit Fruchtbarkeitsritualen, mit Opferhandlungen, Bestattungsriten und dem Ahnenkult«, vermutet der deutsche Sprach- und Kulturwissenschaftler Harald Haarmann.

Eine Sakralschrift, die von Eingeweihten nur zu dem Zweck entwickelt wurde, mit Göttern in Kontakt zu treten? Was war die Veranlassung dafür? Welchem überirdischen Wesen wurde gehuldigt?

Marija Gimbutas erblickte in den Fundsachen Gemeinsamkeiten mit der griechischen Mythologie und den Glaubensvorstellungen von Muttergottheiten in Anatolien. Eine feminine Fährte, die sich mit der These des amerikanischen Universitätsprofessors Toby Griffen deckt. Er will einige »Wortfetzen« der Vinča-Sprache entziffert haben. Der Sprachforscher untersuchte, in welchem Zusammenhang die einzelnen Zeichen auftreten. Dabei stellte er fest, dass diverse Bildsymbole auf runden Spindelköpfen und Tonfigürchen mehrmals vorkommen: Bären, Vögel oder Menschen mit Bären- und Vogelmasken sowie ein wiederkehrendes Zeichen, das Griffen als »Göttin« deutet. Es muss eine wichtige Bedeutung gehabt haben, denn auf einigen Utensilien ist es umrahmt. So entstand eine Wortfolge, die als »Bär – Göttin – Vogel – Göttin – Bär – Göttin – Göttin« gelesen werden kann. Griffen bildet daraus den Satz »Die Bärengöttin und die Vogelgöttin sind wirklich die Bärengöttin«, anders formuliert: »Die Bärengöttin und die Vogelgöttin sind eine Göttin, nämlich die Bärengöttin.«

Dies scheint zunächst keinen Sinn zu ergeben, für Toby Griffen jedoch sehr wohl. Der Linguist erkennt eine Übereinstimmung mit der Mythologie der Griechen. Dort erfahren wir, dass die Jagdgöttin Artemis (bei den Etruskern heißt sie Artumes, später bei den Römern Diana) aus älteren Jagd- und Vogelgottheiten hervorgegangen sein soll. Erzählt wird, ihr Bärenwesen habe dominiert und ihr Vogelwesen habe schließlich an Bedeutung verloren. Antike Überlieferungen wissen außerdem, dass Artemis bei Initialriten eine Rolle spielte, wobei junge Frauen als Bärinnen auftraten. Die Göttin wurde als Ernährerin aller Lebewesen verehrt und galt als Hüterin der Frauen und Kinder. Ihre Spuren lassen sich bis zur Gründung der antiken Stadt Ephesos vor fünf Jahrtausenden zurückverfolgen. Die der Göttin zugeschriebene Fruchtbarkeitssymbolik findet sich vielfach auch in den Zeichen der Vinča-Schrift nebeneinander abgebildet: Bärentatze und Vulva.

Ist es reiner Zufall oder könnte der Artemis-Kult im alten Europa seinen Anfang genommen haben?

Es gibt einen weiteren Hinweis, der von Belang sein könnte: Das geheimnisvolle Urvolk der Kelten, das in der Eisenzeit mit der Hallstatt-Kultur seine Hochblüte erlebte, kannte ebenfalls eine Bärengöttin. Ihr Name ist jenem der Artemis nicht unähnlich und lautet Artio, abgeleitet von Artos, dem gallischen Wort für »Bär«. Im französischen Département Drôme fanden sich außerdem mehrere Inschriften der Göttin Andarta. Übersetzt bedeutet ihr Name »Große Bärin«. Nun passt das zeitlich und geografisch nicht ganz mit der Vinča-Kultur zusammen. Andererseits: Ursprung und Herkunft der Kelten sind noch nicht ermittelt. Was war vor dieser zentraleuropäischen Hochkultur?

Donaugötter, Granitbälle und Pyramidenrätsel

Siedlungsgebiete der Kelten waren in der Antike weit verbreitet, auch am gesamten Balkan und sogar bis nach Anatolien. Das war im 4. Jahrhundert v. Chr. Folgt man dem bekannten Geschichtsbild, so waren die Vinča Jahrtausende vor den Kelten am Balkan. Aber sollte man von einem schriftkundigen Steinzeitvolk nicht erwarten dürfen, dass es noch ganz andere Schätze seiner Zivilisation hinterlassen hat als ein paar Tausend Scherben mit unverständlichen Zeichen? Es gibt in der Region einige spektakuläre Entdeckungen, die mit einer Vor-Zivilisation in Südosteuropa verbunden werden. Dazu gehören die Funde von Lepenski Vir in der serbischen Gemeinde Majdanpek im Grenzgebiet zu Rumänien. Als 1965 bei Regulierungsarbeiten eines Dammes bemalte Keramiken, Steinplatten mit eingeritzten Jagdszenen und gravierte Gewandnadeln aus Knochen zutage gefördert wurden, waren sich Archäologen noch nicht über die wahre Bedeutung der Funde im Klaren. Erst gezielte Ausgrabungen in den Folgejahren brachten Gewissheit: Man war auf uralte Siedlungsspuren einer unbekannten Kultur gestoßen, die in der Epoche von 7300 bis 4800 v. Chr. am Donauufer angesiedelt war. Das recht fortschrittliche Steinzeitvolk muss bereits ferne Handelsbeziehungen gepflegt haben, denn etliche Artefakte, darunter Schmucksteine, Perlen und Muschelschalen, stammen ursprünglich aus dem Norden Ungarns, dem Mittelmeer und dem Schwarzen Meer.

Die seltsamste Entdeckung waren Steinskulpturen, die himmelwärts zu den Sternen blicken. Ihre Bedeutung ist nach wie vor ungeklärt, auch wenn einige Archäologen »anthropomorphe Abbilder von Donaugottheiten« darin erkennen wollen. Inzwischen wurden vor allem auf rumänischer Seite zahlreiche Häuserfundamente und Bestattungsplätze freigelegt. Sie liegen auf terrassenförmig angelegten

Ebenen und haben eine verblüffende Architektur: Heime, Altäre und Gräber sind in ihren trigonometrischen Grundrissen so angeordnet, dass sie exakten Trapezmustern und gleichschenkligen Dreiecken entsprechen. Die bedeutende Sammlung kann sowohl im Lepenski Vir Museum vor Ort (15 km entfernt von Donji Milanovac nahe der Straße Richtung Pozareva) besichtigt werden als auch im Nationalmuseum von Belgrad und im Archäologischen Museum Djerdap in Kladovo. Mit neuen Erkenntnissen darf gerechnet werden, denn: »Es sind bei Weitem nicht alle Siedlungen der Lepenski-Vir-Kultur in ihrer Gänze erforscht, geschweige denn publiziert«, weiß die deutsche Donau-Archäologin Valeska Becker.

Dies führt zu einem anderen Steinrätsel, über das aufmerksame Wanderer in Serbien und Bosnien-Herzegowina gelegentlich stolpern können: Geglättete Steinkugeln in unterschiedlicher Größe – von der eines Medizinballes bis zu zwei Metern Durchmesser – und mit einem Gewicht bis zu mehreren Tonnen. Sie liegen verstreut in der Landschaft herum oder am Ufer von Flussbetten. Man mag vermuten, dass die perfekten Kugeln über Jahrmillionen durch natürliche Auswaschungen entstanden oder im Zuge von Gletscherverschiebungen weitertransportiert und nach der Eisschmelze an ihren heutigen Plätzen »abgelegt« wurden. Solche Findlinge gibt es freilich, jedoch sind sie nicht gemeint. Die Steine des Anstoßes müssen anders entstanden sein. Sie wurden einwandfrei mit Werkzeugen bearbeitet, und zwar so vollkommen rund geschliffen, dass man annehmen könnte, sie kommen soeben aus der Kugelmühle.

Das Phänomen der mysteriösen Granitbälle ist aus etlichen Regionen der Erde bekannt, wird aber besonders mit dem Karibikstaat Costa Rica verbunden. Dort konnten etwa 400 Fundplätze lokalisiert werden, ohne dass jemand erklären kann, woher die Dinger stammen. Das genaue Alter zu ermitteln ist nicht möglich, es wird aber ein prähistorischer Ursprung angenommen. Einige Exponate sind mit bizarren Gravuren verziert, die Archäoastronomen mit Sternbildern und einem astrologischen Kalender in Beziehung setzen. Ob die fantastische These eines prähistorischen Sternenkultes zutrifft und die Kugeln gezielt an topografisch bedeutsamen Plätzen positioniert worden sind, lässt sich nicht belegen. Wenige Stücke befinden sich noch am ursprünglichen Standort. Viele wurden beschädigt oder sind zu Dekorationszwecken entwendet worden.

In Costa Rica gibt es Hunderte perfekt geschliffene Steinkugeln, manche bis zu 2 m Durchmesser. In den letzten Jahren sind ähnlich mysteriöse Granitbälle in Serbien und Bosnien-Herzegowina aufgetaucht. Woher die im Gelände verstreuten Felsobjekte kommen, weiß trotz zahlreicher Spekulationen niemand. (Bild: Archiv R. H., Quelle: wikipedia)

Im alten Siedlungsgebiet der Vinča-Menschen ist die Situation nicht viel anders. In der Republik Bosnien-Herzegowina, die einst die westliche Grenze dieser südosteuropäischen Steinzeitkultur war, sind mehr als 40 polierte Riesenkugeln aus Stein entdeckt worden. Der Großteil der Funde konzentriert sich im Umfeld der Stadt Visoko, nordwestlich von Sarajewo. Hier erhebt sich ein auffälliger, 220 m hoher Berg, genannt Visočica, der eine pyramidenartige Symmetrie aufweist. Im Jahre 2005 sorgte der bosnische Unternehmer und Forscher Semir Osmanagić mit einer provokanten These für weltweites Aufsehen. Seiner Ansicht nach verbirgt sich unter der dichten Vegetationsschicht ein künstlich errichtetes Bauwerk, das von prähistorischen Meisterarchitekten geschaffen wurde. Die europäische Monumentalpyramide wäre damit bei Weitem höher als die Pyramiden von Gizeh in Ägypten. Für die traditionelle Archäologie ist diese Möglichkeit unvorstellbar. Doch Osmanagić kann auf Grabungsbefunde, Vermessungsresultate und seismische Anomalien verweisen, die gegen eine natürliche Hügelform sprechen: Die Seiten des pyramidenförmigen Berges haben einen Neigungswinkel von 45 Grad und sind exakt nach Nord-Süd und Ost-West ausgerichtet, so wie viele große Pyramidenbauten. Das Zugangsplateau besteht aus bearbeiteten, stufenförmigen Platten, ähnlich den Pyramiden in Mexiko. Satellitenbilder und topografische Luftaufnahmen haben drei weitere »verdächtige« Hügelstrukturen aufgespürt, die in geodätischer Beziehung zur Hauptpyramide stehen.

Postkarte von 1931: der pyramidenförmige Hausberg bei Visoko in Bosnien. Sind seine topografische Lage und die Symmetrie eine Laune der Natur? Oder könnte sich unter der Vegetation eine künstliche Pyramide befinden? (Bild: Archiv R. H.)

Eine der wichtigsten Entdeckungen, die Osmanagić als Beleg für seine kühne Behauptung anführt, sind unterirdische Tunnelschächte am Fuße des Visočica-Hausberges. Sie sind ohne Zweifel von Menschenhand gegraben worden – aber wann? Skeptiker vermuten, dass es mittelalterliche Bergwerksstollen sind. Laboranalysen des italienischen

30

Sedimentexperten der Universität Rom, Professor Dario Andretta, konnten das nicht bestätigen. Im Gegenteil: Der Geologe untersuchte Kalkablagerungen, die von der Decke herabhängen, sogenannte Stalaktiten. Ihrem Alter entsprechend müssten die künstlichen Höhlen vor mindestens 3000 Jahren entstanden sein. Überdies wurden in einigen Schächten Sandsteinmonolithe unbekannter Herkunft und unbestimmten Alters entdeckt. Sie enthalten seltsame Inschriften, die noch nicht entschlüsselt sind. Einige Gravuren erinnern an die Runen der Vinča, andere lassen lateinische Buchstaben vermuten, die erst in viel jüngerer Zeit ins Gestein geritzt worden sind.

Trotz berechtigter Zweifel aus den Reihen der archäologischen Fachwelt liegt ein endgültiges Urteil über die »bosnische Pyramide« noch nicht vor. Das schließt andere pyramidenförmige Bergstrukturen im Umfeld von Visoko mit ein, betrifft aber ebenso rätselhafte Anlagen in Italien. Speziell die auffällige Symmetrie der Hügel von Montevecchia (nordwestlich von Mailand) und Pontassieve (östlich von Florenz) springen ins Auge. Archäologische Grabungen wären zu begrüßen, benötigen aber Personal, Zeit, Geld und Forschungswillen. Auch in Bosnien gibt es noch viel Bedarf an wissenschaftlichen Studien. Grabungen erweisen sich als schwierig, nicht nur der Finanznöte wegen, auch mögliche Landminen des letzten Balkankrieges (1991–1999) können die Arbeit erschweren. Erst wenn sichergestellt ist, dass im fraglichen Grabungsgebiet keine mörderischen Sprengkörper »vergessen« worden sind, können die Archäologen ihre Tätigkeit aufnehmen.

Sollte Semir Osmanagić allen Unkenrufen zum Trotz Recht behalten und die Erhebung Visočica ist tatsächlich ein künstlicher Berg, dann wäre er die größte Pyramide der Welt. Sie wäre aber nicht die einzige Pyramide in Europa. Die imposanten Himmelstreppen wurden im Altertum zu unterschiedlichen Zeiten errichtet. Genauso wie die steinernen Riesenkugeln oder die Erfindung der Schrift finden sich ihre Spuren in vielen Weltkulturen, obwohl sie in großer geografischer Distanz zueinander stehen. Ob die frappanten Gleichklänge stets unabhängig voneinander entstanden sind oder ob frühe weltumspannende Kulturkontakte bestanden, die sich gegenseitig inspirierten, ist nach wie vor strittig.

Aus dem alten Europa sind die Reste kleinerer Pyramidenexemplare vielerorts bekannt. Darunter in Griechenland (Hellinikon bei Argos), Frankreich (Falicon bei Nizza), Österreich (Oberneustift im Waldviertel), auf Sardinien (Monte d'Accoddi in der Provinz Sassari) oder auf der kanarischen Insel Teneriffa (Guímar in der Provinz Santa Cruz).

Kann sich unter dem Hügel von Visočica eine gemauerte Monumentalpyramide befinden, wie Semir Osmanagić behauptet? Die bislang vorgelegten Zeugnisse sind höchst umstritten. Eine andere Überlegung: Vielleicht ist die Anhöhe von einem alteuropäischen Urvolk »nur« zu einer Pyramidenform aus Lehm und Erde umgestaltet worden. So ungewöhnlich wäre das nicht. In der Wüste von Nazca in Peru, wo sich die berühmten überdimensionalen Scharrbilder, geometrischen Flächen und kilometerlangen Linien wirr durchs Land ziehen, hat ein prähistorisches Volk ganze Bergkuppen aufwendig abgetragen und für ihre kultischen Zwecke planiert und in China sind mehr als 100 pyramidenförmige Erdhügel bekannt, die mit dem Hausberg Visočica mühelos gleichziehen können. Dazu gehört z. B. das frühchinesische Mausoleum Qin Shihuangdis nordöstlich von Xi'an. Es ist mit 350 m Basislänge und 200 m Höhe auch die Fundstätte der berühmten Terrakottaarmee.

Natürlich gibt es in ganz Alteuropa die Architektur der Tumuli, die ebenfalls pyramidenähnlichen Charakter aufweisen. Diese rundlichen Bauten wurden mittels Erdaufschüttung als Hügelgräber genutzt. Die ältesten Formen sind aus der Jungsteinzeit belegt. Sie wurden später von anderen antiken Stämmen übernommen, deren Geschichte immer noch geheimnisvoll ist, darunter die Illyrer, Tharker und Etrusker. Viele der prähistorischen Errungenschaften können wir nur erahnen, denn die Sprachen der Völker sind ausgestorben. Was sie uns als stumme Zeugnisse hinterlassen haben, ist Stückwerk, das von Archäologen wie ein Puzzle erst gewissenhaft geprüft, gedeutet und zu einem Gesamtbild zusammengefügt werden muss. Das Mosaik der menschlichen Vorgeschichte weist nach wie vor grobe Lücken auf, die für die Wissenschaft eine drängende Herausforderung sind. Eines aber gewinnt mit jedem neu entdeckten archäologischen Fragment deutlicher an Konturen: Die alteuropäische Steinzeit war alles andere als roh, rückständig und primitiv. Am Balkan lassen sich ihre zivilisatorischen Wunder entdecken. Die Fähigkeit, sprachliche Informationen in einem codierten Zeichensystem festzulegen, gehört dazu!

Codierte Chroniken der Minoer

Weshalb sind in Alteuropa großartige Leistungen unserer Urahnen wieder verloren gegangen? Altertumsforscher erkennen einen Zusammenhang mit den massiven Einwanderungswellen indoeuropäischer bzw. indogermanischer Völker, die im 4. und 3. Jahrtausend v. Chr. einsetzte. Sie könnten erklären, warum bisherige Vorstellungen verdrängt, durch neue ersetzt oder vermischt wurden. Das berührt vor allem den religiösen Glauben an weibliche Erd- und Muttergottheiten, denen männlich dominierte Götter folgten. Es betrifft ebenso das Verschwinden der Vinča-Schrift. Spätestens um 3500 v. Chr. verfiel Europa in eine schriftlose Zeit zurück. Sofern nicht dank neuer Funde und Erkenntnisse gängige Thesen über Bord geworfen werden müssen, können wir davon ausgehen, dass dieses zeitliche Loch zwei Jahrtausende anhielt. Dann begannen mykenische Griechen auf dem Festland wieder Texte zu schreiben.

Eine Ausnahme gab es: die Hochkultur auf der Insel Kreta. Dort blieben nicht nur religiöse Ideen vor-indoeuropäischer Muttergottheiten erhalten (die ältesten weiblichen Statuetten sind 8500 Jahre alt, die jüngsten stammen aus griechischer Zeit), sondern ebenso dunkle Erinnerungen an eine Schrift vor der Schrift. Als um 3000 v. Chr. die kretische Bronzezeit begann, entwickelte sich die Kultur der Minoer. Eine Theorie besagt, dass dieses schriftkundige Volk aus einer Verschmelzung anatolischer Einwanderer mit der einheimischen Urbevölkerung hervorging. Doch die minoische Sprache ist unbekannt und konnte bisher keiner Sprachfamilie zugeordnet werden. Manche Forscher wie der griechische Archäologe Angelos Galanopolos verbinden deshalb die Geschichte der minoischen Seemacht mit dem legendären Mythos vom Inselreich Atlantis.

Die Zeit zwischen 2000 bis 1500 v. Chr. war die kulturelle Hochblüte der Minoer. Sie bauten kunstvolle Palastanlagen, installierten ein hoch entwickeltes Kanalisationssystem, betrieben einen florierenden Überseehandel und legten im ägäischen Mittelmeerraum eine Reihe von Inselsiedlungen an. Sie machten es ihren Vorfahren gleich, indem sie mit Vorliebe weibliche Götterfiguren, Tontäfelchen und Siegel anfertigten. Diese mit abstrakten Symbolen beschrifteten Zeugnisse werden von den meisten Sprachwissenschaftlern als Beleg für das erste »echte« europäische Schriftsystem akzeptiert.

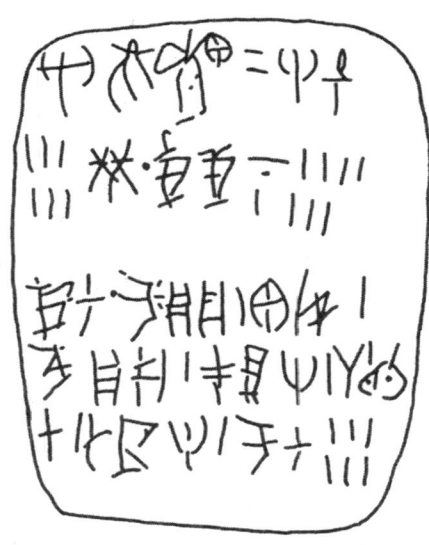

Konnte nur ansatzweise entziffert werden: Linear-A-Schrift der minoischen Kultur Kretas. (Bild: Marija Gimbutas)

Das Merkwürdige an der ganzen Geschichte: Diese sogenannte Linear-A-Schrift ähnelt sehr stark den Vinča-Zeichen. Bisher konnte sie nur in unsicheren Ansätzen entschlüsselt werden. Parallel entwickelte sich auf der Insel eine spezielle, bis heute ebenfalls unlesbare kretische Hieroglyphenschrift. Sie besteht aus 137 Zeichen, Wörtern und Logogrammen, die auf etlichen Artefakten nachweisbar sind.

Das größte Mysterium minoischer Kultur ist eine beidseitig beschriebene Scheibe aus Ton. Gemeint ist der berühmte Diskos von Phaistos. Er ist das wertvollste Exponat im Museum Heraklion. Der italienische Archäologe Luigi Pernier (1874–1937) fand das Unikat 1908 im Palast von Phaistos im Süden Kretas. Die Hoffnung der Wissenschaftler, dass der spiralförmig angeordnete Text das Bindeglied zwischen der Linear-A- und der Linear-B-Schrift sein könnte, hat sich nicht erfüllt. Sie sind auch keine kretischen Hieroglyphen im eigentlichen Sinne, sondern stellen etwas Eigenständiges dar, weshalb skeptische Geschichtsforscher eine Fälschung vermuten. Die Altersdatierung spricht allerdings dagegen. Die Phaistos-Scheibe ist zwischen 1850 und 1600 v. Chr. hergestellt worden, wobei 241 Zeichen offenbar vor dem Brennen mithilfe von Stempeln in den Ton eingedrückt wurden. Insgesamt gibt es 45 verschiedene Symbole, die sich im Spiraltext wiederholen. Sie stellen Werkzeuge, Pflanzen, Tiere und Menschen dar, darunter witzige Kopfporträts, die dem auffälligen Irokesen-Haarschnitt nordamerikanischer Indianerstämme oder moderner Punkrocker entsprechen.

Im Katalogtext des Museums heißt es: »Zahllose Bemühungen um die Entzifferung des Diskos blieben ohne Erfolg; eine große Anzahl manchmal bahnbrechender Theorien wurde im Laufe der Zeit aufgestellt, sie stießen jedoch alle ins Leere. Vielleicht geht jedoch die Theorie nicht fehl, die von der Aufzeichnung eines möglicherweise religiösen Hymnos ausgeht, da sich eine rhythmische Anordnung der Symbole und auch die Wiederholung bestimmter Zeichenkombinationen als Refrain feststellen lässt.«

Der Diskos von Phaistos und die Schriftsysteme der Minoer sind nicht das einzige Rätsel in der kretischen Geschichte. Der Untergang ihrer fortschrittlichen Kultur ist Historikern ebenfalls schleierhaft. Waren es Krieg, Invasion oder Fremdherrschaft? Oder setzte um 1450 v. Chr. der Ausbruch des Vulkans Santorin (altgriechisch »Thera«, »die Wilde«) der minoischen Zivilisation ein jähes Ende?

Archäologische Funde belegen, dass Jahrzehnte nach der Katastrophe die Mykener auf Tontäfelchen Schriftzeichen schrieben, die vermutlich von der kretischen Linear-A-Schrift inspiriert waren. Altertumsforscher nennen sie deshalb Linear-B-Schrift. Mehr als 3000 Jahre blieb sie unverstanden, bevor dem englischen Architekten und Sprachforscher Michael Ventris (1922–1956) Anfang der 1950er-Jahre die Entzifferung gelang. Er benutzte ein Verfahren, das im Zweiten Weltkrieg angewandt wurde, um die codierten Meldungen der Gegner zu entschlüsseln. Nach dreijährigem Tüfteln hatte er zwar den Aufbau der Linear-B-Schrift durchschaut, wusste jedoch immer noch nicht, um welche Sprache es sich handelt. Er nahm hypothetisch eine alte Form des Griechischen an, und siehe da, plötzlich ergaben die Inschriften auf Tontafeln einen Sinn. Ganz anders bei der Linear-A-Schrift, der kretischen Hieroglyphenschrift und den Phaistos-Glyphen, hier tappen die Linguisten weiterhin im Dunkeln.

Als die griechisch sprechenden Mykener um 1400 v. Chr. die Paläste endgültig zerstörten und Kreta beherrschten, nutzten sie auf der Insel und am griechischen Festland die Linear-B-Schrift. Ab 1200 v.

Chr. verliert sich die Spur, Schrift und Sprache scheinen ausgestorben. Es folgt für einige Jahrhunderte ein dunkles Zeitalter ohne Schrift, von dem manche Zeitgenossen argwöhnen, Geschichtsschreiber hätten es aus Mangel an greifbaren Erkenntnissen selbst geschaffen. Erst im 9. Jahrhundert v. Chr. (die archaische Zeit Griechenlands) taucht wiederum auf Kreta und dann am Festland eine neue Schriftform mit Alphabet auf. Sprachwissenschaftler erkannten, dass es vom Alphabet der semitischen Phönizier abstammt, das aus 22 unaussprechlichen Konsonanten besteht. Die genauen Umstände sowie Ort und Zeit für die Übernahme der semitischen Buchstabenschrift sind noch nicht zur Gänze erforscht. Wir wissen aber, dass der älteste lesbare Text in semitischer Buchstabenschrift etwa um 1000 v. Chr. belegt ist. Es ist eine Inschrift auf dem Sarkophag des Königs Ahirom von Byblos. Die Stadt war im Mittelalter eine bedeutende Kreuzfahrerfestung, sie ist heute eine moderne Hafenstadt an der Mittelmeerküste nördlich von Beirut im Libanon.

Die phönizischen Einwohner des antiken Byblos waren kulturell und historisch mit den Minoern verbunden und pflegten intensive Handelskontakte. Für zusätzliche Verwirrung sorgt allerdings eine eigene Byblos-Schrift, auch »byblische Pseudo-Hieroglyphen« genannt, die zwischen dem 18. und 15. Jahrhundert im Gebrauch war, aber nicht mit dem phönizischen Alphabet verwechselt werden darf. Einige Symbole der Byblos-Schrift ähneln jedoch den Zeichen auf dem Diskos von Phaistos, von dem wir wissen, dass seine Entstehungszeit in die gleiche Epoche fällt. Ist das ein brauchbarer Tipp im Hinblick auf seinen wahren Ursprung?

Das Vermächtnis der Etrusker

Aus den Kontakten mit semitischen Völkern entwickelten sich altgriechische Schriftformen, daraus schließlich die kyrillische, koptische und etruskische Schreibweise. Sie beinhaltet gegenüber der semitischen Schrift nicht nur Konsonanten, sondern auch Vokale. Woher aber kommen die lateinischen Buchstaben? Heute ist die indoeuropäische Lateinschrift die am weitesten verbreitete Schrift der Welt. Die Latiner und späteren Römer haben sie nicht, wie man annehmen könnte, direkt von den Griechen übernommen, sondern über Umwege von den Etruskern. Ihr zentrales Kerngebiet war die Toskana (ehemals Tuszien), wovon sich ihr lateinischer Name Etrusci und Tusci ableitet. Nachdem das antike Volk im römischen Reich seine Sprache und Eigenständigkeit immer mehr verlor, ging ihre friedliche Kultur um 100 v. Chr. lautlos unter.

Historische Spurensucher vermuten, dass die Etrusker um 1000 v. Chr. aus der östlichen Ägäis oder aus Kleinasien nach Italien einwanderten und eine Zeit lang das gesamte westliche Mittelmeer beherrschten. Andere Forscher glauben dagegen, dass sie immer schon in Italien daheim waren und aus der eisenzeitlichen Villanova-Kultur hervorgegangen sind. Sicher ist: Die Etrusker waren ein lebensfrohes Volk, das seine Freude gerne in frivolen Bildern ausdrückte. Sie haben ein frühes griechisches Alphabet an die Bedürfnisse ihrer *nicht* indoeuropäischen Sprache angepasst. Herausgekommen ist etwas durchaus Eigenes, das den Linguisten noch unlösbare Probleme bereitet. Die Schrift wird von rechts nach links geschrieben und kann leicht abgelesen werden. Die Tücke bei der Interpretation liegt im fehlenden Textmaterial. Es ist nur ein spärliches Vokabular von 200 Wörtern bekannt. Viele Texte können zwar gelesen werden, bleiben jedoch in ihrem Sinn unverständlich. Sie betreffen vorwiegend Namens- und Grabinschriften.

Zu den bedeutendsten Stücken etruskischen Schriftguts gehören drei hauchdünne Goldplättchen von Pyrgi (heute Santa Severa), einer Hafenstadt an der tyrrhenischen Küste. Der Ort liegt nordwestlich von Rom zwischen den berühmten Etruskerstätten Tarquinia und Cerveteri. Die Goldbleche wurden 1964 bei Ausgrabungen im Sakralbereich eines Tempels der Himmelsgöttin Astarte entdeckt und stammen aus dem 6. Jahrhundert v. Chr. Das Interessante: Sie enthalten zweisprachige Beschreibungen, die auf der Rückseite in Spiegelschrift eingedruckt wurden. Ein Text ist in etruskischer, der andere in punischer Sprache abgefasst. Sie belegen eine enge Beziehung der Etruskerstadt mit dem phönizischen Karthago.

Der Inhalt betont die Errichtung des Pyrgi-Heiligtums an seinem vorbestimmten Platz und die Anweisung für besondere Zeremonien. Dazu habe die etruskische Schutzgöttin Uni (die die Rolle der phönizischen Muttergöttin Astarte übernahm) den persönlichen Befehl gegeben. Die kosmische Astarte hat viele Gesichter: Für die Babylonier war sie mit Ischtar identisch, die Griechen setzten sie später mit Hera gleich, die Römer mit Juno. Es gibt auch Berührungen zur althebräischen Fruchtbarkeitsgöttin Aschera, der kleinasiatischen Kybele, bis hin zur jungfräulichen Artemis. In späterer Zeit gibt es personifizierte Zusammenhänge mit der iranischen Flussgöttin Anahita und zur zentralasiatischen Göttin Nanaia des Oxos-Stroms, heute Amu-Darja. Den Mythen zufolge war Astarte das Urbild der Entstehung des Lebens in seinen drei Gestalten als Pflanze, Tier und Mensch. Überliefert ist außerdem, dass die Göttin aus einem Ei geboren worden sei, »das vom Himmel herab in den Euphrat fiel«. Die überirdische Erscheinung wird als Mutter des »göttlichen Kindes« gelegentlich mit einem Kind auf dem Arm dargestellt. Das gleiche Motiv begegnet uns bei Abbildern der ägyptischen Göttin Isis und ist ebenso bei der christlichen Gottesmutter Maria Bestandteil der Ikonografie. Wer die goldenen Inschriften im Original in Rom sehen möchte, hat dazu im Museo Nazionale Etrusco di Villa Giulia Gelegenheit.

Ein weiteres sonderbares Schriftstück etruskischer Herkunft ist die ovalförmige Bleitafel von Magliano. Sie wurde Mitte des 5. Jahrhunderts v. Chr. angefertigt und ist eine von insgesamt vier ähnlichen Artefakten, die in der Toskana gefunden wurden. Das Einzigartige: Die Magliano-Tafel ist auf der Vorder- und Rückseite mit über 70 spiralförmig eingravierten Einzelwörtern versehen. Der Text nennt Namen etruskischer Göttinnen und enthält eine Liste an Opfergaben. Die Erklärung der Sprachforscher, dass der Inhalt »vermutlich im Zusammenhang mit magischen Kultritualen« steht, war bisher nicht wirklich erhellend. Auffallend ist die Ähnlichkeit zum Diskos von Phaistos, auch wenn der Magliano-Spiraltext keine Bildsymbole enthält und außerdem erst mindestens 1000 Jahre später entstanden ist.

Die wundersamsten Überreste etruskischer Kultur sind zyklopische Anlagen, die vor allem in der toskanischen Hügellandschaft Maremma zu finden sind. Vor allem bei den heiligen Nekropolen Sovana, Sorano und Pitigliano wurden labyrinthartige Hohlwege in den Tuffsteinfelsen gehauen. Die schmalen Korridore gehen bis zu 20 m senkrecht in die Höhe, verlaufen teilweise aber auch unterirdisch. Die geschaffenen Wunderwerke sind einzigartig. Vergleichbares sucht man bei anderen antiken Kulturen vergeblich. Für die religiöse Bedeutung und Nutzung der megalithischen Felswerke haben Archäologen noch keine plausible Antwort gefunden.

Ein engagierter Forscher, der seit Jahren das Phänomen der Hohlwege untersucht, heißt Giovanni Feo. Der italienische Autor und Etrusker-Experte ist fest davon überzeugt, dass es eine mystische Verbindung zum Kult der Mutter Erde gibt sowie zur unterirdischen Welt, den Riten der Ahnen und der Jenseits-Gottheiten. Bei den Hohlwegen entdeckte Feo eingeritzte Inschriften, manche davon wurden erst in christlicher Zeit an den Wänden angebracht. Es gibt aber auch viel ältere Zeichen, die schwer zu entziffern sind. Eines irritiert den Forscher besonders: Es befindet sich auf der rechten Wand kurz nach dem Eingang zum Hohlweg von Fratenuti in Pitigliano. »Es könnte eine übertriebene Stilisierung eines großen Omega sein oder ein Polyp, den Darstellungen vieler ägäisch-kretischer Vasen ganz identisch«, erklärt Feo und fügt hinzu: »Das Polyp-Symbol geht auf die minoische Zivilisation und auf den Kult archaischer Meergöttinnen zurück. In der Antike entsprach der Polyp dem Tierkreiszeichen des Krebses und wurde mit dem Tag der Sommersonnenwende assoziiert.«

Etrusker? Minoer? Gibt es noch andere sprachliche und kulturelle Verknüpfungen, die uns entgangen sind? Es ist immer wieder erfrischend festzustellen, dass der Gebrauch früher Schriftsysteme offenbar eine kunterbunte Befruchtung zwischen den Urvölkern erfahren hat. Liegen die Wurzeln bei den Vinča in Südosteuropa? Oder in Anatolien? Oder im alten Reich der Mitte? Schriftartige Symbole, die auf 8600 Jahre alten chinesischen Schildkrötenpanzern und Orakelknochen entdeckt worden sind, stützen diese These. Die Zeichen konnten bisher nicht entschlüsselt werden, weisen jedoch in ihrer Struktur eine Gleichartigkeit zu den ersten bereits voll entwickelten und anerkannten Schriften der Shang-Dynastie (etwa 1700 bis 1100 v. Chr.) auf. Dazwischen klafft eine Zeitanomalie von fünf Jahrtausenden ...

Seltsame Symbiosen sonderbarer Symbole

In den letzten Jahrzehnten sind vielerorts spektakuläre Schriftzeugnisse früher Hochkulturen entdeckt worden. Sie lieferten neue Erkenntnisse über die Entwicklung und Verbreitung von Schrift und Sprache. Mit wissenschaftlicher Akribie ist es Forschern gelungen, alte Texte, die als gravierte Runen in hieroglyphenartiger Zeichenfolge hinterlassen worden sind, zu enträtseln. Doch trotz dieser Forschungserfolge existieren aus unterschiedlichen Zeiten rund um den Erdball weiterhin faszinierende und umstrittene Schriftdokumente, die bisher logischen Entzifferungsversuchen beharrlich trotzten. Was zusätzlich für Verwirrung sorgt, sind ungeklärte Vernetzungen, die zeitliche und geografische Distanzen ignorieren. Repräsentative Beispiele? Bitteschön:

Die Runen von Glozel

März 1924 beim Weiler Glozel in der Mitte Frankreichs, etwa 20 km nordöstlich der Stadt Vichy: Der Bauer Claude Fradin und sein 17-jähriger Enkel Émile (er verstarb 2010 im Alter von 103 Jahren) stoßen beim Pflügen auf ein Hindernis und entdecken Backsteine sowie Tonplatten. Als sie Brocken aus dem Weg räumen und tiefer buddeln, trauen sie ihren Augen nicht. Zum Vorschein kommen kunstvoll bearbeitete Knochen, Werkzeuge, Steinobjekte und Keramiken mit mysteriösen Inschriften. In den Folgejahren werden bei Grabungen mehr als 2500 weitere merkwürdige Überreste aufgespürt. Der Großteil der Sammlung ist erhalten und kann in der kleinen Ortschaft Ferrieres-sur-Sichon (nahe dem Fundort Glozel) im Privatmuseum der Familie Fardin besichtigt werden. Über die Echtheit der Stücke wird eine hitzige Diskussion unter Skeptikern und Wissenschaftlern geführt, die noch nicht entschieden ist. Manche halten die bizarren Utensilien für die bedeutendsten Alteuropas, andere munkeln von einem Schwindel. Die Zweifel stützen sich hauptsächlich auf das hohe Alter einiger Relikte. Mit modernster Technik wurden die meisten beschrifteten Keramikfunde in die Kelten-Epoche um das 4. Jahrhundert v. Chr. datiert. Hingegen sind Artefakte aus anderen Materialien, etwa mit Gravuren versehene Knochenplatten, bis zu 17.000 Jahre alt.

Ein Sprachforscher, der sich seit Jahrzehnten intensiv mit dem Geheimnis von Glozel befasst, ist der Schweizer Hans-Rudolf Hitz. Er hält eine Fälschung für unwahrscheinlich, bezweifelt aber den eiszeitlichen Ursprung der Schriftsymbole. Es erscheint ihm plausibler, »dass die mit Zeichnungen verzierten Steine und Knochen aus prähistorischen Höhlen stammen und als Opfergaben nach Glozel gebracht wurden«. Doch wieso gleichen die Gravuren auf den Überbleibseln der Altsteinzeit jenen, die der keltischen Eisenzeit zugeordnet werden? Das würde eine gemeinsame Urquelle vermuten lassen.

Für Hitz ist das kein Mysterium: »Sie könnten alle erst viel später von den Kelten eingeritzt worden sein«, kombiniert der Fachmann.

Linguistische Vergleiche brachten Hans-Rudolf Hitz schließlich auf eine neue Spur, die seine Kelten-These untermauert: »Damals dürfte in Glozel ein Primär-Alphabet entstanden sein, das auf einem lepontischen (eine ausgestorbene festlandkeltische Sprache, Anm. d. V.) Alphabet basierte, das durch Kulturaustausch aus dem cisalpinen (auf der römischen Seite der Alpen gelegen, Anm. d. V.) ins transalpine Gallien importiert wurde. Um 200 v. Chr. entwickelte es sich durch Entlehnung von etruskischen, griechischen und lateinischen Zeichen und Neuschöpfung von Symbolen zum Glozel-Alphabet.«

Eine andere Idee, fern jeder Schulweisheit, vertrat der deutsche Linguist Kurt Schildmann (1909–2005). Er hatte weltweite Rätselschriften versunkener Kulturen studiert und miteinander verglichen. Dabei will er globale sprachliche Übereinstimmungen entdeckt und Texte übersetzt haben, die auf eine gemeinsame Urschrift einer untergegangenen Vor-Zivilisation schließen lassen. Auch in den Runen von Glozel sah Schildmann Belege für seine Hypothese. Folgt man ihr, dann gab es einst eine internationale Sanskrit-Sprache und -Schrift, die vor Jahrtausenden im heutigen Indien genauso gebräuchlich war wie in Frankreich, auf Malta, den Kanaren oder in Nord- und Südamerika.

Glozel-Stein mit rätselhaften Inschriften. (Bild: A. M. Juanéda-Calvier)

41

Die Zeichen von Sutatausa

Das altkeltische Glozel-Alphabet scheint weit verbreitet gewesen zu sein. 1927 kam das Naturkundliche Heimatmuseum von Leipzig in den Besitz eines alten gebrannten Keramiktopfes, der die typischen »Glozel-Runen« enthält. Der Parallelfund stammt aus dem Braunkohlegebiet östlich von Bautzen und wurde 1914 entdeckt. Wann und wie gelangte der Gegenstand in die sächsische Lausitz?

Die gleiche Frage stellt sich bei den Gravuren von Alvao, die vor 6000 Jahren in Megalithgräbern in Portugal verewigt wurden. Archäologen deuten sie als »magische Ritzsymbole eines Ahnenkultes«. Irritierend ist ihre schriftähnliche Zeichenfolge, die wiederum an die Glozel-Muster und an beschriftete Objekte der südosteuropäischen Vinča-Kultur sowie Hieroglyphen der Minoer erinnern.

Eingeritzte Zeichen auf Steinen, die in einem Megalithgrab im portugiesischen Alvao entdeckt wurden. Die unlesbaren Zeichen haben Ähnlichkeit mit Gravuren anderer, geografisch weit entfernter Steinzeitkulturen. (Bild: Archiv R. H., Quelle: K. Weule, 1915)

Die Angelegenheit wird noch närrischer, wenn wir die französischen Funde mit den gravierten Steinen von Tausa und Sutatausa vergleichen. Neuerlich sind verblüffende Gleichheiten in der Charakteristik bemerkbar. Die Knacknuss: Sie stammen aus Kolumbien in Südamerika! Das unwegsame Hügelland von Cundinamarca nördlich der Hauptstadt Bogotá ist erst zum Teil archäologisch erschlossen. Hier, in über 3000 m Höhe, unmittelbar beim heiligen Bergsee Guatavita, hält sich die Legende vom mythischen Goldland Eldorado. 1969 haben Bauern in einer nahe gelegenen Höhle der präkolumbianischen Muisca-Siedlung ein 18 cm großes Miniaturfloß aus Gold entdeckt. Es ist heute das Prunkstück des Museo del Oro in Bogotá und gilt als Beweis für den Wahrheitsgehalt der indigenen Überlieferung.

Ebenfalls in den 1960er-Jahren wurden im gleichen Gebiet Dutzende kuriose dunkle Steine, Figürchen und Werkzeuge gefunden, wovon viele unbekannte Inschriften tragen (ein Beispiel ziert das Cover des vorliegenden Buches). Zu den ungewöhnlichsten Stücken zählt ein faustgroßer Stein, der auf einer Seite Korallenteile enthält, als wären es Ebenbilder der Glozel-Zeichen. Herkunft, Bedeutung, Alter und Entstehung der extravaganten Steingalerie sind ungeklärt. Eine These verbindet die Funde mit einer verschollenen Symbolschrift der Muisca, deren einheimische Sprache mit der spanischen Eroberung ausstarb. Denkbar wäre auch eine alte kulturelle Verbindung zu prähistorischen Felszeichnungen, die sich in der gleichen Region um Bogota befinden und Piedras de Tunja genannt werden. Archäologen schätzen, dass die ersten geometrischen Motive bereits vor 12.000 Jahren entstanden sind.

Die interessante Kollektion der Sutatausa-Schriftsteine befindet sich heute großteils in Privatbesitz des Kunstsammlers Jaime Gutierrez in Bogotá. Die Originale waren unter anderem im Rahmen der »Unsolved Mysteries«-Ausstellung in Wien (2001), Interlaken (2004) und Berlin (2005) zu sehen.

Präkolumbischer Schriftstein aus Sutatausa. Die Zeichen gleichen steinzeitlichen Funden aus Frankreich, Serbien und Pakistan. Gab es eine gemeinsame »Ur-Schrift« prähistorischer Völker? (Bild: Bernhard Moestl)

Die Indus-Hieroglyphen von Harrapa und Mohenjo-Daro
Sie gehören zu den großen Völkern der Vorgeschichte, dennoch gibt es über ihre Entstehung und Entwicklung nur Mutmaßungen: die Indus-Kulturen im Pandschagebiet. Die Ausgrabungsstätten ihrer Hauptzentren Harappa und Mohenjo-Daro liegen im heutigen Pakistan. Die Indus-Zivilisation erlebte ihre Hochblüte im 3. und 2. vorchristlichen Jahrtausend und war ihrer Zeit weit voraus. Als wären ihre großen Städte zuvor am Computer perfekt durchdacht, gezeichnet und vermessen worden, boten sie Abertausenden Einwohnern Platz. Es gab Haupt- und Nebenstraßen, ein ausgeklügeltes Wasserversorgungs- und Kanalisationssystem, Hunderte Brunnen, öffentliche Badeanstalten, Stockwerkhäuser, eigene Viertel für Handwerker und Zahnärzte, die mit hoch spezialisierten Bohrern operierten. Das Wirtschafts- und Handelssystem war weitflächig, es reichte bis Mesopotamien, Afghanistan und Afrika.

Da kann es eigentlich kaum überraschen, dass diese fortschrittliche Hochkultur parallel zu Ägypten und Babylonien auch eine eigene, weit verbreitete Schrift besaß. Eine Fülle an Tontafeln, Siegeln und Amuletten wurde in den Ruinen entdeckt. Sie sind mit jeweils fünf bis sieben bildhaften und abstrakten Symbolen versehen. Die längste Inschrift umfasst 26 Zeichen. 2009 haben Mathematiker der Universität von Washington in Seattle eine penible Analyse durchgeführt. Dabei konnten sie mithilfe von Computermodellen belegen, dass die

Eine der ältesten beschrifteten Tonscherben der Indus-Kultur in der pakistanischen Ruinenstadt Harappa. (Bild: Archiv R. H.)

44

250 bekannten Indus-Symbole tatsächlich eine flexible und logisch durchdachte Abfolge besitzen und nicht bloß Besitzmarken sind, wie Skeptiker unterstellen. Ein altes Rätsel indes wiederholt sich zum x-ten Mal: Die Schriftsymbolik scheint mit Zeichen anderer untergegangener Kulturen verwoben und bleibt vorerst ebenfalls ein unverstandenes Mysterium.

Die »sprechenden Hölzer« der Osterinsulaner
Ortswechsel in den Südpazifik: Fällt der Name Rapa Nui oder Osterinsel, verbindet das jeder mit den langohrigen Steingiganten, die als stumme Götzen hinaus aufs Meer starren. Die Einheimischen nennen die Kolosse »Moais« (»steinerne Figuren«). Früher soll es bis zu 1600 von ihnen gegeben haben, heute stehen nur mehr wenige aufrecht. Das Alter der Megalithstatuen ist umstritten. Die meisten Archäologen glauben, dass sie um 400 n. Chr. entstanden sind. Warum sie einst aufgestellt wurden, vermag jedoch niemand zu sagen. Da sie zum Teil eine markante Ausrichtung zu Sonnenständen haben, etwa Sommer- und Wintersonnenwende, gehen einige Forscher von einem alten Sonnen- und Sternenkult aus.

Nicht weniger rätselhaft sind »sprechende Hölzer«, die Ureinwohner ihren Nachfahren vererbt haben. Es sind längliche Holztafeln mit eingeschnitzten Bilderreihen, die Menschen, Tiere, Mischwesen, Gegenstände, aber auch astronomische Symbole wiedergeben. Die mit Lautzeichen versetzte Bilderschrift wird Rongorongo (Gesänge) genannt. Seltsamerweise ist jede einzelne Schriftzeile so angeordnet, dass sie gegenüber der vorhergehenden auf dem Kopf steht und gegenläufig geschrieben ist. Am Ende der Zeile wird die Tafel um 180 Grad gedreht und weitergelesen. Es gibt verschiedene Ansätze einer Entzifferung, aber der wirkliche Knüller ist Epigrafikern noch nicht geglückt. Man spekuliert damit, dass es magische Texte waren, eine Art gesprochener Mondkalender, oder Gedächtnisstützen für Hymnen an die Stammväter und Götter.

Heute sind nur noch 21 Schrifttafeln erhalten, die weltweit verstreut in Museen ausgestellt sind. Auf der Osterinsel selbst ist kein einziges Original verblieben. Der Rest des kulturellen Erbes ist vermodert oder der missionarischen Vernichtungswut zum Opfer gefallen. Nicht weil die Botschaften des christlichen Glaubens etwas gegen die Existenz einer lokalen Schrift gehabt hätten, sondern weil niemand die Texte lesen konnte und die Insulaner die Tafeln bei »heidnischen« Zeremonien verwendeten. Bereits zu jener Zeit, als die ersten Seefahrer 1722 auf dem winzigen Eiland eintrafen, konnten die Bewohner die Schriftzeichen ihrer Urahnen nicht mehr lesen. Die Bretter waren zu einem reinen Kultgegenstand geworden.

Auf den erhaltenen Hölzern sind mehr als 600 unterschiedliche Einzelsymbole eingeschnitzt. Der deutsche Völkerkundler Thomas Barthel (1923–1997) studierte die Symbolwelt der Insulaner und verbrachte viele Monate auf Rapa Nui. Er legte die erste umfassende Studie zu den Bildsymbolen vor, die 1958 als Buch unter dem Titel »Grundlagen zur Entzifferung der Osterinselschrift« erschienen ist. Professor Barthel glaubte, dass ihre Ursprünge von Schriftkundigen aus Polynesien stammten, die als Einwanderer auf die entlegene Insel kamen. Auch die These, dass sich Rongorongo ohne Einfluss von außen auf der Osterinsel eigenständig entwickelt hat, findet ihre Anhänger.

Was aber hat es mit 160 Rongorongo-Zeichen auf sich, die exakt den schriftlichen Symbolen aus dem Indus-Tal gleichen? Beide Schriftsysteme sind noch nicht entschlüsselt. Das ist aber schon die einzige Gemeinsamkeit zwischen den geografisch und historisch verschiedenen Kulturen. Mehr als 3000 Jahre und der halbe Erdball liegen zwischen den Aufzeichnungen. Mit antiken Seefahrten und frühen Handelsbesuchen könnte sich der Intellekt noch anfreunden, wie aber erklären sich kulturelle Zeitreisen zwischen Indus-Völkern und Osterinsulanern?

160 Zeichen der Industal-Kultur (obere Reihe) sind trotz großer geografischer und zeitlicher Unterschiede mit Symbolen der Osterinsulaner identisch. Zufälle oder gibt es eine andere Erklärung? (Bild: Archiv R. H.)

Lange vor Kolumbus

Wer waren die ersten Menschen Amerikas? Wie und wann kamen sie auf die Neue Welt? Die bisher vorrangig vertretene Lehrmeinung behauptet, dass sie über die Meerenge zwischen Russland und Alaska kamen – über die Beringstraße. Bis zum Ende der Eiszeit waren beide Kontinente durch eine Landbrücke miteinander verbunden. Wasser war als Eis »gefestigt« und der Meeresspiegel folglich beträchtlich niedriger. Damit war es Bewohnern Nordasiens möglich, so die verbreitete Theorie, nach Nordamerika einzuwandern und bis nach Südamerika vorzudringen. Die Uramerikaner sind demnach Nachkommen der Bewohner Nordasiens. Das Datum dieser frühen Migration ist nach wie vor ungeklärt.

Für die meisten Altertumsforscher gelten die vor rund 13.000 Jahren eingewanderten Covis-Menschen (benannt nach einem Fundort in Mexiko) als erste Siedler von Amerika. Nach gängiger Auffassung müssen es Asiaten gewesen sein. Weshalb aber sehen ihre Werkzeuge den jungsteinzeitlichen Steingeräten aus Westeuropa zum Verwechseln ähnlich? Dass die Besiedlungsgeschichte Amerikas ganz anders verlaufen sein könnte als angenommen, ist schon länger ein Verdacht. Archäologen scheuen aber davor zurück, »kulturfremde« und wesentlich ältere Siedlungsspuren anzuerkennen, weil damit vertraute Prinzipen endgültig korrigiert werden müssten. Aktuelle Funde, die dazu zwingen könnten, betreffen Speerspitzen und Steingeräte im texanischen Buttermilk Creek. Man hielt sie für Erzeugnisse der Covis-Menschen, obwohl sie kleiner und leichter sind. Wissenschaftler der Texas A & M University haben die Artefakte mithilfe einer verbesserten Lumineszenztechnik datiert. Sie sind fast 16.000 Jahre alt und stammen von einer unbekannten Vor-Covis-Kultur. Noch wunderlicher: Die Werkzeuge sind überraschend modern, hatten Schneiden und waren doppelseitig verwendbar. Immerhin 15.000 Jahre alt sind gleichartige Siedlungsspuren, die schon vor Jahren in Chile entdeckt wurden.

Es existieren weit ältere Zeugnisse unbekannter Einwanderer, die mit der gängigen Besiedlungstheorie nicht vereinbar sind. Im Naturkundemuseum in Ottawa wird der Schienbeinknochen eines Karibus aufbewahrt. Das allein wäre noch nicht seltsam, doch er wurde bearbeitet und von irgendwem vor 29.000 Jahren im Westen Kanadas als Schaber benutzt. Und welche Menschen haben vor 40.000 Jahren ihre Fußabdrücke in der versteinerten Vulkanasche in Mexiko hinterlassen? Die Spuren wurden 2003 von britischen Wissenschaftlern entdeckt, als sie Sedimentschichten des Vulkans Cerro Toluquilla freilegten. Die bizarrsten Siedlungsreste stammen vom Flussufer des nordamerikanischen Kaw River, nahe Kansas City. Es sind winzige Artefakte, die in den 1980er-Jahren gefunden wurden und – analog zu den Prä-Covis-Funden aus Texas – große Ähnlichkeit mit der Herstellungsart europäischer Steinwerkzeuge zeigen, jedoch um zwei Drittel kleiner sind. Das Unglaubliche: Geologen zufolge könnten die Werkzeuge bis zu 200.000 Jahre alt sein. Da damit sämtliche Theorien über die Frühgeschichte des Menschen zerstört wären, sind sich die meisten Archäologen darin einig, dass die werkzeugartigen Stücke »vermutlich zufällig durch natürliche Absplitterung« entstanden sind. Es sind aber nicht die einzigen bizarren Funde. Gleiches gilt für die noch älteren Siedlungsspuren aus Hueyatlaco in Mexiko. Das Unerklärliche: Die prähistorischen Materialien wurden in einer Vulkanascheschicht entdeckt, die nachweislich 400.000 Jahre alt ist!

Die Fährten zum ersten »Amerikaner« sind mit vielen Fragezeichen gepflastert. Gleiches gilt für die Wiederentdeckung der Neuen Welt. Als Christoph Kolumbus 1492 amerikanisches Festland betrat, war er nicht der erste Ankömmling aus Übersee. Neue Lehrbücher räumen immerhin ein, dass ihm ein halbes Jahrtausend früher die Wikinger zuvorgekommen waren. Erlaubt wird ihnen allerdings nur der 1961 ausgegrabene Ankerplatz im Norden bei Neufundland. Es gibt jedoch noch andere Zeugnisse, etwa hellhäutige, blonde Inka-Mumien oder Runen-Steine, die vermuten lassen, dass die Skandinavier bis nach Südamerika vorgedrungen waren. Doch selbst wenn man diese Spuren als Belege anerkennt, gibt es Zweifel, dass die Wikinger die ersten Amerika-Entdecker waren.

Das Museo Weilbauer der ecuadorianischen Universität in Quito beherbergt eine einzigartige Sammlung präkolumbianischer Kopfminiaturen aus Keramik. Sie sind bis zu 2500 Jahre alt und liefern glaubwürdige Nachweise für antike Überseekontakte. Der Stil der Porträts zeigt einen Konsens mit zentralafrikanischen, ägyptischen, asiatischen, phönizischen und europäischen Gesichtsphysiognomien. Wie aber sollten Ureinwohner Südamerikas die charakteristischen Züge von Menschentypen meisterhaft wiedergegeben haben, wenn diese ihnen völlig unbekannt gewesen wären? Ist es so abwegig anzunehmen, dass hervorragende Seefahrer mit ihren hochseetüchtigen Galeeren schon in der Vorzeit bis nach Amerika gesegelt sind und dort ihre Spuren hinterlassen haben?

Bei der Valdivia-Kultur, benannt nach einem Fischerdorf an der ecuadorianischen Südküste, könnte es so gewesen sein. Ihr Ursprung reicht zurück bis 3200 v. Chr. und endete etwa 1400 v. Chr. Ihre Keramik, meist modelliert und gebrannt, gehört zu den ältesten Amerikas. Doch wieso gleichen die figürlichen Kunstwerke und Tonscherben bis aufs Haar der Jomon-Ware aus dem vorgeschichtlichen Japan? Die Ähnlichkeit als zufällige Parallelentwicklung abzutun überzeugt nicht wirklich. Einige Archäologen halten es deshalb für möglich, dass es zwischen den beiden Ländern bereits vor mehr als 5000 Jahren Verbindungen gegeben hat. Japanische Fischer könnten von der Meeresströmung an die amerikanische Westküste getrieben worden sein und die uralte Valdivia-Siedlung gegründet haben.

Es gibt auch Spekulationen darüber, dass um 600. v. Chr. seetüchtige Schiffe der alten Ägypter Afrika umsegelten, später die Kanarischen Inseln anpeilten und sogar bis nach Südamerika gelangten. Orientalisch anmutender Einfluss zeigt sich am Beispiel vieler Keramikfunde aus Übersee, die in Museen allerdings nur selten ausgestellt werden. Außergewöhnlich ist ein Frauenkopf aus Südamerika. Er stellt eine unbekannte Dame, Priesterin oder Herrscherin dar. Verblüffend ist ihr Aussehen, das an die berühmte Büste der ägyptischen Königin Nofretete erinnert.

Schon vor 40 Jahren bewies der norwegische Ethnologe und Abenteurer Thor Heyerdahl (1914–2002) mit seinen Expeditionen »Ra II« und »Kon Tiki«, dass frühe transatlantische Seefahrten selbst mit einfachen Balsaflößen technisch möglich waren. Das könnte auch erklären, warum ägyptische Boote aus Papyrusrohr jenen gleichen, die ursprünglich am Titicaca-See verwendet wurden. Reisten Ureinwohner aus Nord- und Südamerika um die Welt? Oder umgekehrt: Wagten sich Seevölker aus dem Mittelmeerraum und Asien auf die weiten Ozeane? Wie sonst erklärt sich, dass man in ägyptischen Mumien Reste von Cocablättern fand oder Reliefs indischer Tempelwände Abbildungen von Mais zeigen?

Schriftträtsel der Neuen Welt

Was bedeuten die Bildsymbole, die uns das Volk der Chimu (oder ihre Vorfahren) hinterlassen haben? Die Kultur war an der Küste Perus angesiedelt und ist im 15. Jahrhundert von den Inka erobert worden. Die Chimu hatten keine Schrift, doch sie stellten Kunstwerke her, die Botschaften vermittelten, ähnlich der Bilderflut auf griechischen Vasen. Das Glanzstück ist eine runde Goldplatte mit schriftähnlichen Bildmotiven, die um eine unbekannte Göttin angeordnet sind. Die Bedeutung der kultischen Szene ist bis heute nicht bekannt. Archäologen sinnieren darüber, ob die Darstellung in der Mitte eine Göttin des Wachstums zeigt und ob die methodischen Einteilungen der Platte einen Kalender darstellen könnten. Die ungewöhnliche Arbeit stammt aus dem 12. Jahrhundert n. Chr.

Wie die Chimu waren auch die Inka (13.–16. Jh. n. Chr.) nicht schriftkundig. Aber sie benutzten ein anderes bewundernswertes Informationssystem, das auf kompliziert verknotete Schnüre aufbaute. Es wird Quipu genannt und funktionierte wie Festplatten auf dem Computer. Durch ungleiche Schnüre, verschiedene Nebenschnüre und Knotenarten in ausgeklügelter Anordnung konnten zahlreiche statistische Daten gespeichert werden. Die Inka bewiesen damit, dass umfassende Datenarchive auch ohne Schriftkenntnisse bewahrt und fremden Personen an anderen Orten und Zeiten weitervermittelt werden können.

Die Azteken im 14. Jahrhundert n. Chr. hatten, so weit bekannt, ebenfalls keine Texte in geschriebener Sprache. Aber sie nutzten eine erzählende, naturalistische Bilderschrift, sogenannte Codices, die ihre Geschichte, Gesänge und Gebräuche darstellen. Eine lückenlose Rekonstruktion ist nicht mehr möglich. Die spanischen Eroberer haben bei ihrem kulturellen Vernichtungsfeldzug »ganze Arbeit« geleistet. Von den faltbaren Bilderbüchern sind einige wenige Kopien erhalten, die unter der Kolonialherrschaft im 16. und 17. Jahrhundert aufgezeichnet wurden. Der Rest an Informationen basiert hauptsächlich auf mündlichen Überlieferungen.

Mehr wissen wir über das ältere Volk der Maya. Sie verwendeten bereits ein hoch entwickeltes Schriftsystem, das sich aus Logogrammen und Silbenzeichen zusammensetzte. In den 1980er-Jahren machte die Entzifferung der Glyphen große Fortschritte. Man kann sie heute lesen und deuten, aber bei manchen Zeichen ist der ursächliche Sinn nicht mehr feststellbar. Die Entstehung der Maya-Schrift kann in die präklassische Epoche (400 v. Chr.–250 n. Chr.) zurückverfolgt werden. Aber was war vorher? Gab es in Altamerika Jahrhunderte früher nur schriftlose Kulturen?

Zu den ältesten Urvölkern Amerikas gehören die Olmeken. Der Ursprung ihrer Kultur wird um 3000 v. Chr. angenommen und endet zwischen 600 und 400 v. Chr., als ihre großen Siedlungen zerstört

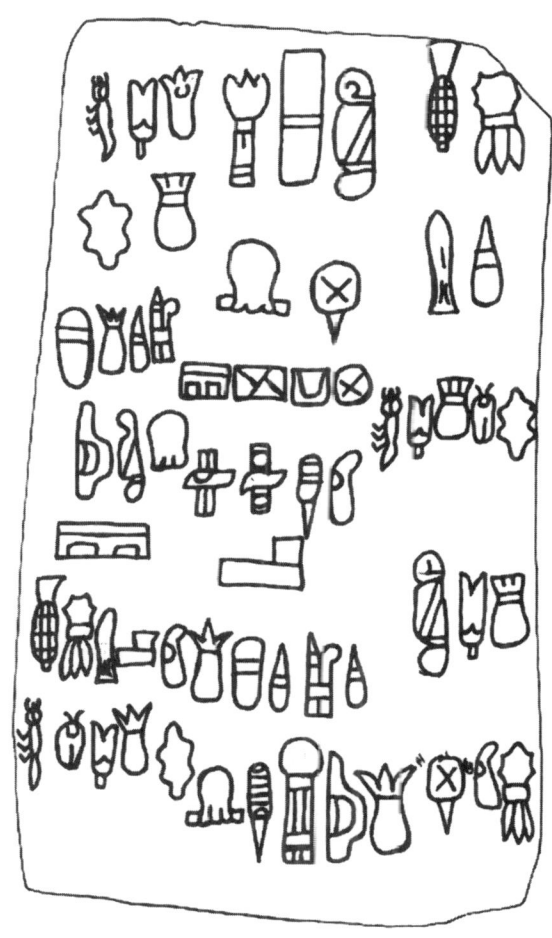

Olmekischer Cascajal-Stein. Die Glyphen zeigen alle Merkmale einer Schrift, sind aber noch nicht enträtselt. (Bild: Archiv R. H.)

oder verlassen wurden. Überreste olmekischer Zentren befinden sich an der südlichen Golfküste Mexikos in La Venta, Tres Zapotes und San Lorenzo. Die amerikanischen Ureinwohner waren Großmeister der Steinschneidekunst, wofür sowohl winzige Jade-Figurinen als auch drei meterhohe Riesenköpfe aus Basalt Zeugnis ablegen. Die tonnenschweren Kopfskulpturen sind ein archäologisches Rätsel. Weder weiß man, wie die Giganten an ihre Plätze geschafft wurden, noch, wen sie darstellen sollen. Was irritiert, sind ihre markanten Gesichtszüge, die auffallend unamerikanisch wirken und eher an Afrikaner oder Bewohner von Südseeinseln erinnern.

Was uns die Olmeken außerdem hinterlassen haben, sind schriftartige Hieroglyphen auf Skulpturen, Gegenständen und Steinobjekten, die noch nicht entziffert worden sind. Altamerikanisten glauben, dass sich aus ihnen später die Maya-Glyphen entwickelt haben. Im Jahre 2003 wurde in San Andréas ein Rollsiegel mit Schriftsymbolen entdeckt, das auf 650 v. Chr. datiert wird. Schon 1999 wurde bei Straßenbauarbeiten in der Nähe von Lomas de Tacamichapa im Bundesstaat Veracruz eine beschriftete Steinplatte geborgen. Doch erst als 2006 Archäologen vom Centro del Instituto Nacional de Antropología e Historia das zwölf Kilo schwere Relikt genauer in Augenschein genommen hatten, wurde sein wahrer Wert erkannt: Das Fundstück hat die Größe eines DIN-A4-Blattes und ist in der Fachwelt unter dem Titel Cascajal-Stein bekannt. Auf ihm sind die bislang ältesten Schriftzeichen der Neuen Welt abgebildet. Um 1000 v. Chr. wurde der Olmeken-Schatz angefertigt. Er enthält alle Merkmale, die für ein echtes Schriftsystem sprechen: 62 Glyphen, die aus 28 unterschiedlichen Zeichen zu regelmäßigen Sequenzmustern aufgebaut sind. Einzigartig ist die konkave Fläche des Steinblocks. Archäologen schließen daraus, dass Geschriebenes mehrfach abgeschlagen und der Stein neu beschriftet wurde. Wer hat den Text geschrieben? Was könnten uns die Inschriften mitteilen?

Das bleibt vorerst genauso ein großes Geheimnis wie die Ogam-Schrift. Diese besteht aus einer Gruppe von Strichen, die rechtwinkelig auf eine gerade Grundlinie treffen und diese schräg kreuzen oder berühren. Die gravierten Botschaften sind verstreut über ganz Nordamerika in Höhlen, Schluchten, Felsenwänden und vereinzelt auf Steinplatten erhalten. Archäologen bringen die Linienschrift mit der Naturreligion indigener Ureinwohner in Verbindung. Es gibt aber

Ogam-Schrift mit astronomischer Bedeutung auf einer Felswand im amerikanischen Bundesstaat Colorado. (Bild. Archiv R. H.)

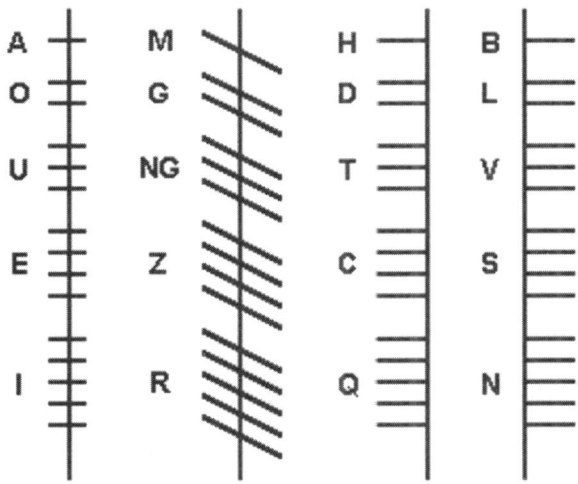

Schema der altirischen Ogam-Schrift aus dem frühen Mittelalter.
Sie war vor Kolumbus auch verstreut in ganz Nordamerika in Gebrauch.
Wie erfolgte der Wissenstransfer? (Bild: Al-Qamar)

auch Ogam-Zeichen, die einen deutlichen astronomischen Bezug aufweisen. So fällt bei Inschriften in Colorado auf, dass die Felsgravuren immer bei Sonnenaufgang zur Tagundnachtgleiche von Sonnenstrahlen beschienen werden. Die Gravuren sind seltsam genug, aber das eigentliche Mysterium besteht darin, dass die Ogam-Sprache im frühchristlichen Mittel- und Nordeuropa benutzt wurde. Mehr als 500 Inschriften, die meisten eingeritzt auf Menhiren und Grenzsteinen, sind in Irland, Schottland, Wales und England vorhanden. Seltener findet man Ogam-Texte in alten Büchern wie der Handschrift des Grammatikers Priscian aus dem 6. Jahrhundert, die in der Stiftsbibliothek des Schweizer Klosters zu St. Gallen aufbewahrt wird. Über Bedeutung, Lesart und mögliche Entstehung der Schrift gibt es keine klaren Erkenntnisse. Sie scheint nicht aus den älteren keltischen Runen entstanden zu sein, sondern war eine eigene Schriftvariante. Aber wie fand sie ihren Weg lange vor Kolumbus nach Amerika?

Wie hat sich die Herstellungstechnik römischer Ziegelsteine bis zu den Maya in Comalcalco herumgesprochen? Die Ausgrabungsstätte liegt 52 km nordwestlich der Olmeken-Siedlung Villahermosa. Hier wurden zwischen 200 und 600 n. Chr. Zeremonialbauten aus gebrannten Tonziegeln errichtet, die mit Inschriften, Ornamenten und Bildmotiven verziert wurden. Farbe und Ausdrucksform der Ziegelsteine gleichen exakt dem Baumaterial, das zu Zeiten des römischen Reiches Anwendung fand. Einige Forscher, darunter der amerikanische Archäologe Neil Steede, halten es für möglich, dass die Maya-Stätte von Leuten errichtet wurde, die in vorspanischer Zeit über den Ozean nach Mexiko eingewandert sind. Tatsächlich enthalten die Ziegel und Stuckfragmente Graffitis, die an europäische Vorlagen erinnern. Ebenso finden sich Abbilder, die man als altindische Sanskritschreibweise (wegen ihrer geschwungenen Formgebung »Muschelschrift« genannt) deuten kann.

Neuerliche Belege für frühe Überquerungen der Ozeane und kulturelle Kontakte zwischen fremden Völkern? Vertreter der klassischen Altertumsforschung können sich mit dieser These nicht anfreunden. Viele sonderbare Entdeckungen und archäologische Sammlungen werden deshalb wegen ihres Inhaltes, der von der konventionellen Auffassung abweicht, abgelehnt oder als »vermutlich gefälschte Nachbildung« eingestuft. Dazu zählt auch die mehrere Tausend Stücke umfassende Kollektion der sogenannten Michigan-Tafeln aus Detroit in

*Gravierter Ziegel der Maya-Ruine Comalcalco in Mexiko. Die Inschrift
erinnert an altindische Sanskrit-Texte, die ihrer Form wegen als »Muschelschrift« bezeichnet werden. (Bild: Bernnard Moestl)*

den USA. Die Stücke wurden um 1900 in alten indianischen Hügel-
gräbern gefunden und tragen Gravuren unbekannter Schriftzeichen
sowie biblische Symbole. Einige Forscher, die von der Echtheit der Stücke überzeugt sind, vermuten deshalb, dass sie von Christen stammen,
die nach dem Fall des römischen Reiches auf den amerikanischen
Kontinent flohen.

Fauler Buchstabensalat? Oder gehört unser vertrautes geschichtli-
ches Weltbild längst entstaubt?

Abora und die altamerikanischen Keilschrifttexte

Eine Frage stellt man mir immer wieder: »Wie kommen Sie auf die
spannenden Themen, über die Sie in Ihren Büchern schreiben?«

Da gibt es freilich viele Quellen. Manches eröffnet sich spontan
im Zuge von Studienreisen zu wundersamen Plätzen. Oder ich sto-
ße auf eine brisante Zeitungsnotiz, die mir weitere Nachforschungen

55

sinnvoll erscheinen lässt. Ein Zufallsfund beim Stöbern im Antiquariat kann ebenso hilfreich sein wie ein unterhaltsames Stelldichein mit Freunden und Mitstreitern. Die nützlichsten Anregungen jedoch stammen von meinen Lesern, soll heißen, von Ihnen. Meiner treuen und aufmerksamen Leserschaft entgeht nichts. Wird eine textliche Ungereimtheit entdeckt, folgt der Tadel zu Recht im Fluge. Und sind es geflügelte Worte des Lobes, fühlt sich jeder Autor, meine Wenigkeit eingeschlossen, geschmeichelt. Der Grundstein für ein neues Werk wäre damit gelegt. Wenn also dem Titel zum Trotz schon wieder ein »Nicht-geben-dürfte«-Buch veröffentlicht wird, dann liegt die Schuld klar beim Publikum. Viele Leser vertrauen mir ihre Erfahrungen im Grenzbereich der Wissenschaft an oder berichten mir von mysteriösen Entdeckungen.

Während der Arbeit an diesem Buch erhielt ich wieder jede Menge aufmunternde Leserpost, darunter auch von einem Diplomingenieur aus München. Sein Name ist Alfons Wagner. Er bezeichnet sich als Privatforscher und Hobbyarchäologe, der mit Gleichgesinnten alternative Forschungen betreibt. Das Hauptinteresse seiner Studien gilt außergewöhnlichen Funden aus Südamerika. Wagner erzählte mir von der rätselhaften Steinschale Fuente Magna, die im Museum Tiwanaku in der bolivianischen Hauptstadt La Paz ausgestellt ist. Das Gefäß ist innenseitig beschriftet und zeigt an der Außenseite Halbreliefs mit Kondordarstellungen. Als Fundort wird das Gebiet um den Ort Santiago de Huata im Südosten des Titicacasees genannt. Dort hatte sie ein Bauer bei der Grubenaushebung zu einem Neubau entdeckt. Dabei kam auch eine 1,30 m hohe Steinstatue im frühen Tiwanaku-Stil (älteste Kultur in den Anden) zum Vorschein. Alfons Wagner vermutet, dass es eine Gesetzesstele gewesen sein könnte, denn »auf den Oberschenkeln dieser Figur sieht man andine schriftartige Zeichen«. Skurril: Der Bauer verwendete die Steinschale jahrelang als Futtertrog für seine Tiere. Als eines Tages ein Großgrundbesitzer vorbeikam und die Schüssel erblickte, erkannte er, dass sie wertvoller sein könnte und brachte die Fuente Magna samt Statue ins Museum.

Das Eigentümliche ist ein in mehrere Abschnitte unterteiltes Schriftband im Inneren der Schale. Ein Bereich davon hat frappante Ähnlichkeit mit sumerischen Schriftzeichen. Alfons Wagner hat sie mit bekannten Keilschrifttexten verglichen und fand für drei Zeichen die identischen Wiedergaben: 1. Eine sternartige Gravur, die »Himmel, göttlich und unendlich« bedeutet; 2. ein längliches Symbol für den Begriff »Schiff«; 3. ein Zeichen, das entweder für die weibliche Scham steht oder als »Ochsenkopf« gelesen werden kann. Wagner ist überzeugt davon, dass »eine gemeinsame Wurzel bestand, die sich dann in den Anden selbstständig weiterentwickelt hat. Jedenfalls sind die enträtselten Zeichen identisch mit vergleichbaren Symbolen der Babylonier um 3850 bis 2500 v. Chr.«.

Der erste Forscher, der auf die eigenwillige Schale aufmerksam wurde, ist Wagners Freund und Kollege, der deutsche Diplombiologe Dominique Görlitz. Görlitz ist Segelprofi, Erbauer prähistorischer Schilfboote und Experte auf dem Gebiet der experimentellen Archäologie. Gleich wie Thor Heyerdahl, den Görltz persönlich kannte, ist der Abenteurer nicht nur von frühen transatlantischen Schiffsüberquerungen überzeugt, sondern versucht, diese These ebenso durch praxisorientierte Expeditionen zu beweisen. 2007 unternahm er gemeinsam mit einem kleinen Team einen spektakulären Versuch mit dem Schilfboot Abora III. Nach 56 Tagen auf hoher See musste das Experiment wegen einer starken Schlechtwetterfront abgebrochen werden. Immerhin 900 Kilometer bis vor die Azoren hatte die Mannschaft auf dem einfachen Binsenboot durchgehalten.

Selbst wenn das beherzte Experiment noch nicht wunschgemäß glückte, kann Görlitz auf Entdeckungen verweisen, die die These antiker Überseekontakte stützen. Während der Abora-Fahrt ließ Kapitän Görlitz Pflanzensamen (Kokosnuss, Baumwolle und Kürbis) im Wasser mitziehen. Die späteren Untersuchungen am Institut für Pflanzengenetik und Kulturpflanzenforschung in Gatersleben ergaben, dass die Keime nach Monaten im Salzwasser unfruchtbar geworden waren. Das wäre ein starkes Indiz dafür, dass ein interkontinentaler Kulturpflanzenimport nur per Schiff erfolgt sein kann – und nicht als Treibgut, wie bisher angenommen. Ähnlich verhält es sich mit Tabakblättern, die im Mumienbündel von Ramses II. (um 1300–1213 v. Chr.) entdeckt wurden. Gleiches gilt für Reste mexikanischer Tabakkäfer aus ägyptischen Gräbern. Wie kamen sie dorthin? Die Tabakpflanze stammt aus Amerika und ist erst seit Kolumbus weltweit verbreitet.

Bei seinen Recherchen zur Filmdokumentation »Dreizehn Stürme – Dem prähistorischen Kulturaustausch auf der Spur«, hat Dominique Görlitz auch das Steingefäß Fuente Magna ins Visier genommen. Dabei stellte er fest, dass »sich viele Forscher an einer Deutung der keilschriftartigen Zeichen innerhalb der Schale versuchten. Jedoch sind viele Interpretationen aus meiner Sicht als sehr problematisch einzuschätzen. Ich habe nach dem Dreh in La Paz unabhängig voneinander zwei Sumerologen aufgesucht, einen in Oslo, den anderen in Leipzig, und um eine Deutung gebeten. Beide berichteten mir übereinstimmend, dass es sich mit Ausnahme von ein oder drei Symbolen *nicht* um lesbare Schriftzeichen handeln kann«.

Was aber vielleicht selbst manchen Gelehrten entgangen ist: Es gibt Keilschriften, die noch nicht entziffert werden konnten. Dazu zählen die urartäischen Hieroglyphen aus dem 1. Jahrtausend v. Chr. Der etwas missverständliche Name »Urartäisch« leitet sich von der assyrischen Bezeichnung der Region »Urartu« ab. Es gibt kaum Publikationen darüber, und es existieren nur wenige schriftliche Quellen. Eine Entzifferung der bekannten Dokumente scheiterte bislang an der Kürze der Gravuren sowie an fehlenden vergleichbaren Ansätzen. Interessant ist, dass diese unlesbaren Keilschriftsymbole vorwiegend auf Gefäßen erhalten sind. Archäologen deuten sie als Maßeinheiten. Die Symbole auf der bolivischen Tonschale ähneln den urartäischen Hieroglyphen. Bisher hat noch kein Altorientalist die Gemeinsamkeiten beider Schriftbelege untersucht.

Und wenn es doch nur Schmuckdekor ist? Die mögliche Inspiration durch antike Überseekontakte wäre deshalb nicht völlig ausgeschlossen. Dominique Görlitz kann sich vorstellen, dass ein amerikanischer Ureinwohner von einer echten Keilschriftvorlage Zeichen in die Schale kopiert hat. Für Wissenstransfer aus der Alten Welt spricht auch die stilisierte Darstellung eines Pferdes (erkennbar am langen Schweif im Gegensatz zum Stummelschwanz der Lamas), die zwischen den keilschriftartigen Symbolen eingeritzt ist. Ähnliche Pferdebilder wurden mit einer Vielzahl an Petroglyphen in der peruanischen Steinwüste von Toro Muerto südlich von Arequipa ins harte Felsgestein graviert. Der deutsche Archäologe Hans-Dietrich Disselhof (1899–1975) berichtet darüber. In Nord- und Südamerika gab es keine domestizierten Pferde. Es hat zwar ursprünglich auch in Amerika Wildpferde gegeben, aber diese waren vor einer möglichen Domestikation ausgestorben. Erst die Europäer brachten das Hauspferd in die Neue Welt.

Altamerikanisten zweifeln dennoch an der Echtheit der Fuente Magna und halten sie eher für eine Fälschung, weil keine vergleichbaren Fundstücke vorliegen, die eine Klassifizierung des Gefäßes erlauben.

Dominique Görlitz teilt diese kategorische Ablehnung nicht: »Meine Studien zur frühen Seefahrt, aber auch Kulturpflanzentransfer widersprechen dieser Schlussfolgerung. Aus alten mesopotamischen Keilschrifttexten lässt sich herauslesen, dass die Sumerer durchaus Fahrten in sehr weit entfernte Kulturgebiete zwecks Handelskontakten gemacht haben. Solche Seereisen dauerten bis zu sechs Monate. Ob sie Amerika erreichten, ist nicht nachgewiesen. Jedoch sprechen neubabylonische Darstellungen von Ananaspflanzen und Agavefaserresten für einen interkontinentalen Kulturaustausch – entweder über den Atlantik oder über den Pazifik oder über beide Ozeane!«

Um Kritikern prähistorischer Handelsfahrten über die Weltmeere den Wind aus den Segeln zu nehmen, wagt Dominique Görlitz demnächst die Fortsetzung seines ambitionierten Archäologieexperiments. Aus den Fehlern und Erfahrungen früherer Versuche hat er gelernt. Nun will der Abenteurer mit Abora IV. die modifizierte, vollständige und erfolgreiche Überquerung der schwierigen Nordatlantikroute bestehen. Den Leitgedanken dazu lieferte sein großes Vorbild Thor Heyerdahl (1914–2002), der den Nörglern stets entgegnete: »Grenzen? Ich habe niemals eine Grenze gesehen. Aber ich hörte, dass sie im Geist vieler Menschen existieren.«

GEHEIMNISVOLLE GOTTESWORTE

Ich will nun ausführlich von Ägypten erzählen, weil es mehr wunderbare Dinge und erstaunliche Werke enthält als alle anderen Länder. Darum müssen wir es genauer beschreiben. Wie der Himmel in Ägypten anders ist als anderswo, wie der Strom anders ist als andere Ströme, so sind auch die Sitten und Gebräuche der Ägypter fast in allen Stücken denen der übrigen Völker entgegengesetzt.

Herodot von Halikarnassos (um 480–424 v. Chr.),
»Historien«, 2. Buch

Fantastische Legenden und das Rätsel der ägyptischen Hieroglyphen

»Wir kennen Ägypten nicht – wir bilden uns nur ein, es zu kennen.«
Dieses Zitat wird Howard Carter (1874–1939) zugeschrieben, jenem
berühmten britischen Ägyptologen, dem es 1922 gelungen war, im Tal
der Könige das verschüttete Grab des jung verstorbenen Pharao Tutanchamun zu entdecken.

Hatte Carter Recht? Seit Napoleons militärischer Expedition in
den Jahren 1798 bis 1801 wird das einstige Pharaonenland am Nil archäologisch erforscht, intensiv wie kaum ein anderes. Wir wissen von
den mächtigen Königsdynastien, ihrem verwirrend komplexen Göt-
terglauben sowie eigenwilligen Jenseits- und Mysterienkulten. Einen
anschaulichen Einblick in die Welt von Isis und Osiris liefern uns die
gewaltigen Pyramiden, freigelegten Gräber und imposanten Tempe-
lanlagen. Wir studieren fasziniert die unüberschaubare Vielfalt an
hinterlassenen Bildern und Inschriften. Wir finden sie eingemeißelt
in Stein an Monumenten, in knallbunten Farben auf den Wänden der
Grabkammern und in Tinte auf magischen Papyri. Es gibt nur wenige Relikte, auf denen sich keine Schriftzeichen befinden. All das zählt
längst zum kulturellen Allgemeinwissen des Abendlandes, das von der
ägyptischen Kultur und Religion beeinflusst wurde.

Was aber wissen wir wirklich über dieses Ägypten und die Anfänge
seiner Hochkultur? Im Grunde genommen herzlich wenig. Wer glaubt,
dass vom Land am Nil keine Überraschungen mehr zu erwarten sind,
irrt gewaltig. Viele brisante Fragen sind noch immer ungelöst. Wo liegen die Wurzeln der Hieroglyphenschrift? Wann genau begann die
ägyptische Hochkultur und was war vor den Pharaonen? Wieso erzählen alte Chroniken, dass die Herrschaft ägyptischer Gottkönige viel weiter in die Vergangenheit zurückreicht? Welche technischen Hilfsmittel
standen den prähistorischen Meisterarchitekten zum Bau der größten

Pyramide zur Verfügung? Was hat es mit den lokalisierten Hohlräumen für eine Bewandtnis? Woher wissen wir, dass Pharao Cheops den Monumentalbau als Grabkammer errichten ließ? Wer kann überzeugende Antworten zum Zweck tiefer Schächte und labyrinthartiger Geheimgänge geben, die in die Unterwelt von Gizeh führen?

Der Stein der Erkenntnis

Die Hieroglyphenschrift zählt mit zu den erstaunlichsten Errungenschaften des Pharaonenreiches. Ihre altgriechische Namensgebung setzt sich aus »heilig« (hierós) und »eingravieren« (glýphein) zusammen. Jahrhunderte lang war die Schreibweise der alten Ägypter der Inbegriff für rätselhaftes Wissen, das nur Eingeweihten zugänglich war. Selbst heute im modernen Sprachgebrauch finden wir noch Anklänge daran, etwa dann, wenn wir etwas, das wir nicht entziffern können – und sei es auch nur die eigene Telefonnotiz – als »Hieroglyphen« bezeichnen.

Bereits die alten Griechen, die bekanntlich ein kulturell gebildetes Volk waren, hielten das »Heilige Schnitzwerk« für eine Geheimschrift. Nachdem Alexander der Große das Perserreich besiegte, fiel ihm das Pharaonenreich 332 v. Chr. so gut wie kampflos zu. Die Legende erzählt, der griechisch-makedonische König sei von den Ägyptern als göttliches Wesen und Erlöser begrüßt worden. Griechisch wurde zur Staatssprache erhoben und die Hieroglyphenschrift verlor zunehmend an Bedeutung, da immer weniger Menschen sie lesen konnten. Die letzte bekannte Inschrift wird mit dem Jahr 394 n. Chr. datiert und stammt von der Insel Philae bei Assuan. Danach schwiegen die extravaganten Bildzeichen 1400 Jahre lang. Noch im Jahre 1802 erinnerte der schwedische Orientalist David Akerblad daran, dass »man seit Langem die Hoffnung aufgegeben hat, jemals die Hieroglyphen zu entziffern«.

Zu diesem Zeitpunkt hielten Historiker bereits den Schlüssel zum Verständnis der Rätselschrift in der Hand – den berühmten »Stein von Rosetta«. Seine Entdeckung während Napoleons Ägyptenfeldzug verdankt die Wissenschaft einer glücklichen Fügung. Im Sommer 1799 benötigte eine französische Garnison in der ägyptischen Hafenstadt Rosetta (arab. Raschid) eine stärkere Befestigung für ihren Stützpunkt. Um an Baumaterial zu gelangen, rissen Soldaten unter der Führung des Offiziers Pierre Bouchard eine alte Mauer nieder – zum Vorschein kam der Rosettastein! Ganz geklärt sind die Fundumstände nicht. Eine andere Version behauptet, dass Bouchards Pferd über die schwarze Steinplatte gestolpert sei, weil sie zum Teil aus dem Boden herausragte. Der historische Wert der 114 cm hohen, 72 cm breiten und 28 cm tiefen Steintafel wurde rasch erkannt. Doch was hatten die darauf verewigten Inhalte in drei unterschiedlichen Schriftarten zu bedeuten: oben Hieroglyphen, unten griechische Buchstaben, in der Mitte kursiv geschriebene demotische Schrift, die in der spätpharaonischen Dynastie verbreitet war? Aus dem griechischen Text ging hervor, dass die Inschrift ein Beschluss ägyptischer Priester war, angefertigt 196 n. Chr. dem König Ptolemaios V. zu Ehren. Der Schlusssatz elektrisierte Napoleons mitgereiste Gelehrte: »Dieses Dekret soll in eine Stele aus hartem Stein in heiligen und in einheimischen und in griechischen Buchstaben eingemeißelt werden ...«

Ein Text, drei Schriften – mit diesem Rosettastein musste es möglich sein, endlich die Hieroglyphen zu verstehen! Vorerst wurde die 762 Kilogramm schwere Basalttafel in Kairo aufbewahrt, doch mit dem Heranrücken feindlicher englischer Truppen gerieten die Franzosen immer mehr in Bedrängnis. Eilends schaffte man den Rosettastein nach Alexandria, wo er vermeintlich sicherer war. Ironie der Geschichte: Die Franzosen verloren, durften aber die in Kairo gehorteten Beutestücke behalten. Jene Kunstschätze jedoch, die in Alexandria lagerten, mussten 1801 den Engländern übergeben werden. Bereits ein Jahr später war der begehrte »Dreisprachenstein« im British Museum in London ausgestellt, wo er seither zu bewundern ist. Wäre er in Kairo geblieben, stünde er heute im Pariser Louvre. Für die Nachfolger der Pharaonen wäre freilich nur Ägypten der rechtmäßige Standort für den Rosettastein. Doch diese müssen sich mit einer originalgetreuen Kopie im Nationalmuseum in Alexandria begnügen.

Beim fieberhaften Versuch, das versteinerte Kryptosystem zu entschlüsseln, waren viele Schriftgelehrte gescheitert. Erst dem Franzosen Jean-François Champollion gelang nach jahrelanger Mühsal das Bravourstück. Als der Stein entdeckt wurde, war der Buchhändlersohn gerade mal neun Jahre alt, zeigte aber schon früh ein Faible für orientalische Sprachen und begann mit 18, die Inschriften von Rosetta zu studieren. Das Original stand Champollion nie zur Verfügung, er musste stets an einer Abschrift des Steines grübeln. Der Vergleich der Eigennamen ermöglichte den Einstieg. Allmählich erkannte der junge

Forscher, dass die Hieroglyphen nicht bloß Symbole sind, sondern teilweise auch für Laute stehen. Nach langem, geduldigem Herumtüfteln ließ sich ein System der Hieroglyphen skizzieren.

»Je tiens l'affaire!« (»Ich hab's!«), soll Champollion seinem Bruder in ungeheurer Erregung und völliger Erschöpfung zugerufen haben. Gleich darauf soll er ohnmächtig zusammengebrochen sein und wie leblos am Boden gelegen haben. Erst nach knapp einer Woche sei er wieder ansprechbar gewesen und so weit erholt, dass er binnen weniger Tage das Resümee seiner Entdeckung über die ägyptische Schriftsprache zu Papier bringen konnte. Als die Denkschrift am 27. September 1822 den Wissenschaftlern der Akademie erstmals vorgelegt wurde, schlug sie ein wie eine Bombe! Aufsehen und Freude waren groß, der Neid der Konkurrenten und Besserwisser auch. Bis zu seinem Lebensende behauptete der englische Naturforscher Thomas Young (1773–1829) sogar, er sei es in Wahrheit gewesen, der die Hieroglyphen entziffert habe. Tatsächlich gelang Champollions Durchbruch teils auf der Basis von Youngs Erkenntnissen. Dieser erkannte im demotischen und hieroglyphischen Textabschnitt Königsnamen und Begriffe, die mehrfach vorkamen. Es gelang Young jedoch nicht, die komplexe Struktur der altägyptischen Schrift zu verstehen. Erst die akribische Analyse und Lösung von Champollion ermöglichten es, weitere ägyptische hieroglyphische Texte zu entwirren und eine neue Wissenschaft ins Leben zu rufen – die Ägyptologie.

Ihrem Begründer Champollion blieb nicht mehr viel Zeit, um die Früchte seiner detektivischen Kombinationsgabe zu ernten. Erschöpft, unglücklich und krank starb er 1832 an einem Schlaganfall, erst 41 Jahre alt. Er ruht auf dem Friedhof Père Lachaise in Paris. In seinem südfranzösischen Geburtsort Figeac gibt es ein originelles Denkmal zu bestaunen, das dem berühmten Sprachgenie gewidmet ist: eine auf etwa 100 m² vergrößerte Kopie des Rosettasteines am Fußboden der Place des Écritures, dem »Platz der Schriften«.

Kennen wir die Hieroglyphen wirklich?

Manche Altertumsforscher vermitteln den Eindruck, durch die Übersetzung der Hieroglyphen die ganze Wahrheit über Aufstieg und Schicksal des alten Kulturvolkes an den Ufern des Nils zu kennen.

Welch voreiliger Schluss! Hieroglyphen haben eine Reihe spezieller Eigenheiten, die Sprachforscher nach wie vor verblüffen. Was jedem Betrachter sofort ins Auge springt, ist die formvollendete Schönheit der Zeichen. Die alten Ägypter haben schon früh perfekt vorgemacht, was Comic-Künstler seit Micky Maus zu entwickeln versuchen: die typischen Charaktereigenschaften eines Wesens mit nur wenigen Strichen und schlichter Genauigkeit bildlich einzufangen.

Bereits Jahrtausende vor den Anfängen der offiziellen anatomischen Wissenschaft im 13. Jahrhundert n. Chr. hatten die pharaonischen Hohenpriester hervorragende medizinische Kenntnisse. Das belegen fortschrittliche Operationsgeräte und orthopädische Prothesen, raffinierte Techniken der Einbalsamierung sowie reichliche Papyrustexte über die Eigenschaften und Wirkungsweisen von Heilpflanzen. Es drückt sich aber ebenso in ihrer Schrift aus, denn für zahlreiche Körperorgane existierten eigene Hieroglyphensymbole – so für das Herz, den Magen, die Leber, die Luftröhre, die Milz, die Blase oder die Gebärmutter.

Während die Schreiber bis ins Neue Reich noch mit rund 1000 Zeichen für ihr umfassendes Schriftsystem auskamen, wurde ihre Anzahl in der Spätzeit auf nahezu 7000 erhöht. Dabei fällt auf, dass sich Schriften anderer Kulturen weiterentwickelten, die Hieroglyphen hingegen blieben im Kern über drei Jahrtausende unverändert. Über diese lange Zeitspanne waren sie für den Wissenden stets lesbar und inhaltlich verständlich. Die mythischen Texte und Riten der Urahnen blieben bis zur griechisch-römischen Periode in Erinnerung.

Ganz so einfach war die Entzifferung der »Heiligen Zeichen« jedoch schon zur Pharaonenzeit nicht. Eine der vielen Besonderheiten: Hieroglyphen konnten von rechts nach links oder von links nach rechts geschrieben sein, aber auch von oben nach unten, je nach Komposition des Schriftbildes. Anhand der Blickrichtung abgebildeter Menschen und Tiere war zu erkennen, wie gelesen werden sollte. Schaute eine Figur etwa nach links, dann musste von links nach rechts gelesen werden. Bestimmte Zeichen hatten bis zu zehn Lesungsmöglichkeiten. Eine weitere Auslegung ergab sich durch die Farbgebung einer Hieroglyphe. Manchmal konnte allein das farbliche Merkmal zwei identische Zeichen in ihrer Bedeutung unterscheiden. Damit der Leser nicht völlig im »Wortwirrwarr« versank, setzten die Schriftgenies hinter mehrdeutigen Hieroglyphen ein zusätzliches Zeichen. Wenn z. B. hinter dem Bildsymbol »Schreibtafel« ein Mann dargestellt war, bedeutete dies das Wort für »Schreiber«. Wurde hingegen eine Papyrusrolle gemalt, war der Begriff »Geschriebenes« gemeint.

Die Vorstellung, wir hätten es bei der gezeichneten Bilderflut mit einer »Bilderschrift« zu tun, liegt nahe, ist aber falsch. Ein dargelegter Gegenstand musste keineswegs das ausdrücken, was zu sehen war. Hieroglyphen waren in der Regel auch keine einzelnen Buchstaben, ebenso wenig stellte jedes Bildsymbol ein ganzes Wort dar. Wenn aber weder Buchstaben noch Wortzeichen gemeint waren, was sind Hieroglyphen dann? Die Lösung ist eine raffiniert ausgeklügelte Mischform, zusammengesetzt aus Bildzeichen (Ideogramme), Deutzeichen (Determinative) und Lautzeichen (Phonogramme). Die meisten Zeichen verkörpern eine phonetische Buchstabenfolge, vergleichbar mit einer Silbe. Doch wie war zur Zeit der Pharaonen ihre korrekte Aussprache?

Dazu erklärt die an der Universität in Pisa lehrende Ägyptologieprofessorin Maria Carmela Betrò, dass »es bis zur Spätphase der ägyptischen Schrift und vor allem bis zur Einführung des griechischen Alphabets in den ersten nachchristlichen Jahrhunderten so gut wie unmöglich ist, die Aussprache des Ägyptischen zu rekonstruieren oder die komplexen Formen zu begreifen, die mit der Beugung von Verben und Substantiven zusammenhängen«.

Das Hauptproblem liegt darin, dass die hieroglyphische Schrift Vokale wie etwa im Deutschen A, E, I, O und U nicht kennt. Geschrieben wurden nur Mitlaute, ähnlich den Konsonanten im heutigen Hebräisch. Das Gleiche gilt für die vereinfachten Schreibformen »Hieratisch«, »kursive Hieroglyhenschrift« und Teile von »Demotisch«.

»Trotz intensiver Forschung und zahlreicher wertvoller Hinweise durch das Koptische, die ins Griechische transkribierende Spätform des Ägyptischen (die natürlich nur jene Art der Aussprache erkennen lässt, die nach jahrtausendelanger Entwicklung erreicht war), ist es noch nicht möglich, das lautlose Erscheinungsbild des Ägyptischen während der verschiedenen Epochen und in seinen unterschiedlichen Dialekten zu rekonstruieren«, bedauert die Sprachforscherin Betrò. Damit die Wortbildungen aussprechbar werden, haben sich Schriftexperten auf einen Trick geeinigt und fügen zwischen den Konsonanten ein *e* oder *a* ein.

Für Linguisten und emsige Ägyptologiestudierende ist das Lesen und Verstehen der Hieroglyphenschrift heute kein Geheimnis mehr.

Doch es gibt eine lange Liste von »Stolpersteinen«, die zu Fehlschlüssen geradezu einladen: Viele Lücken im Schreibsystem, variabel geschriebene Begriffe innerhalb eines Textes, Mehrfachdeutungen bei einzelnen Zeichen und Unsicherheiten bezüglich der Grammatik. Der britische Ägyptologe Professor Peter le Page Renouf (1822–1897), ehemals Direktor der orientalischen Sammlung des Britischen Museums, brachte das Dilemma schon früh auf den Punkt:

»Die genaueste Kenntnis des Wortschatzes und der ägyptischen Grammatik können uns nicht helfen, die Dunkelheiten aufzuklären, die durch allerlei Andeutungen und Allegorien hervorgerufen werden. Die Schwierigkeit liegt nicht in einer wörtlichen Übersetzung, wohl aber im Verständnis des Sinnes.«

Das ist aber nicht das einzige Dilemma: Die Möglichkeit von Irrtümern ist ebenso bei der Rekonstruktion ägyptischer Wörter und der Transkription (Übertragung) hieroglyphischer Namen und Begriffe in moderne Alphabete gegeben. Da das keineswegs immer eindeutig ist, können sich völlig verschiedene Schreibweisen ein und desselben Begriffs ergeben. König Echnatons Gemahlin z. B. heißt im Deutschen »Nofretete«, im Englischen »Nefertiti« und schreibt sich im Ägyptischen »Nfr.t-jy.tj«. Die ursprüngliche Aussprache könnte aber ebenso »Nafteta« gelautet haben.

Überdies ist die Herkunft etlicher Wörter völlig unbekannt, etwa der Begriff »Uschebti«. Gemeint sind kleine Idole aus Ton, die Verstorbenen auf ihre Jenseitsreise mit ins Grab gegeben wurden. Die Ägypter setzten »Uschebti« mit »Antworter« gleich, weil die Figürchen im Totenreich als eine Art Ersatzkörper für den Verstorbenen sprechen und Arbeiten verrichten sollten.

Kopie einiger Zeichen der Wadi-el-Hol-Buchstabenschrift.
(Bild: Archiv R. H.)

Als Sonderfall ägyptischer Rätseltexte gelten die »Wadi-el-Hol«-Schriftzeichen. Sie wurden auf Steinplatten westlich von Luxor verewigt und entstanden vor rund 3900 Jahren. Entdeckt wurden sie 1999 beim Vermessen einer alten Karawanenroute. Der Harvard-Professor Frank M. Cross hält sie für die »sicherlich älteste Alphabetschrift« und glaubt, dass sie wegen ihrer Ähnlichkeit mit späteren semitischen Schriften aus derselben Entwicklungslinie stammt, obwohl ägyptische Hieroglyphensymbolik vorhanden ist. Archäologen nehmen trotzdem an, dass diese Texte nicht von Ägyptern stammen, sondern eher von syrischen Händlern, die durchs Land am Nil wanderten. Der genaue Inhalt ist noch nicht entschlüsselt.

Eine Gemeinsamkeit lässt sich in allen altägyptischen Inschriften feststellen. Es gibt viele sprachliche Probleme, die zu einer nüchternen Fragestellung führen: Ist es richtig, wenn Hieroglyphen stets »buchstabengetreu« übersetzt werden? Misstrauen ist vor allem auch deshalb berechtigt, wenn man weiß, dass die meisten Urtexte sakrale Überlieferungen sind. Unverständliches wird im ägyptologischen Sprachgebrauch gerne als »rituelle Handlung«, »abstrakte Gedankenwelt« oder mit »Beschwörungsformeln und Zaubersprüchen« umschrieben, die meist »im kultischen Rahmen des Jenseitsglaubens« zur Anwendung kamen. Aber was sagt das über die ursächliche und reale Sinngebung aus?

Geheimes, Gefälschtes und Groteskes

Bei der Übersetzung »heiliger Erzählungen« kommt noch eine harte Nuss hinzu, die zu denken gibt. Die Priesterschaft im alten Ägypten beherrschte eine Art Geheimschrift innerhalb der Schrift, ähnlich einem Code, der nur von Eingeweihten und Tempelherren gelesen, geschrieben und auch verstanden werden konnte. Das Wissen dafür fehlte dem einfachen Volk. Das Problem ist heute vergleichbar mit medizinischen Fachausdrücken in Arztbriefen, aus denen nur »Götter in Weiß« schlau werden. Die Schätzungen gehen davon aus, dass nur etwa 5 Prozent der Bevölkerung im Pharaonenreich lesen und schreiben konnten. Eifrige Bildhauer, die Hieroglyphentexte auf Tempelwänden verewigten, waren meist Analphabeten. Sie folgten den strengen Anweisungen und gezeichneten Vorgaben der Priester. Erneut günstige Voraussetzungen für den Fehlerteufel.

Tatsächlich finden sich bei Grab- und Tempelinschriften Schreibfehler und Korrekturen. Erkennbar ist dies bei Hieroglyphen, die verschiedene übereinanderliegende Konturen aufweisen. Betrifft es Regenten, die in Ungnade gefallen waren, ist das »Ausradieren« ihres Namens nachvollziehbar. Aber bei einfachen Glyphen? Wurden sie deshalb ausgebessert und überschrieben, weil die Priester mit den ersten Entwürfen oder der Ästhetik nicht zufrieden waren? Hatten sich Fehler eingeschlichen, wegen Änderungen bei der Rechtschreibung, Bedeutung und Aussprache? Haben die Handwerker gepfuscht? Oder wurden Texte absichtlich manipuliert? Betrug und Fälschung bereits im Altertum? Die Unterschiede und Gründe solcher Hieroglyphen-Bearbeitungen sind im Einzelnen nur mehr schwer feststellbar.

Probleme mit Echnaton und Nofretete
Abgesehen von der Schwierigkeit, uralte Inschriften und Papyrustexte richtig zu deuten, stellt sich immer wieder die »Gretchenfrage« nach der Authentizität. Selbst bedeutende Exponate wie König Echnatons »Klappaltar« bleiben vom Fälschervorwurf nicht verschont. Die Kalksteintafel steht im Ägyptischen Museum in Kairo, misst 43,5 mal 39 cm und wurde 1912 im mittelägyptischen Bezirk Tel-el-Amarna entdeckt. Das Bildmotiv zeigt den thronenden Pharao, rechts davon Nofretete und drei Töchter des Königspaares, darüber die Sonnenscheibe Aton, deren Strahlen an den Enden aus Händen bestehen. Der Schweizer Kunsthistoriker Henri Stierlin und andere Wissenschaftler behaupten seit Jahren, dass dieses Altarbild in betrügerischer Absicht hergestellt worden sei, da es einen Stil-Mischmasch aufweise und Hieroglyphen an mehreren Stellen falsch geschrieben worden seien. Sogar die wunderschöne Porträtbüste der Nofretete in Berlin soll nicht wie bisher angenommen bereits vor 3400 Jahren gefertigt worden sein, sondern in Wahrheit erst vor 100 Jahren während der Ausgrabungen in Ägypten.

König Echnaton, Nofretete und drei Kinder, dargestellt auf einem berühmten Altarbild. Fundumstände und stilistischer »Hieroglyphen-Mischmasch« lassen an der antiken Echtheit des Kunstwerkes zweifeln. (Bild: Ägyptisches Museum Kairo)

Tutanchamuns Goldene Schreibmaschine

Handfeste Beweise für den Schwindel fehlen. Wie bei manch anderen bedenklichen Prunkstücken bleibt auch hier ein Rest von Ungewissheit. Ab und zu stößt man auf geradezu lächerliche Betrugsfälle, da würde sich selbst Tutanchamun totlachen – wenn er noch könnte. Dazu gehört die beispiellose »Enthüllung« des Reporters Charles Langdon Clarke (1868–1930) in der kanadischen Tageszeitung »Daily Mail and Empire«. Angeregt durch die Berichte über das damals gerade entdeckte Grab von Tutanchamun und seine Schätze, beschloss Clarke, die kühnsten Träume der Archäologen noch zu übertreffen. In einer Sonntagsausgabe des Jahres 1923 ließ er die Zeitungsleser wissen, dass in Tutanchamuns Grabkammer eine »Goldene Schreibmaschine« gefunden worden sei, »an der noch ein leeres Papyrusblatt steckte.« Daneben habe man einen »Spucknapf aus Alabaster« entdeckt. Einen Tag nach der spektakulären Veröffentlichung wurde der Archäologe und Museumsdirektor Charles T. Currelly (1876–1957) um seine fachkundige Meinung gebeten. Er soll nicht sehr belustigt gewesen sein. Das war der Zeitpunkt, als Clarke gestand, die Geschichte frei erfunden zu haben.

Die »Hubschrauber«-Glyphe von Abydos
Bei originellen Hieroglyphen-Funden in Abydos könnte man genauso an einen Scherz denken, doch das wird von Ägyptologen energisch bestritten. Es geht um die imposante Tempelanlage von Pharao Sethos I. (um 1323 v. Chr.–1279 v. Chr.) am westlichen Nilufer, etwa 150 km nördlich von Luxor. Dort enthält eine Wandtafel eine berühmte Königsliste mit den Namen von 75 Pharaonen. Eine Fundgrube für Historiker. Was nicht ins Bild zu passen scheint, sind merkwürdige Hieroglyphen auf einem Deckenbalken. Sie erinnern an heutige Kriegsgeräte: ein Flugapparat mit Rotoren, nicht unähnlich einem Hubschrauber, ein zeitgemäßer Kampfpanzer und eine Art Unterseeboot.

Waren moderne Steinmetze am Werk? Keineswegs. Experten der Ägyptologie glauben vielmehr, dass die fremdartig anzusehenden Inschriften im Zuge einer Überschreibung oder durch verschiedene Verputzarbeiten entstanden sind, ein Verfahren, das »Palimpsestieren« genannt wird. Auf diese Weise sei die alte Namenskartusche von Sethos I. weggeschabt und durch jene seines Sohnes Ramses II. ersetzt worden. Aus der Überlagerung beider Texte ergab sich dann die irrtümliche »Stargate-Technologie«. Eine banale Erklärung, die plausibel erscheint. Aber weshalb ist die neue Kartusche nicht klar als Ramses II. lesbar? Das offizielle Argument: einerseits weil es ein anders geschriebener »Eigenname« des Königs war, andererseits weil die Tempeldecke später einen Riss bekam und Wasser durchs Gestein dringen konnte. In der Folge bröckelten Teile der Stuckmasse ab. Spuren dieser Schäden sind immer noch sichtbar. Auch diese Enträtselung klingt vernünftig. Und doch ist und bleibt es ein unglaublicher Zufall: Der Verputz wurde an einer Stelle just so beschädigt, dass daraus eine ganze Gruppe von Hieroglyphen zu Bildern »moderner Militärtechnologie« umgeformt wurde.

Antike »Laserkanone«?
Was nebenbei erstaunt: In den Mythen der alten Ägypter wird Abydos als Schauplatz von Götterkämpfen genannt. Es heißt, hier habe der be-

deutende Totengott Osiris »seine Feinde mit mächtiger Kraft geschlagen und seine Gegner mit mächtigem Arm geschlachtet«. Noch eindrücklicher schildert eine Tempelinschrift aus dem oberägyptischen Edfu die Wirkung todbringender Superwaffen. Zum Originaltext lautet die Übersetzung:

»Hor-hut, er flog empor gegen die Sonne als große, geflügelte Scheibe. Auch nahm er die Süd- und die Nordgöttin zu sich, in Gestalt zweier Schlangen, damit diese durch ihren Feueratem die Feinde bei lebendigem Leibe verzehren. Ihr Mut war gesunken, denn sie hatten Angst vor ihm. Sie widerstanden nicht mehr, sondern starben auf der Stelle.«

Irgendwie eigenartig. Was verraten uns solche Überlieferungen? Kam mit Hor-hut ein Laserstrahl zum Einsatz? Jeder Fachexperte der klassischen Ägyptologe wird über solch utopische Auslegungen nur verständnislos den Kopf schütteln. Doch ist eines sonnenklar: Das Zentralgestirn, der Mond, sowie der Morgen- oder Abendstern können für dieses Szenario aus luftiger Höhe gewiss nicht verantwortlich gemacht werden. Als »Hor-hut emporstieg *gegen* die Sonne«, befand sich diese ja bereits am Horizont. Es existiert in der ganzen Menschheitsgeschichte kein einziger Vorfall, wonach jemand »auf der Stelle durch sie vernichtet« worden wäre. Wenn aber die Sonne das Gemetzel nicht verursacht haben kann, was dann?

Das Tulli-Papyrus

UFOs im Pharaonenreich? Dazu passt das Tulli-Papyrus, das eines der ältesten Belege für rätselhafte Himmelserscheinungen sein könnte. »Könnte« deshalb, weil der ungewöhnliche Text und die nicht ganz geklärten Fundumstände bei Skeptikern immer wieder den Verdacht aufkommen lassen, der Hieroglyphentext sei eine Fälschung aus der ersten Hälfte des 20. Jahrhunderts. Bewiesen ist das nicht, aber berechtigte Bedenken gibt es.

Erst 1953 machte der italienisch-russische Fürst und Hobbyägyptologe Boris de Rachewiltz (†1972) in dem amerikanischen Fachmagazin »Fortean Society« auf den Fund aufmerksam. Der Adelige entdeckte das Dokument im Nachlass von Professor Alberto Tulli, einem Schriftgelehrten der Vatikanischen Sammlung in Rom. Dieser soll den Papyrus 1933 in Kairo im Haus eines Antiquitätenhändlers namens Tano entdeckt haben. Da sich die beiden nicht auf einen Preis einigen

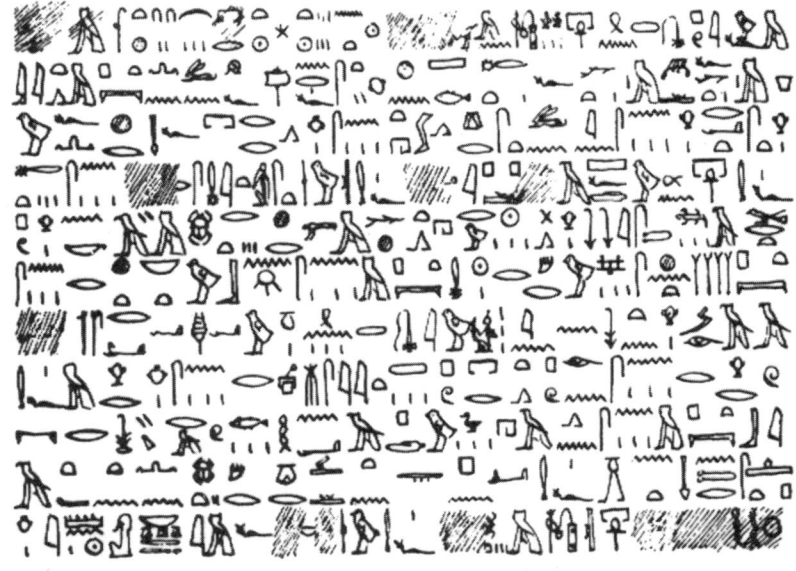

Hieroglyphische Transkription des Tulli-Papyrus. Da es von einer UFO-Sichtung aus der Zeit Pharao Thutmoses III. berichtet, wird die Authentizität des Schriftstückes angezweifelt. Vergleichbare Überlieferungen zeigen jedoch: Ungeklärte Himmelsphänomene sind keine Erfindung der Neuzeit. (Bild: Archiv R. H.)

konnten, blieb es nur bei der hieroglyphischen Abschrift. Das Original gilt als verschollen.

Der Inhalt bezieht sich auf einen Vorfall, der sich in der 18. Dynastie während der Regentschaft von König Thutmosis III. (um 1486–1425 v. Chr.) zugetragen haben soll. Es heißt, dass »im 22. Regierungsjahr, im 3. Wintermonat, in der 6. Stunde des Tages«, ein »Feuerkreis« beobachtet wurde, der »vom Himmel kam«. Dieser fremdartige Flugkörper soll die Größe von einem ägyptischen Holz (umgerechnet 52,30 m) gehabt haben, hätte »keinen Kopf« besessen und »aus dem Hauch seines Mundes« sei »übler Geruch« gekommen. Menschen hätten sich in panischer Furcht zu Boden geworfen, nachdem sie das unbekannte Himmelsspektakel erblickten. Was haben die Augenzeugen beobachtet? Einen Feuerball, einen Meteoriten oder eine atmosphärische

Halo-Erscheinung? Könnte man vermuten, doch aus dem Text geht hervor, dass nur wenige Tage später das himmlische Zeichen zurückkehrte und diesmal noch eindrucksvoller seine Stärke demonstrierte: »Eine große Zahl von ihnen, mehr als jede andere Sache am Himmel, so als wäre der Sonnengott Re (selbst) erschienen, flammten auf, bis zur Grenze der Himmelsstützen ... reich war die Menge der Feuerkreise, machtvoll war ihre Position und die Truppen des Königs sahen es ...«

Ein Schwindel? Wozu? Wer profitierte davon? Ließ der König aus politischen Gründen ein »Wunder« erfinden, wie Zweifler vermuten? Etwas fällt auf: Der Bericht deckt sich mit vielen vergleichbaren antiken Überlieferungen rund um den Erdball, wo ebenfalls Menschen unerwartet mit rätselhaften Flugobjekten konfrontiert worden sind. Ob man sie nun »Aufflammende Feuerkreise«, »Fliegende Schilde« oder »Himmlische Wagen« nannte – letztlich sind das immer Verlegenheitserklärungen und Hilfsbegriffe für das Unbegreifliche gewesen.

Das ist heute nicht anders. Was in den 1950er-Jahren noch spöttisch als »Fliegende Untertassen« bezeichnet wurde, nennt man jetzt UFOs – »Unidentifizierbare Fliegende Objekte«. Für den Großteil der immer wiederkehrenden Phänomene kann eine natürliche und logische Erklärung gefunden werden, und doch bleibt ein gut dokumentierter Rest ungeklärter Vorfälle, der sich weiterhin hartnäckig jeder vernünftigen Deutung entzieht.

Noch etwas spricht für die Echtheit der Tulli-Chronik: die Stele Thutmosis III. vom Berg Gebel Barkal im Sudan. Das Relikt wurde 1920 von dem amerikanischen Ägyptologen George Andrew Reisner (1867–1942) in den verschütteten Ruinen des Amun-Tempels ausgegraben. Die 1,73 m hohe und fast 1 m breite Granittafel ist beschädigt, enthält aber eine Inschrift mit 50 teilweise noch lesbaren Kolumnen, in denen der König von sich selbst meist in der ersten Person spricht. Im Text wird der Transport von Kriegsmaterial, die Überquerung des Euphrat sowie die Belagerung und Einnahme der Stadt Megiddo in Palästina beschrieben. Für Ägyptologen besteht kein Zweifel daran, dass diese Stele tatsächlich aus der Zeit Thutmosis III. stammt und wahre Begebenheiten schildert. Was dabei überrascht: Die Inschrift erwähnt ebenso die Beobachtung eines »Sternenwunders«, wobei die seltsamen Himmelskörper die feindliche Armee überflogen und Soldaten verbrannt haben sollen. Es bleibt offen, was mit diesem »Luftangriff«

gemeint war. Zeitpunkt und Beschreibung des Phänomens ähneln jedoch auffallend dem Inhalt des Tulli-Papyrus, sodass der Verdacht naheliegt, dass beide Texte über dasselbe Ereignis berichten. Das Unikat wird heute im Museum of Fine Arts in Boston, einem der größten Museen der Vereinigten Staaten aufbewahrt.

Von verblüffenden Zufälligkeiten, missverständlichen Deutungen, Übersetzungsfehlern und Fälschungen einmal abgesehen: Kennen wir wirklich den Wortsinn aller Hieroglyphen? Heinrich Brugsch (1827–1894), ein deutscher Ägyptologe und genialer Entzifferer der demotischen Schrift, hielt dazu fest:

»Es ist ein durchgehender Grundzug in dem Wesen des ägyptischen Altertums, alles, was in näherer oder ferner Berührung mit dem religiösen Kultus stand, nicht durch äußere Symbole, sondern selbst durch die Benennung im Worte zu verhüllen und für den Nichteingeweihten unverständlich zu machen. Die Priesterschaft hielt den Schlüssel dazu in den Händen und ihre Eingeweihten allein vermochten das Symbol zu begreifen und das dunkle Wort richtig auszulegen.«

Jenseits-Fantasien oder erlebte Wirklichkeit?

Wo liegen nun die Grenzen zwischen Wissen, Wahrheit, Glauben und Aberglauben? Fiktion und Realität können so raffiniert ineinander verflochten sein, dass der Unterschied nicht leicht zu durchschauen ist. Ein Phänomen, mit dem unsere Generation der hoch technisierten Globalisierung täglich konfrontiert ist, sei es durch »virtuelle Computerwelten«, manipulierte »Beweisfotos«, anscheinend sensationelle »Enthüllungen« oder durch wilde Weltverschwörungsthesen. Muss deshalb automatisch alles, was sich vor unseren Augen einer rationalen Welt entzieht – von paranormalen Aktivitäten bis zu behaupteten UFO-Kontakten – Humbug sein? Durchaus nicht, auch wenn eine gesunde Skepsis bei wundersamen Dingen, die nicht ins vertraute Schema passen, immer notwendig ist. Wie aber lässt sich die Spreu vom Weizen trennen? Und wie war das bei den Pharaonen? Sind fantastische Geschichten über »Blitze schleudernde Himmelskörper«, »Götterkämpfe zwischen Horus und Seth« oder »wiedererweckte Mumien« alles nur Hirngespinste? Wie sind altägyptische Quellen zu deuten, etwa die »Sage von der geflügelten Sonnenscheibe«, die einen ähnli-

76

chen Inhalt aufweist wie die »UFO-Texte« des Tulli-Papyrus und der Thutmosis-Stele. Wörtlich ist von einem »fliegenden Diskus« die Rede, aus dem ein »Strahlensender aus einem Lichtberg hervorkommt, um die Feinde des Re zu vernichten«. Science-Fiction-Storys bei den Pharaonen? Was ist von Leuten zu halten, die angeblich mit Toten Gespräche führten, »Götter mit Tierköpfen« verehrten und glaubten, man könne das Leben einer Person allein damit auslöschen, indem man seine Namenshieroglyphe zerstörte?

Waren das alles irreale Glaubensbekenntnisse? Wäre denkbar. Wieso aber hielten Menschen Jahrtausende beharrlich daran fest? Eine Frage, die unter Geschichtsforschern zu Irritationen und heftigem Expertenstreit führte. So bezeichnete der deutsche Ägyptologe Adolf Erman (1854–1937), Begründer der Berliner Ägyptologischen Schule und Initiator des Standardwerkes »Wörterbuch der ägyptischen Sprache«, die Weltanschauung der alten Ägypter schlicht als »Wahnsinn, Unsinn und Aberwitz«. Seine englischen Kollegen assistierten: »Ein Volk von Verrückten«. Und wie überzeugend sind die in blumiger Sprache abgefassten (oder geradeso übersetzten?) Gedanken im berühmten altägyptischen Totenbuch? Im Original nannte man die Textsammlung Pert em hru, ein Titel, der sich mit »Manifestation in Licht« oder »Hinausgang (der Seele) in den vollen Tag« übersetzen lässt.

Soweit bekannt, entstanden die ersten Totenbuch-Sprüche vor mehr als 4500 Jahren auf den Innenwänden der Grabkammern und Pyramiden. Man nennt sie deshalb auch Pyramidentexte, die ursprünglich nur gottgleichen Königen zugänglich waren. Später wurden die Jenseitsverse mit einzigartigen Illustrationen vermehrt auf Särgen angebracht, und seit dem Neuen Reich (1550–1070 v. Chr.) wurde es zur allgemeinen Sitte, Verstorbenen eine magische Papyrusrolle mit ins Grab zu geben. Die Botschaften werden als eine Art »Reiseführer« durch die Unterwelt verstanden. Sie dienten offenbar als schützender Ratgeber und topografische Orientierungshilfe beim Vorstoß ins Unbekannte. Mit Kenntnis geheimer »Schlangenzaubersprüche« soll sogar die Verwandlung in verschiedene Gestalten möglich gewesen sein. Bereits mit den ersten Übersetzungen im 19. Jahrhundert löste der Inhalt unter Gelehrten eine gewisse Ratlosigkeit aus: »Ein Altweiber-Märchen, von einer unüberwindlichen Langeweile, eine Anhäufung von Narrheiten und von allerlei Unsinn«, lautete das vernichtende Urteil. Die Mediziner beeilten sich beizupflichten, dass »die alten Ägypter Symptome einer kollektiven Hysterie und einer ausgesprochenen Schizophrenie zeigen«.

Heutzutage wird das tiefe Wissen über Diesseits, Jenseits und Wiedergeburt zwar gewürdigt, aber die meisten Ägyptologen erkennen in den Totenbuch-Offenbarungen weiterhin nicht mehr als »Aberglaube« und »Visionen«. Anders ausgedrückt: Die Eingeweihten haben halluziniert. Die Jenseitstexte werden als »verklärte Vorstellungen« verstanden, »die sich die Zauberpriester damals von der Schöpfung und der Reise der Seele in die Unterwelt und über das Totengericht, bei dem das Herz des Menschen gegen die Feder der Wahrheit aufgewogen wird, gemacht haben«. Woher aber wollen wir das so genau wissen? Niemand von uns war dabei, als die Jenseitstexte entstanden sind.

Inzwischen liegen jüngere Übersetzungen der ägyptischen Totenbuch-Verse vor, aber von einem wirklichen Verständnis sind wir weiterhin Lichtjahre entfernt. Wohl auch deshalb, weil die Schriften ein esoterisches Geheimwissen erahnen lassen, das den Übersetzern und Lesern einen großen Spielraum für Interpretationen bietet.

Der Pariser Ägyptologieprofessor Grégoire Kolpaktchy – er übersetzte 1953 das »Ägyptische Totenbuch« erstmals direkt vom Original ins Deutsche – weist auf eine weitere Schwierigkeit bei der Entzifferung hin: Es gibt bei den Hieroglyphen keine Interpunktion, d. h. bei den alten Texten fehlen Satzzeichen oder Wortzwischenräume. Da Wörter nicht eindeutig voneinander getrennt wurden, sind Interpretationsfehler vorprogrammiert. Kolpaktchy formuliert es so:

»Es obliegt dem Ägyptologen, den Text nach Sinn (eventuell Unsinn), den er herausfinden muss, zu ›zerschneiden‹. Man kann sich leicht einen Begriff von der Willkür machen, die auf diesem Gebiete herrscht. Eine buchstäblich ›treue‹ Übersetzung gibt dem Text – infolge einer falschen Abtrennung – oft eine falsche Sinndeutung.«

Bei der Beurteilung alter Texte ergibt sich noch eine Diskrepanz, die nicht zu unterschätzen ist. Übersetzt werden Texte, die vor Jahrtausenden geschrieben wurden, wo wir doch wissen, dass – wie etwa am Beispiel der deutschen Sprache zu sehen –, viele Wortbedeutungen mit jeder Generation eine Änderung erfahren oder durch neue Wörter komplett ersetzt werden. Wer bezeichnet heute noch eine späte Mahlzeit kurz vor Mittag als »Gabelfrühstück«? Aus dem Englischen übernommen heißt das jetzt »Brunch«. Oder wer erinnert sich an den ärgerlichen »Bandsalat«? Angenommen, ein Ägyptologe stößt auf Vergleichbares in Hieroglyphentexten: Wie würde der Fachexperte den Wortsinn interpretieren? Der Gedanke an etwas Kulinarisches wäre hier naheliegend, aber falsch. Ältere Semester werden sich daran erinnern, dass mit »Bandsalat« ineinander verhedderte Bänder einer Kassette im Getriebe eines Kassettenrekorders gemeint war. Dieser Ausdruck hat im digitalen Internetalltag keine Bedeutung mehr, er ist praktisch ausgestorben. Klar ist aber, dass er im Sprachgebrauch existierte, er meinte nicht irgendetwas Irreales, sondern bezog sich auf ein konkretes technisches Problem. Ähnliches gilt für das Wort »Wählscheibe«. Wissen die Kids noch, dass damit der Teil alter Telefonapparate gemeint war, mit dem man die Rufnummern wählte, indem man sie auf der Scheibe drehte? Fragt man eine junge Dame, ob sie einen »Heiermann« hat, bekommt diese allenfalls einen roten Kopf oder der Fragende eine schallende Ohrfeige. Dabei ist gar nichts Anzügliches gemeint, sondern lediglich der umgangssprachliche Begriff für ein Fünf-Mark-Stück vor Einführung des Euros. Können Sprachwissenschaftler also wirklich absolut sicher sein, fromme Totenbuch-Mythen über »Vögel der Götter«, »Knochenbrecher vor Hermopolis« oder »Magische Verrichtungen vor der Osiris-Säule« zutreffend übersetzt und als etwas »Abstraktes, Fiktives, Verklärtes« wahrheitsgetreu gedeutet zu haben?

Der in der Schweiz ansässige Ägyptologieprofessor Erich Hornung, ehemaliger Inhaber des Lehrstuhls für Ägyptologie an der Universität Basel und eine weltweit führende Kapazität bei Übersetzungen auf dem Gebiet der »Totenliteratur«, sieht die Sachlage nicht ganz so dramatisch, stellt aber offenherzig klar, dass »die religiösen Bücher der alten Ägypter in der Wissenschaft immer noch als unerschlossen und schwer verständlich gelten«. Hornung betrachtet das Totenbuch »in einem gewissen Sinn als Einweihungstexte, denn ihr Ziel war, dem Ägypter eine Einführung in die geheimnisvollen ›Mysterien‹ des Totenreiches zu geben und ihn direkt den Göttern gegenüberzustellen«. Dafür mag vieles sprechen, aber wurde auch die eigentliche Bedeutung dieser »Mysterien« verstanden? Mit charmanter Selbstironie bekennt der Schriftexperte: »Wenn der Leser an vielen Stellen das Gefühl haben sollte, nichts zu verstehen, so teilt er dieses Gefühl sehr oft mit dem Übersetzer.«

Das Totenbuch enthält überlegte Anleitungen für übersinnliche

Exkursionen in andere Welten und beschreibt Begegnungen mit überirdischen Göttern. Waren das durchwegs Spekulationen der Weis-
heitspriester? Vorgegaukelte Fantastereien der Schreiber? Tiefenpsychologische Denkweisen? Oder doch Tatsachenberichte einer erlebten
Wirklichkeit? Ob wir jemals begreifen werden, worüber die altägyptische »Manifestation in Licht« tatsächlich berichtet?

Wo liegen die Wurzeln der ägyptischen Schrift?

Die ägyptische Zivilisation konnte sich erst mit der Erfindung und
Nutzung der Hieroglyphen entwickeln. Niemand wird das bestreiten.
Fragt man weiter, wann das genau war und wie die blühende Hochkul-
tur scheinbar plötzlich aus dem Nichts heraus entstehen konnte, ist die
Antwort nicht mehr so eindeutig.

Lange Zeit gab es für Altertumsforscher keinen Zweifel daran, dass
die hieroglyphische Schrift mit König Hor Narmer (er wird meist mit
Menes identifiziert) begonnen hat, der vor rund 5000 Jahren Ägypten
einigte und die 1. Dynastie begründete. Man war überzeugt davon,
dass die Hieroglyphen nur deshalb erfunden wurden, um den König
und seine Leistungen zu verherrlichen. Doch eine Seltsamkeit brachte Sprachspezialisten schon früh aus dem Konzept: Sämtliche Hieroglyphenfunde ließen Vorstufen einer Entwicklung vermissen. Seit
ihrem ersten Erscheinen waren die »Heiligen Zeichen« bereits voll
»gebrauchsfertig« ausgebildet. Das konnte nur bedeuten, dass sie alle
Vorstufen innerhalb nur weniger Jahre durchlaufen hatten, oder aber
ihre geniale Kreation müsste viel weiter in ein vorgeschichtliches Zeitalter zurückdatiert werden.

Für beide Thesen fehlten beweiskräftige Funde – bis 1988. In diesem
Jahr glückte dem deutschen Ägyptologen Günter Dreyer eine spektakuläre Entdeckung, die die gängige Chronologie der Pharaonendynastien ordentlich durcheinanderwirbelte. Im mittelägyptischen Abydos
legte er mit seinem Team den Königspalast und die Grabstätten von 20
bis dahin unbekannten Pharaonen frei. Den toten Herrschern wurden
im Friedhof »U-j« Zepter, Schmuck, Statuen, Schminkpaletten, Brett-
spiele, die erste Ägyptenkarte und Hunderte mit Öl und Wein gefüllte
Tonkrüge für ihre Jenseitsreise mitgegeben. Die Stücke sind mindestens 5350 Jahre alt, stammen also aus einer mythischen Epoche, in der

kein Ägyptologe eine Herrscherdynastie vermutet hätte. 31 ägyptische Dynastien waren bekannt, die nun um eine Erste erweitert werden musste. Die Ägyptologen nennen sie »Nullte Dynastie«. Könnten neue Funde wieder alles über den Haufen werfen? Unwahrscheinlich ist das nicht. Das Land am Nil gilt als Eldorado für die Archäologie. Experten schätzen, dass erst 30 Prozent der altertümlichen Kunstschätze entdeckt worden sind. Liegen unter dem Wüstensand womöglich noch die »Dynastie minus eins«, »minus zwei« und »minus drei« vergraben?

Wer erfand die erste Schriftsprache? Kleine Plättchen aus Abydos mit Hieroglyphen: Sie werden auf etwa 3350 v. Chr. datiert und machen den Sumerern den Vorrang streitig. (Bild: R. H.)

Die wahre Sensation der »U-j«-Relikte lieferten Gravuren, die auf kaum zwei mal drei cm große Elfenbeinplättchen geritzt sind. Die Täfelchen haben alle an einer Ecke ein durchbohrtes Loch für die Befestigung an Keramikgefäßen. Sind die rätselhaften Zeichen einfache Bildsymbole? Oder handelt es sich hierbei tatsächlich um phonetisch lesbare, also um eine mit stimmlichen Lautwerten besetzte Schrift? Darüber sinnierte auch Günther Dreyer. Schließlich erkannte der Schriftexperte, dass die Motive in zusammengezogener Kombination lesbar sind. Etwa bei einem Täfelchen mit der Inschrift »Elefant über Berg«. Man kann es für das Lautzeichen »ab« für Elefant, und »dschu« für Berg zuordnen, das ergibt »abschu« und steht altägyptisch für den Namen Abydos.

»Es ist Schrift«, betont Dreyer, »weil die Zeichen als reines Symbol keinen Sinn ergeben.«

Seine Analyse brachte noch etwas ans Licht: Der Zweck der Beschriftung war keine Huldigung an Könige, sondern diente als schriftlicher Vermerk für materielle Handelsgüter. Dazu zählten Auskünfte über den Inhalt der Tonkrüge, Angaben über deren Besitzer oder Informationen über das Herkunftsland. Die verblüffenden Funde belegen ein weit gespanntes Handelsnetz in vordynastischer Zeit, das bis zum 3000 km entfernten Afghanistan reichte. Ein Faktum, mit dem manche Historiker noch Mühe haben.

Gleiches gilt für die Erfindung der Schrift. Bislang gab es in der Wissenschaft den Konsens, dass die ältesten Texte aus Mesopotamien stammen. Tontafeln aus dem Tempel von Uruk werden um das Jahr 3200 v. Chr. datiert. Lange wurde deshalb darüber diskutiert, ob die Ägypter die Technik aus dem Zweistromland übernommen haben. Dreyer hält den umgekehrten Weg für wahrscheinlicher. Jüngst entdeckte Schriftzeugnisse, wiederum aus Abydos, scheinen ihm Recht zu geben: Lesbare Siegelabrollungen, angefertigt 3350 v. Chr., und hieroglyphische Aufschriften von der ebenfalls in dieser Region ansässigen Naqada-Kultur aus der Zeit um 3500 v. Chr. sind deutliche Belege für diese These. Eine andere Möglichkeit wäre, dass die Keilschrift unabhängig, aber zeitgleich mit den ägyptischen Hieroglyphen entstanden ist. Was jedoch angesichts der frühen ägyptischen Schriftkunde aufs Neue stört: Selbst diese bisher ältesten bekannten Zeichen aus dem Land am Nil sind keine primitiven Hieroglyphen! Vielmehr handelt es sich um bereits voll ausgereifte bildhafte Motive, die sich sinnvoll als Laut- und Wortzeichen ergänzen. Folgt man der Logik, kann dies letztlich nur bedeuten, dass die Ursprünge der ägyptischen Schriftentwicklung noch weitere Jahrhunderte in die Vergangenheit zurückreichen. Denn schließlich müssten auch die Abydos-Funde Vorstufen gehabt haben. Aber wo? Es kann ja nicht sein, dass die »Heiligen Symbole« buchstäblich aus heiterem Himmel auf die Erde gefallen sind.

Oder etwa doch?

Die Religion der alten Ägypter liefert eine abenteuerliche Erklärung. Demnach waren Schriftzeichen keine menschliche Schöpfung, sondern gaben Sprache und Schrift ihrer Gottheiten wieder. Sie nannten diese »heiligen Einkerbungen« deshalb mdw-nTr (medu-netscher), wörtlich übersetzt »Gottesworte«, oder sS n mdw-nTr (sesch en medunetscher), das »Schrift der Gottesworte« bedeutet. Die alten Ägypter wussten auch, wem sie die geniale Erfindung der Schreibkunst zu verdanken hatten: einem Wesen namens Thot (altägyptisch Dehuti), das sich als ibisköpfiger Mann oder als großer weißer Pavian tarnte. Es ist eine der wichtigsten und ältesten Gottheiten in der ägyptischen Mythologie. Sie soll vor Urzeiten mit einer Lotosblume oder einem obeliskartigen Stein vom Himmel zur Erde herabgestiegen sein. Wer war dieses Allroundgenie, das sich die Hieroglyphen ausdachte und den alten Ägyptern lehrte?

Kammerspiele um Cheops

Gerüchte über verborgene Kammern in der Cheopspyramide, die angeblich wundersame Dinge enthalten, kursieren schon lange. Für aktuelle Aufregung sorgen die Studien des französischen Architekten Jean-Pierre Houdin. Er vermutet, dass im Zentrum eine spiralförmige Tunnelrampe existiert, die dem Bau des steinernen Weltwunders gedient haben soll. Schon 1986 wurden bei gravimetrischen Untersuchungen Hohlräume lokalisiert, die der Forscher als Bestätigung für seine These sieht. Auf einer Pressekonferenz im Januar 2011 erklärte Houdin vor versammelter Fachpresse, dass er mit kanadischen Wissenschaftlern der Laval University in Quebec nun einen Plan ausgearbeitet habe, um die Cheopspyramide ein Jahr lang zu »durchleuchten«. Damit könnten aufgrund unterschiedlicher Wärmestrukturen bisher unbekannte Schächte, Räume und Hinweise auf zwei noch verborgene Kammern sichtbar gemacht werden. Für die Studie wäre es nicht einmal notwendig, das Steinwunder zu betreten. Infrarotkameras könnten in einer Entfernung von ein paar Hundert Metern, etwa positioniert am Dach eines Hotels, ihre »Arbeit« aufnehmen. Die Daten würden via Internet an die Wissenschaftler in Frankreich und Kanada übermittelt werden. Recht simpel. Ob die Idealisten dafür eine Genehmigung der ägyptischen Behörden erhalten werden, ist allerdings fraglich.

Welche unentdeckten Geheimnisse schlummern noch im Inneren der Cheopspyramide? Das fragen sich nicht nur Hitzköpfe, Träumer und Esoteriker. Selbst Ägyptens prominentester Altertumsforscher, Zahi Hawass, hält Überraschungen für möglich. Der umtriebige Wissenschaftler gab im März 2011 aufgrund seiner politischen Nähe zum gestürzten Präsidenten Hosni Mubarak den Chefsessel der ägyptischen Altertümerverwaltung auf. Es war offenbar nicht so ernst gemeint, denn nur wenige Wochen später trat der einflussreiche Medienstar nämlich von seinem Rücktritt zurück und wurde erneut zum Antikenminister ernannt. Schon vor einigen Jahren wurde der Hüter des pharaonischen Erbes vom Team der TV-Reihe »Terra X« zur Funktion der bisher bekannten Kammern befragt: Königskammer und Königinnenkammer sowie die unvollendete »Felsenkammer« 30 m unter der Oberfläche des Plateaus. Der Sinn der Grotte ist unklar. Ebenfalls Rätselraten herrscht bei der sogenannten »großen Galerie«, die als Verlängerung des aufsteigenden Ganges in Nord-Süd-Richtung zur Königskammer führt. Im Gegensatz zu allen anderen Verbindungsgängen, die sehr niedrig sind, ist dieses 47 m lange Bauwunder fast 9 m hoch und mit einer unglaublichen Perfektion geschaffen. Doch wozu? Wie und wofür wurden die vielen architektonischen Raffinessen in der Großen Pyramide realisiert? Alles für die Königsfamilie, damit sie eine würdige letzte Ruhestätte umgibt? Warum waren die Sarkophage leer? Wie wurden sie durch den schmalen Eingang, dann hinauf über die »Große Galerie« und schließlich durch die vielen kleinen Gänge transportiert? Wohin verschwanden die Mumien?

Im gewachsenen Fels unter der Großen Pyramide liegt die 115 m² große Felsenkammer. Warum wurde sie von den Baumeistern nicht fertiggestellt? Was war ihr Zweck? (Bild: John und Edgar Morton 1910)

»Neo-Pharao« Hawass gibt sich nachdenklich:

»Das ist in der Tat ein Rätsel, dass vielleicht diese sogenannte Königskammer nicht wirklich die Kammer war, in der der König begraben lag. Ziel jedes Königs in Ägypten scheint gewesen zu sein, die wirkliche Grabkammer zu verbergen.«

Nach dieser Mutmaßung wären Königinnen- und Königskammer Scheingräber, lediglich dazu angelegt, um Grabräubern eine geplünderte Begräbnisstätte vorzutäuschen. Wenn das stimmt, wo könnten die echten Schätze samt Mumien verborgen liegen?

Eine heiße Spur entdeckte 1993 der deutsche Ingenieur Rudolf Gantenbrink, als er in der Königinnenkammer den südlichen »Luftschacht« mit dem Mini-Roboter »Upuaut« und mit spezieller Kamera erkundete. Die Sensation: Statt roh behauener Wände zeigte sich nach 60 m ein sorgfältig geschliffener Bereich und eine helle Steinplatte mit Kupferbeschlägen, die den weiteren Aufgang blockierte. Ein abgesperrter »Luftschacht« ohne Luftzufuhr? Dieser höhere Blödsinn wäre nur Schildbürgern eingefallen, aber gewiss nicht den altägyptischen Meisterarchitekten. Damit ist diese bautechnische Sinndeutung der Ägyptologen hinfällig. Eine andere weit verbreitete These lautet »Seelenschacht«, um dem Verstorbenen auf magische Weise eine Jenseitsreise zu ermöglichen. Viele ägyptische Gräber sind mit einer »Scheintür« ausgestattet. Es ist nur ein symbolischer Durchgang, eine in die Wand gemeißelte türähnliche Struktur, die dem Toten jene Stelle zeigen soll, durch die er in die andere Welt hinübergehen kann. Anders in der Cheopspyramide: Die angeblichen Korridore für die Seele waren für Lebende und Tote unauffindbar. Es waren im wahrsten Sinne des Wortes Geheimschächte. Erst 1872 wurden sie zufällig beim Abklopfen der Wände aufgespürt und die Öffnungen auf der Süd- und Nordseite von jeweils 20 mal 20 cm aufgeschlagen. Genau wie das südliche Pendant zeigt das Innere des Nordschachts auf der gleichen Höhe einen solchen Verschlussstein mit stiftartigen Kupfergriffen. Wenn die schmalen Höhlungen weder »Luftschächte« noch »Seelentore« waren, wozu wurden sie dann konstruiert? Keine andere der über 100 bekannten Pyramiden hat ein vergleichbares Schachtsystem. Warum finden wir es ausschließlich in der Großen Pyramide? Führen die schmalen Gänge zu geheimen Depots?

Zwei widersprüchliche Live-Bilder des inszenierten Sesam-öffne-dich-
Spektakels 2002: Wie konnte sich ein Teil des rechten Kupfergriffs in Luft
auflösen? (Bild: Archiv R. H., Quelle: Luc Bürgin)

Der Roboterspezialist Gantenbrink hätte das technische Know-how
für eine sanfte Öffnung der »Tür« liefern können, doch die ägyptischen Autoritäten verboten ihm mit fadenscheinigen Erklärungen jede
weitere Erforschung des Schachtes. Sicher ist sicher. Wer weiß, was der
Nichtägyptologe und Nichtägypter noch alles an Überraschungen auf-
gestöbert hätte? Tatsache ist, Rudolf Gantenbrink hatte allen Pyrami-
denprofis die Show gestohlen. Das stumme Nachspiel: Ägyptologische
Oberhäupter verordneten sich – zumindest offiziell – eine neunjährige
Denkpause, bevor im September 2002 endlich weitergeforscht wurde.
Erklärtes Ziel, gesponsert von der amerikanischen »National Geographic Association«: die Öffnung der Tür am Ende des schmalen Süd-
ganges. Deshalb wurde ein neues Roboterfahrzeug mit ausgestattetem
Bohrer entwickelt und in den Schacht geschickt. Durch ein brutal ins
Gestein der Tür bereits vorgebohrtes Loch, in das angeblich niemand
zuvor geblickt haben will, wurde eine Minikamera geschleust. Hinter
der Wand? Nichts. Keine Schätze, keine Mumie, keine Papyri, nur ein
leerer Hohlraum. Doch ein Stück weiter wurde eine zweite bearbeitete Steinplatte sichtbar, die den Weg nochmals versperrte. Eine Rille,
die unter dieser zweiten Tür durchführt, sowie sichtbare Seitenkanten
sprechen für eine bewegliche Anordnung. Damit stellt sich erneut die

Frage: Was verbirgt sich dahinter? Platz für ein größeres Versteck wäre vorhanden, da es – anders als bei der Königskammer – hier bis zur Außenwand der Pyramide noch rund 15 m Spielraum gibt. Die spannende Öffnung der ersten Tür wurde in über 100 Ländern live übertragen. Jedenfalls wurde das von den Protagonisten trotzig beteuert, und das sensationshungrige Fernsehpublikum glaubte es. Dummerweise bewiesen die scheinbar kurz vor der Liveübertragung aufgenommenen Standbilder das Gegenteil. Auf einem Bild sah man den intakten rechten Griff der Tür, auf dem später gesendeten Bild war er abgebrochen.

Der Widersinn wurde während des TV-Spektakels mit keinem Wort erwähnt, aber es war klar, dass hier etwas nicht stimmen konnte. Doch weshalb die Manipulation und die Geheimniskrämerei? Meinem Schweizer Autorenkollegen Luc Bürgin ließ die Unstimmigkeit keine Ruhe. Er wandte sich per E-Mail mit drei brisanten Fragen sowohl an den damaligen Roboter-Chefkonstrukteur Mike Bassett als auch an die zuständige Pressesprecherin Elena Frigeri: Wie brach der rechte Kupferstift ab? Wurde er geborgen? Hat man ihn untersucht? Die Antwort der »Kammerjäger« war wenig überzeugend. Dass das abgebrochene Teil während der Livesendung später nicht mehr zu sehen war, wurde lapidar damit begründet, dass es unter den Raupen des Fahrzeugs schlicht und ergreifend zerbröselt sein dürfte.

Für Bürgin eine akademische Bankrotterklärung. Seit Jahren hat die Öffentlichkeit nichts mehr über weitere Erkundungen dieses Schachtes erfahren. Merkwürdig. Die Wissenschaft müsste doch größtes Interesse an einer Aufklärung haben. Oder wurde die zweite Steinplatte längst geöffnet, ohne dass die Allgemeinheit davon in Kenntnis gesetzt wurde?

Ägyptologen erklären, dass das Allerheiligste immer von drei Verschlussblöcken gesichert ist. Man nennt es Porticulli-System. Trifft das zu, dann könnte hinter der zweiten Sperre noch ein weiterer Hohlraum liegen und erneut eine Tür zum Vorschein kommen. Und dahinter? Die Mumie des Gottkönigs oder der Königin?

Freunde von Verschwörungstheorien und Anhänger der Atlantis-Theorie hegen einen anderen Verdacht: Es könnte nach der letzten Barriere etwas Irreguläres gefunden werden. Etwas Bedeutsames, das ganz und gar nicht mit König Cheops zu tun hat, der um 2550 v. Chr. regierte und als Erbauer der Großen Pyramide gilt. Worauf könnten

die erwartungsvollen Entdecker stoßen? Vielleicht auf die Weisheitsbücher des kosmischen Allroundgenies namens Thot?

Graffiti-Disput in der Großen Pyramide

Die Königin der Pyramiden wurde als Grabmal für Pharao Cheops
gebaut. Daran ist nicht zu rütteln, versichert die strenge Lehrmeinung.
Doch woher wissen die Ägyptologen so genau, dass nur ein gewisser
Cheops vor rund 4600 Jahren die Große Pyramide zu seinen Ehren
errichtet haben kann? Im Wesentlichen stützt sich dieses Dogma auf
drei Feststellungen.

Erste Feststellung
Die Angaben im Pyramidenbericht des griechischen Gelehrten *Herodot*, der um 447 v. Chr. in Ägypten weilte: Seine ägyptischen Gesprächspartner erzählten ihm, dass der Monumentalbau ein Werk des
»tyrannischen Herrschers« Cheops alias Chufu gewesen sei. Herodot,
der gern zitierte »Vater der Geschichtsschreibung«, sprach selbst kein
Ägyptisch, er war auf Dolmetscher angewiesen, die ihm Jahrtausende
alte Volkslegenden »erzählt« haben. Die Möglichkeit missverständli-
cher Aussagen war gegeben. Selbst die örtlichen Gewährsmänner waren nicht frei von geschichtlichen Irrtümern: Die Enthüllung, wonach
Pharao Chephren der Bruder des Cheops gewesen sei und Mykerinos
sein Sohn, stimmt ebenso wenig wie die Behauptung, dass in jener Zeit
das Volk versklavt war. Und wieso nennt der Grieche nicht Snofru,
sondern einen gewissen König Rhampsinitos als Vater und Vorgänger
des Cheops? Für moderne Ägyptologen steht trotz allem Datenchaos
fest, dass Herodots Angaben über Cheops glaubwürdig sind. Andere Berichte des Historikers, etwa was den Bau der Pyramiden mittels
»Hebelmaschinen« anbelangt, werden dagegen als Geflunker dama-
liger Geschichtenerzähler abgetan. Die gleiche Ablehnung gilt den
Zeitangaben zur ägyptischen Geschichte. Die Priesterschaft berichtete
Herodot, sie würde 11.340 Jahre in die Vergangenheit zurückreichen,
als die Götter noch unter den Menschen weilten. Die gleichen Ägyptologen, die Herodot als glaubwürdige Quelle zitieren, wenn es um den
Pyramidenbau als Cheops-Grabmal geht, bezeichnen seine anderen
Überlieferungen als »Unsinn«. Konsequent ist das nicht. Wieso darf

nur das der Wahrheit entsprechen, was ins Konzept der offiziellen Lehre passt?

Zweite Feststellung

Aus ägyptologischer Sichtweise sprechen für Cheops als Erbauer der Großen Pyramide die Grabbauten und Inschriften im Umfeld des Gizeh-Plateaus. Sie belegen eine königliche Nekropole, die nachweislich aus der 4. bis 6. Dynastie stammt. Das ist richtig, aber ist damit automatisch garantiert, dass die Cheopspyramide und ihr steinerner Wächter, der mächtige Sphinx, ebenfalls aus dieser Epoche stammen müssen? Oder wäre es sogar möglich, dass die drei Pyramiden samt Löwenmensch weitaus älter sind als angenommen? Ist es nicht kurios, dass die meisten Mastaba-Gräber, die im Umfeld der Pyramiden errichtet worden sind, bautechnisch mit dem Weltwunder bei Weitem nicht mithalten können? Obwohl sie aus der gleichen oder sogar jüngeren Epoche stammen, bestehen diese großteils bereits verfallenen Minipyramiden aus gewöhnlichen Lehmziegeln und kleineren Steinblöcken.

Zugleich gibt es textliche Differenzen. Eine befindet sich auf der »Isis-Stele«, die im Ägyptischen Museum in Kairo aufbewahrt wird. Sie wurde Mitte des 19. Jahrhundert in Tempelruinen neben der Großen Pyramide freigelegt. Auf ihr wird namentlich »Chufu« als »König von Ober- und Unterägypten« genannt. Er soll den Texten zufolge neben dem »Haus der Sphinx« das »Haus der Isis« entdeckt haben, wobei die Himmelsgöttin Isis ausdrücklich als »Herrin *der Pyramide*« bezeichnet wird. Der Inhalt der Kalksteintafel wird von Cheops-Kritikern so interpretiert, dass der König für sich und seine Frau Henutsen lediglich kleine Nebenpyramiden errichten ließ, während Sphinx und Große Pyramide bereits fertig aus dem Wüstenboden ragten. Müsste die Cheopspyramide demnach richtig »Isis-Pyramide« heißen? Das könnte man annehmen, sofern die Tafel tatsächlich eine Hinterlassenschaft aus der 4. Dynastie ist. Dann aber hätten wir wieder die Streitfrage, ob Herodots Angaben zu Cheops als Bauherrn der Großen Pyramide stimmen. Die »Lösung« aus dem Dilemma fand der amerikanische Ägyptologe James Henry Breasted (1865–1935). Anhand orthografischer Kriterien datierte er die Gedenkstele in die 21. Dynastie, sie wäre also erst rund 1500 Jahre *nach* Cheops entstanden. Stolze 3000 Jahre hätte sie trotzdem am Buckel. Wenn nur in dieser Abfassung die herausragende Leistung des großen Pyramidenchefs Cheops auf Minibauwerke reduziert wird und deshalb laut ägyptologischer Doktrin nur eine »Fälschung« sein kann, wieso ist die Tafel als »Würdigung« des Pharaos dann überhaupt öffentlich aufgestellt worden?

Noch etwas passt nicht recht harmonisch ins vorgefertigte Cheops-Konzept: Die Große Pyramide soll seine Grabstätte sein, errichtet in der 4. Dynastie, d. h. der Epoche zwischen 2639 und 2504 v. Chr. In dieser Blütezeit Ägyptens entstanden ebenso die zweitgrößte Pyramide, die Cheops' Sohn Chephren zugeordnet wird, und die kleinere Mykerinos-Pyramide eines Sohnes von Chephren. Mit 65 m Höhe ist sie immerhin noch die achtgrößte aller ägyptischen Pyramiden. Alle drei Wunder in Stein weisen einen ähnlichen Baustil auf, man kann sagen, sie gehören irgendwie zusammen. So weit, so gut. Nun sagen aber Ägyptologen, dass es in der 4. Dynastie noch einen König gegeben habe, nämlich Djedefre (nach anderer Lesart Radjedef oder Djedfra), einen weiteren Sohn Cheops', der nach seinem Vater und vor seinem Bruder Chephren das Pharaonenland regiert haben soll. Der Herrscher hatte freilich ebenso eine eigene Pyramide, von der allerdings heute nur mehr ein Trümmerhaufen vorhanden ist. Zu besichtigen sind die Ruinen beim Ort Abu Roasch, 8 km entfernt von der Gizeh-Nekropole. Warum sind davon heute nur mehr Bruchstücke erhalten? Die Steinreste verraten, dass die Djedfre-Pyramide im Vergleich zu den Giganten Cheops und Chephren geradezu jämmerlich konstruiert war. Und wieso der Ortswechsel? Einen Familienzwist um die Thronfolge hat es nach neueren Forschungen nicht gegeben. Wie erklärt sich der Widersinn, dass nach König Cheops' Riesenpyramide die damit gewonnenen bautechnischen Errungenschaften nicht genutzt wurden, sondern für seinen Nachfolger nur eine bescheidene Minipyramide realisierbar war, um sich hinterher bei der Chephren-Pyramide dann wieder an die frühere fortschrittlichere Baukunst zu erinnern?

Dritte Feststellung

Sie ist die bedeutendste und gilt als Beweis dafür, dass die Cheopspyramide letztlich tatsächlich als Werk des gleichnamigen Pharaos angesehen werden muss. Diese Einsicht stützt sich auf Hieroglyphenfunde, die oberhalb der Königskammer entdeckt wurden. Dort existiert eine architektonische Eigenheit, die aus vier niedrigen Hohlräumen und einer fünften Kammer unterhalb des Giebeldaches besteht. Die Räume liegen übereinander und sind durch gewaltige Steinbalken getrennt, die insgesamt aus mindestens 90 aneinandergereihten Granitriegeln bestehen. Das Gewicht der einzelnen Blöcke soll bis zu 60 Tonnen aufweisen. Ägyptologen vermuten, dass diese monströse Konstruktion nur deshalb geschaffen wurde, um die Decke der Königskammer von dem ungeheuren Gewicht des Mauerwerks oberer Schichten zu entlasten – daher auch der Name »Druckentlastungskammern«. Ob dies der wahren Funktion entspricht, so wie ursprünglich von den genialen Pyramideningenieuren erdacht? Wenn ja, fragt sich der Laie, wodurch die erwünschte *Ent*lastung erreicht wird. Wird der Druck von oben auf die Königskammer durch das enorme Gewicht der »Entlastungs«-Steinkolosse damit nicht noch verstärkt?

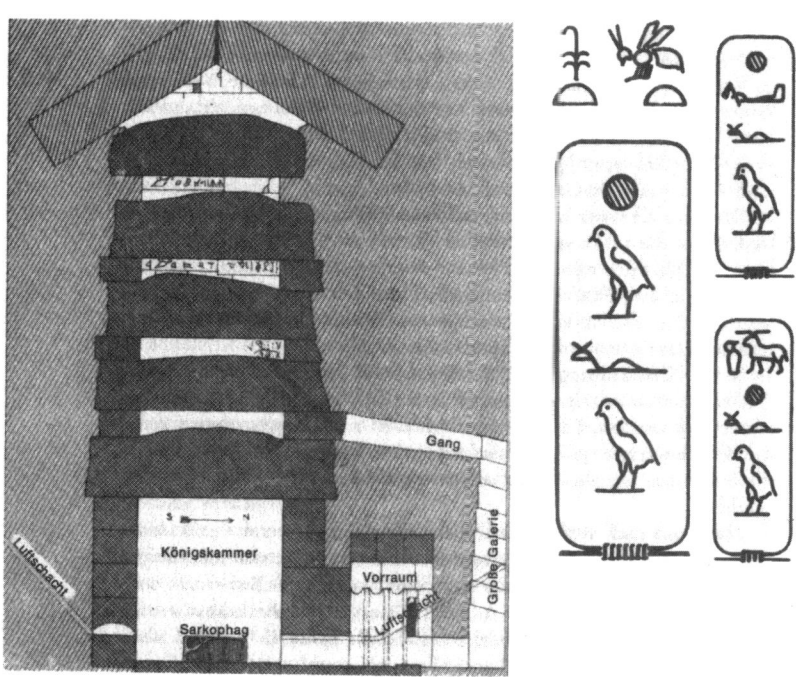

Königskammer mit den Entlastungskammern,
wo Howard Vyse Graffitis der Chufu-Zeichen entdeckte.
(Bild: Archiv R. H., Quelle: Peter Tompkins)

Die vier obersten versiegelten »Entlastungskammern« entdeckte der englische Oberst und Ägyptologe Richard W. H. Vyse (1784–1853), der bei seinen Forschungen vom Bauingenieur John Shae Perring (1813–1869) unterstützt wurde. Vyses »Arbeitsmethode« war für das heutige Verständnis recht brutal. Verschlossenen Kammern wurde stets mittels Dynamit zu Leibe gerückt, so auch im März 1837. Der Brite hoffte, er würde auf die verschollene Mumie von König Cheops stoßen, doch nach erfolgter Sprengung kam die Ernüchterung: Die bis dahin unbekannten Hohlräume waren vollkommen leer. Zunächst fiel Vyse nichts Ungewöhnliches auf, doch dann bemerkte er etliche altägyptische Markierungszeichen der Steinmetze. Sie sind nicht fein säuberlich eingraviert, sondern eher primitiv und unübersichtlich mit rötlicher Farbe hingekritzelt worden. Ein Zeichen enthält eine Namenskartusche, die für »Chufu« steht, eine andere wird als »Chnum-Chuf« gelesen. Die perfekte Sensation und ein Glücksfall für die Ägyptologie – liegt doch damit der schriftliche Nachweis vor, dass die Cheopspyramide tatsächlich von König Cheops und niemand anderem errichtet wurde! Wer will da noch Gegenteiliges behaupten? Wohl nur Nichtwisser und Narren. An diesem Grundsatz hat sich seither nichts geändert.

Trotzdem bleiben etliche Fragen offen: Ist es nicht sonderbar, dass Ägyptens größte Pyramide – ursprünglich fast 147 m hoch, errichtet angeblich in zwei Jahrzehnten mit über 2,5 Millionen Steinquadern – nur in den »Entlastungskammern« hingeschmierte Spuren enthält, die Cheops als Bauherrn identifizieren? Warum wird seine Namensnennung unterschiedlich angeführt? Ist es verständlich, dass einige Arbeiter-Graffitis über die Fugen der Steinblöcke geschrieben wurden? Warum ausgerechnet jene Wände, wo sich Oberst Vyse mittels Sprengung einen Zutritt verschaffte, keine Schriftzeichen aufweisen, ist nicht weniger seltsam. Gleiches gilt für die erste »Entlastungskammer«, direkt oberhalb der 6 m hohen Königskammer. Der Raum wurde bereits 1765 von dem Engländer Nathaniel Davidson erforscht, ohne dass auffällige Markierungszeichen oder Königskartuschen gefunden wurden. Erst jene vier darüber liegenden Hohlräume, die dem Briten Vyse Ruhm und Ehre einbrachten, können mit der »Chufu«-Sensation aufwarten. Das sind schon bemerkenswerte Zufälle! Es sei denn … Nein, das wäre eine schroffe Brüskierung der ägyptologischen Autoritäten.

Ein Altertumsforscher, der es dennoch als Erster gewagt hatte, den Verdacht des »Betruges« offen auszusprechen, war der Amerikaner

Zecharia Sitchin (1920–2010). Vor 30 Jahren unterstellte der Schriftsteller in seinem Buch »Stufen zum Kosmos«, dass der Pharaonenname in der Cheopspyramide erst von Oberst Vyse und seinen Komplizen angebracht wurde. Seine andere These lautet: Der Name Chufu wurde falsch gelesen. Sitchin hatte 1978 die Originaltagebücher im Britischen Museum durchforstet. Dabei fiel dem Orientalisten auf, dass die betreffende Kartusche einen Kreis mit einem Punkt in der Mitte enthält und nicht ein Kreis mit diagonalen Linien ist.

»Das war nicht die Hieroglyphe CH«, erläutert Sitchin, »sondern der heilige Name des höchsten ägyptischen Gottes, des RA. Daher lautete der Name, den Vyse gefunden hatte, nicht CH-ufu, sonder RA-ufu.«

Wurde hinterher ein Pünktchen mit Linien übermalt, damit ein willkommener Cheops daraus wird? Oder nahm es der Sensationsautor selbst nicht so genau mit der Wahrheit? Heute gelten Sitchins entdeckte Unstimmigkeiten, darunter eine angeblich »moderne« Schreibweise bei den »Vyse-Hieroglyphen«, als widerlegt. Ist deshalb der ganze Fälschervorwurf vom Tisch?

»Nein, das ist er nicht!«, schwört das Autorenduo Rico Paganini und Armin Risi. Die beiden Forscher haben sich akribisch mit den Hintergründen der Fälscherthese befasst und kommen zu dem Schluss, dass »höchstens einige von Sitchins Argumenten widerlegt sind. Wenn wir Sitchins Analyse und die meist oberflächlichen und polemischen ›Widerlegungen‹ lesen, klingt für uns Sitchins ausführlichere Analyse glaubhafter«. Und ergänzend: »Diese ›Inschriften‹ sind nicht über jeden Verdacht erhaben, und die Zuordnung der Großen Pyramide dürfte eigentlich nicht nur auf dieser einen ›Beweis‹ abgestützt werden.«

Die streitbare Ansicht lässt sich juristisch nicht beglaubigen und bleibt daher Hypothese. Für die Echtheit der Glyphen spricht, dass einige zum Teil hinter den Granitriegeln verschwinden. Eine klare Auskunft, dass damit der Bauherr gemeint ist, geben sie allerdings nicht. Unverständlich bleibt ebenso, warum manche Zeichen über die Fugen der Steinblöcke verlaufen. Sie können nicht während des Pyramidenbaus entstanden sein, sondern wurden erst hinterher angebracht. Wieso erfährt man dazu nichts in ägyptologischen Fachmagazinen? Sollte man von Pyramidenexperten nicht erwarten dürfen, dass die logischen und unanfechtbaren »Chufu«-Gutachten laut und triumphierend in die weite Welt hinausposaunt werden, um damit medienwirksam jeden Zweifel an der Urheberschaft im Keim zu ersticken? Stattdessen scheint die Dokumentation dieser Inschriften nur wenige Fachleute zu interessieren. Liegt es vielleicht daran, dass Ägyptologen die Königskartusche als »Chui ef ui« lesen, was dann als »Chufu« gedeutet wird und schließlich vom Griechen Herodot zu »Cheops« mutierte? Könnte sich der gedeutete Cheops-Schriftzug womöglich auf einen ganz anderen König beziehen? Wie wir bereits erfahren haben, ist die Lesart ägyptischer Hieroglyphen nicht ganz unproblematisch. Übersetzer können die Zeichen unterschiedlich interpretieren. Eine Behauptung, die sich leicht mit einem praktischen Experiment testen ließe, indem ein kryptischer Hieroglyphentext von einem Dutzend gewissenhafter Gelehrter gedeutet werden soll. Ich prophezeie ein heilloses Durcheinander mit zwölf im Detail abweichenden Textauslegungen.

Historische Aufnahme der Chufu-Kartusche in der Großen Pyramide. Ist dieses Arbeiter-Graffiti der unumstößliche Beweis dafür, dass Pharao Cheops die Große Pyramide errichten ließ? (Bild: Archiv R. H.)

Die Unsicherheit bei den »Chufu«-Graffitis wird auch dadurch deutlich, dass seit ihrer Entdeckung mehr als 170 Jahre vergangen sind, aber offenbar noch niemand eine Untersuchung der Farbpartikel in Erwägung gezogen hat. Ist das im Zeitalter modernster Computer-Forensik wirklich so schwierig? Proben der einfachen Arbeiter-Graffitis könnten mit nebenstehenden Königskartuschen und dem Pyramidengestein verglichen werden. Aus der chemischen Analyse in unabhängigen Labors ließe sich dann das Alter bestimmen, und Ägyptologieprofessoren könnten das Ergebnis unfolgsamen Anhängern der Fälscherthese mit Vergnügen um die Ohren schlagen.

Kümmerliche Königswürde

Sieht man von den umstrittenen Kritzeleien in den »Entlastungskammern« ab, ist die Cheopspyramide ein völlig namenloses Bauwerk. Gleiche Anonymität gilt für die 144 m hohe Chephren-Pyramide. Ägyptologen erklären das Fehlen von Inschriften damit, dass es damals eben noch nicht üblich war, die Königsgräber mit Texten auszuschmücken. Erst eine Dynastie nach Cheops sei mit den Pyramiden von Unas damit begonnen worden. Dies könnte man akzeptieren, wenn die Pyramiden von Gizeh nicht die größten Wunderwerke der Menschheitsgeschichte wären. Was hinterher an Nachbildungen folgte, kann sich am perfekten Original nicht mehr messen. Wenn also König Cheops der überragende Bauherr der Großen Pyramide war, wieso wird das nirgendwo an den Wänden gewürdigt? Wo sind die unanfechtbar wissenschaftlich nachweisbaren Beweise für den Pyramidenarchitekten Cheops? Ist es nicht eigenartig, dass ein größenwahnsinniger Machthaber etwas derart Außergewöhnliches in Stein der Nachwelt hinterlässt, aber dann aus lauter Bescheidenheit darauf verzichtet, sich mit dieser imposanten Leistung zu brüsten?

Was heute an den Prototyp des allmächtigsten Königs der Alten Zeit und an seine Regentschaft erinnert, ist im Angesicht der Pyramiden-Gigantomanie geradezu armselig. In der bereits erwähnten Königsliste von Abydos wird Cheops zwar namentlich erwähnt, aber es fällt kein Sterbenswörtchen zum Monumentalbau. Genauso schweigen die Texte auf dem größten Bruchstück einer schwarzen Dioritplatte, mit den einstigen Maßen von etwa 2,20 m Höhe und 1,40 m Breite.

Sie ist seit 1877 auf Sizilien im Archäologischen Regionalmuseum von Palermo ausgestellt und wird deshalb »Palermostein« genannt. Weitere Teilstücke, die gemeinsam den Annalenstein der 5. Dynastie bilden, werden in Kairo und London aufbewahrt. Die Beschriftung ist nach wie vor Gegenstand der Forschung, aber ursprünglich, so vermuten Ägyptologen, könnte diese Steintafel vor etwa 4450 Jahren in einem Sonnenheiligtum des Pharao Ni-user-Re (5. Dynastie) in Abusir platziert gewesen sein.

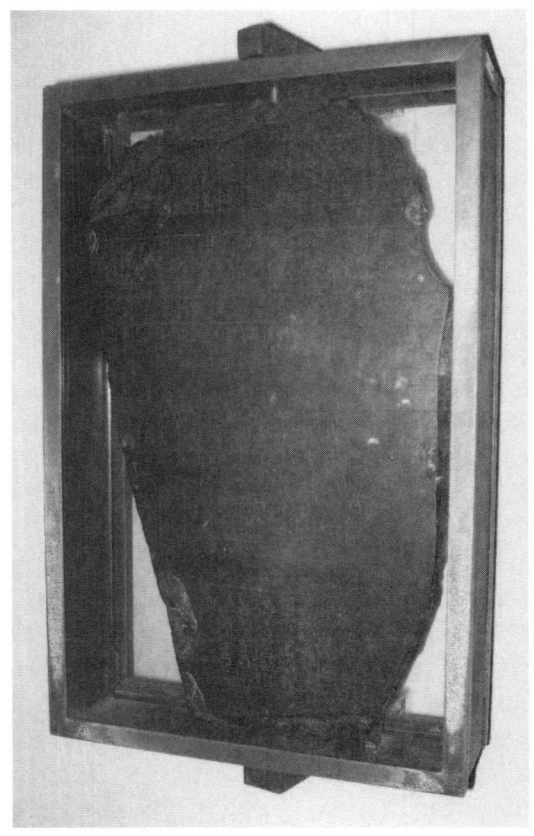

Der Palermostein ist das Bruchstück einer schwarzen Stele,
auf der neben bekannten Pharaonen des Alten Reiches auch die
Regentschaften von Göttern und Halbgöttern aufgelistet werden.
Fantasiefiguren oder reale Herrscher aus mythischer Epoche?
(Bild: Archäologisches Nationalmuseum Palermo, Sizilien/Wikipedia)

Für die Wissenschaft sind die Texte deshalb von großer Bedeutung, weil sie Auskunft über die frühesten Könige bis zur 5. Dynastie (2504–2347 v. Chr.) geben. Ägyptologen finden bekannte Namen aufgelistet, wie »Den« aus frühdynastischer Epoche oder Cheops-Papa »Snofru« aus dem Alten Reich. Was irritiert, sind die genannten königlichen Herrschertitel *davor*. Die Namensliste reicht Jahrtausende zurück in mythische Epochen, als angeblich noch Halbgötter und Götter das Land am Nil regierten, bis zur Zeit des Gottes Horus, der den Thron dem sterblichen Menes übertragen haben soll. Dass es für diese vordynastischen Königs- und Götternamen historische Vorbilder gegeben haben könnte, wird von Historikern heftig bestritten. Dabei existieren durchaus auch andere Quellen, die dies behaupten: Das altägyptische Königspapyrus von Turin im Museo delle antichità egizie, aber auch die Aufzeichnungen des ägyptischen Priesters Manetho aus dem 3. Jahrhundert v. Chr. nennen Namen und Regierungszeiten von Götterdynastien, die in graue Vorzeit zurückreichen. Sollten sich zeitgenössische Belege für diese regelwidrigen Angaben in den Königslisten finden lassen, würde das vertraute Weltbild wie ein Kartenhaus zusammenkrachen.

Bereits die Abydos-Funde von Günther Dreyer haben bewiesen, dass die bisherige Chronologie wankt und der Begriff des Königtums Jahrhunderte vor der 1. Pharaonendynastie existiert hat. Vergleicht man alle Quellen und Angaben der vorhandenen Königslisten miteinander, so ergeben sich grobe Lücken und Widersprüche.

Das Durcheinander findet seine Fortsetzung beim Namensgeber der Großen Pyramide: Herodot nennt ihn Cheops, bei Manetho heißt er Suphis, ähnlich wie Souphis beim Kirchenvater Eusebius von Caesarea. Unter dem Namen Medjedu wurde er auch angeführt, und die »Arbeiter-Graffitis« in den »Entlastungskammern« liefern gleich zwei Titel, nämlich Chufu und Chnum-Chuf. Der römische Kaiser Augustus wiederum weiß von einem Sofe, der beim Griechen Eratosthenes von Kyrene Chnoubos heißt. War damit immer dieselbe Person gemeint? Setzen wir es gemäß ägyptologischer Doktrin voraus und folgen der Festlegung, dass dieser Gottkönig Cheops die Große Pyramide für sich errichten ließ. Ist es dann aber nicht recht verwunderlich, dass, abgesehen von Herodots Erzählung, keine Schriften darüber berichten?

In diesem Zusammenhang ist noch etwas befremdlich: Der erwähnte Annalenstein der 5. Dynastie listet nicht bloß Königsnamen und Regierungsjahre von Herrschern explizit auf, sondern nennt ebenso denkwürdige Ereignisse während der jeweiligen Regierungszeiten. Dazu gehören religiöse Feste, Feldzüge, Viehzählung oder Überschwemmungen des Nils. Doch zur wichtigen Großbaustelle in Gizeh, wo entsprechend gängiger Auffassung damals gerade schweißtreibend an den gewaltigsten Pyramidenbauten gewerkt wurde, findet sich nicht der geringste Hinweis. Nach Herodots Beschreibung müssten damals 100.000 Arbeiter 20 Jahre lang fleißig damit beschäftigt gewesen sein, tonnenschwere Quader herzustellen. Diese wären dann aufwendig zum Bauplatz transportiert worden, um anschließend mit Rampen oder anderen Hilfsmitteln himmelwärts aufgetürmt zu werden. Wieso erwähnt das der Chronist des Annalensteins mit keiner einzigen Hieroglyphe?

Andere Chroniken, die Bezug auf Cheops und seine Regentschaft nehmen, sind auch nicht gerade ergiebig. Selbst seine königliche Abstammung ist heute unter Ägyptologen umstritten, da nicht gesichert ist, ob Cheops wirklich der leibliche Sohn seines Vorgängers König Snorfu war, der um 2650 bis 2620 v. Chr. in Ägypten herrschte. Wie lange Pharao Cheops regierte, lässt sich ebenfalls nicht sicher beantworten. Der Turiner Königspapyrus nennt 23 Regierungsjahre, Herodot erzählt von 50 und beim ägyptischen Historiker Manetho sind es 63. Was stimmt nun? Nicht weniger problematisch sind die spärlichen Bildnisse, die man heute Cheops zuordnet. Sie weisen keinerlei Text auf, anhand dessen eine Identifizierung möglich wäre – mit einer Ausnahme: Im ägyptischen Museum in Kairo ist eine kleine Elfenbeinstatuette zu sehen, gerade mal 7,5 cm hoch, die das einzige vollständig erhaltene Abbild von König Cheops darstellt. Ein Zwergerl als Beweis für den Personenkult um den mächtigsten Alleinherrscher und größten Pyramidenerbauer? Klingt wie ein schlechter Witz der Geschichte. Bei näherer Betrachtung ergeben sich selbst bei diesem wertvollen Einzelstück Unsicherheiten: die Kartusche mit den Hieroglyphen des Königs ist nicht mehr lesbar, lediglich der Titel seines »Horusnamens«, aus dem abgeleitet wird, dass Cheops gemeint ist. Und das Alter? Bisher dachte man, das Cheops-Bildnis stamme aus der 4. Dynastie. Jüngste Analysen datieren es in die Spätzeit um 600 v. Chr. Wer wusste zwei Jahrtausende nach der Regentschaft von König Cheops noch genau, wie dieser ausgesehen hatte? Anschauliche Skulpturen und gesicherte

Vergleichsporträts, an denen sich Künstler orientiert haben könnten, sind nicht vorhanden. Wurden sie noch nicht gefunden, sind sie alle zerstört worden oder hat es sie womöglich nie gegeben? Dass wenigstens der Cheops-Gnom erhalten geblieben ist, grenzt an ein Wunder. Denn als ihn der bekannte Ägyptologe Sir Flinders Petrie (1853–1942) Anfang des 20. Jahrhunderts in Abydos fand, also weit entfernt vom angenommenen Grabmal in Gizeh, brach der Kopf ab und ging dem Ausgräber im Wüstensand verloren. Drei Wochen hatten seine Gehilfen mühsamst das Gelände durchsiebt, bis das Köpfchen in einem Sandhaufen glücklicherweise doch wieder zum Vorschein kam und an den Körper angeklebt werden konnte.

Einzig erhaltenes rundplastisches Gesamtbildnis des Cheops. Die Elfenbeinstatuette ist nur 7,5 cm groß. Jüngsten Datierungen zufolge stammt sie nicht aus dem Alten Reich, sondern wurde erst in der 26. Dynastie angefertigt. Nach welchen Porträtvorlagen? (Bild: Ägyptisches Museum Kairo)

*Das Papyrus Westcar (möglicherweise 12. Dynastie) gilt als Abschrift
älterer Vorlagen, da die Erzählung am Hof von König Cheops spielt, der
Augenzeuge eines Wunders wurde. (Bild: Ägyptisches Museum Berlin)*

Kurioserweise erinnert diese Begebenheit an einen Abschnitt in der
Erzählung des Papyrus Westcar aus dem Mittleren Reich (oder jüngerer Zeit), das auf alte Vorlagen frühester Pharaonendynastien zurück-
gehen soll. Anfang und Ende des Textes sind verloren gegangen. Dennoch ist es eines der wichtigsten Dokumente der ägyptischen Literatur
und liegt heute im Ägyptischen Museum in Berlin. Die Handlung
spielt am Königshof von Cheops. Wundersame Geschichten werden
dem Gebieter vorgetragen, bis er schließlich selbst Zeuge eines solchen
Wunders wird. Die Sage erzählt von einem weisen 110-jährigen Greis
namens Dedi von Djed-snefru. Der Methusalem wird in den Palast
gebeten, weil er magische Kräfte besitzt, im Rufe steht, Tote wiederzu-
beleben und das Geheimnis um die heiligen Kammern des Weisheitsgottes Thot kennen soll. Über diese Heiligtümer wird der Leser leider
im Unklaren gelassen, aber: Um die magischen Fähigkeiten der Wie-
derbelebung zu testen, ordnet Cheops an, einen zum Tode Verurteilten
köpfen zu lassen. Dedi lehnt diesen Menschenversuch ab, vollführt die
Hexerei dafür vor Augenzeugen an einer Gans, einem Storch und einem Rind. Aus dem Papyrustext erfahren wir weiter, dass ihre Köpfe
abgeschlagen, anschließend aber wieder aufgesetzt und die Tiere danach aufs Neue lebendig geworden sind. Märchen oder Zaubertrick?

Man glaubt nicht, wie schnell man seinen Kopf verlieren kann. Die
alten Ägypter haben deshalb vorgesorgt. Vorwiegend in den Gräbern

der 4. Dynastie im Westfriedhof der Cheopspyramide wurden Dutzende sogenannte »Ersatzköpfe« gefunden. Es sind seltene rundplastische Werke mit realistisch herausgearbeiteten Gesichtszügen, deren kultische Bedeutung noch nicht ganz geklärt ist. Ägyptologen bezeichnen sie als »Reserve-« oder »Porträtköpfe«, die den Toten repräsentieren sollen.

Und im monumentalen Grabmahl des König Cheops? Seine Überreste sind unauffindbar. Anderweitige »Visitenkarten« sucht man in seiner letzten Ruhestätte ebenfalls vergeblich. Argwöhner aus der Mystery-Clique, die partout nicht wahrhaben wollen, dass Cheops der legitime Baumeister der Großen Pyramide ist, würden sich schon mit der Entdeckung seines »Ersatzkopfes« zufriedengeben ...

Hermes und die »große Flut«

Der rituelle Gebrauch von Gegenständen und die Nutzung eines Tempels oder sonstiger Heiligtümer lässt nicht notwendigerweise auf den ursprünglichen Hersteller oder Erbauer schließen. Könnten die Pyramiden von Gizeh und der Sphinx das Vermächtnis einer untergegangenen Zivilisation sein, die lange vor den Pharaonen existierte? Sind es vorsintflutliche Relikte, die später zu Cheops' Zeiten als Wallfahrtsstätte genutzt wurden? Für die etablierte Gelehrtenwelt sind solche Überlegungen genauso Ausgeburten der Fantasie wie die spätantike Deutung, die aus den Pyramiden biblische Kornspeicher machte. Auf der Kuppel der Markuskirche in Venedig ist diese Vorstellung in einem bunten Mosaik verewigt worden. Korn für die sieben mageren Jahre (1. Buch Mose, 41) waren die Pyramiden sicherlich nie. Dann eher schon Wissensspeicher? Aufmüpfige Vertreter der Parawissenschaften glauben das. Sie verweisen abermals auf arabische Geschichtsbücher, die von Europa und dem Rest der Welt eher stiefmütterlich behandelt werden. Das liegt wohl an ihrem fantastischen Inhalt, der im krassen Widerspruch zur modernen Ägyptologie steht.

Bevor die Sintflut kam
In arabischen Chroniken werden nicht Cheops oder Chephren als Bauherren der Pyramiden von Gizeh genannt, sondern ein gewisser Saurid. Von ihm wird erzählt, er habe vor der Sintflut direkten Kontakt

zu den Göttern gehabt, die ihn in der »Kenntnis der Sterne« unterwiesen und prophezeiten, dass eine Katastrophe über die Erde kommen würde. Dieser Saurid gilt als Pseudonym für viele Namen, die einem vertraut vorkommen: Surid, Idris, Onuris, Dehuti oder der hebräische Patriarch Henoch. Im Alten Testament findet er nur kurz Erwähnung (Genesis 5, 21–24), aber aus den apokryphischen Schriften, die nicht in den Kanon der Bibel aufgenommen wurden, wissen wir, dass Henoch ein »Himmelskundiger« war. Erzählt wird, er sei der erste Mensch gewesen, der die Schrift erfand und von Gott »durch einen Wirbelwind in den Himmel entrückt« wurde. Oben angekommen soll Henoch eine spezielle Schreibfeder erhalten haben, um alles, was ihm Engel und Gottessöhne über die Geheimnisse der Erde, des Himmels und der Sternenwelt übermittelten, genau aufzuschreiben. Die Originaltexte aus dem 4. Jahrhundert v. Chr. sind im Buch Henoch erhalten, das in der äthiopischen Kirche bis heute als Teil der Bibel angesehen wird.

Was war mit Henoch geschehen? Hatte er halluziniert, alles nur geträumt? Hatte er eine unheimliche Begegnung mit dem Gottvater oder wurde er gar von Außerirdischen entführt? Darüber scheiden sich je nach Weltanschauung die Geister. Überliefert ist, dass der »Menschensohn« mit himmlischen Wesen Kontakt hatte, von diesen die Schreibkunst erlernte und Weisheitsbücher verfasste. Das mag der Grund dafür sein, weshalb die Person Henoch in die Nähe des ägyptischen Weisheitsgottes Thot gerückt oder sogar mit dieser Gestalt gleichgesetzt wird.

Die Weisheit des dreimal Großen
Neben der Symbiose zwischen Saurid, Henoch und Thot gibt es die Verbindung zur griechischen Mythologie. Hier wird die mythische Geistesgröße mit dem geflügelten Götterboten Hermes identifiziert und erneut als »Gott der Wissenschaften und des Überirdischen« bezeichnet. In der magischen Literatur der Spätantike wurde daraus »Hermes, der dreimal Große«, Hermes Trismegistos. Dreimal groß deshalb, weil er über alle drei Geheimnisse des Seins Bescheid wusste: Geist, Seele, Körper. Eine andere Lesart sieht ihn als größten Philosophen, größten Priester und größten König aller Zeiten. Ein Universalgenie muss er gewesen sein, denn Hermes Trismegistos gilt noch heute als geistiger Urvater der Alchemie und soll die nach ihm benannten hermetischen Schriften verfasst haben. Diese okkulten Werke stammen

aus frühchristlicher Zeit, könnten aber Abschriften älterer Texte sein. Belegt ist, dass der Name Hermes Trismegistos erstmals beim Priester Manetho und auf einer Tonscherbe aus dem 3. Jahrhundert v. Chr. aufscheint. Aber hat der Hüter allen Wissens wirklich gelebt? Die meisten Historiker glauben an eine Kunstfigur. Andere gehen davon aus, dass er doch als reale Persönlichkeit existierte. Mit der anfänglichen Gestalt des ägyptischen Weisheitsgottes wäre Hermes Trismegistos zwar nicht ident, aber er könnte ein hoher Priester des Thot gewesen sein, ein Oberhaupt der berühmten Mysterienschule des alten Ägyptens. Das lässt sich ebenso aus seinen mystischen Werken herauslesen, worin er betont, dass nicht er selbst, sondern seine Ahnen die Pyramiden und Tempel in Ägypten erbaut hätten, um alles Wissen darin niederzulegen: Erkenntnisse der Astronomie, Mathematik, Magie und Medizin. Auch die Römer kannten einen Hermes Trismegistos, den sie Mercurius Termaximus nannten, abgeleitet von ihrem Gott Merkur, der wiederum mit dem griechischen Hermes identifiziert wurde.

Die kryptische Smaragdtafel

Das zentrale Monument hermetischer Imagination ist die legendäre »Tabula Smaragda«. Gemeint ist eine Tafel, die angeblich aus smaragdgrünem Malachit bestand. Auf ihr soll Hermes Trismegistos eine Art Weltformel verewigt haben. Über das Schicksal des steinernen Dokuments ranken sich viele Legenden. Es heißt, Alexander der Große hätte sie gefunden und bis zu seinem Tod besessen. Eine andere Sage behauptet, dass Sara, die Frau des biblischen Abraham, schon viel früher in den Besitz des Schatzes gelangte. Auch der spätägyptische Pharao Nechepso wird im 7. vorchristlichen Jahrhundert als glücklicher Finder genannt. Gerüchten zufolge könnte die Wunderstele auch in einer geheimen Kammer der Cheopspyramide gelegen haben oder befindet sich noch dort.

Wohin das Original verschwand, ist ungeklärt. Wie bei den Gebotstafeln des Moses gibt es auch zur »Tabula Smaragda« keine archäologische Spur. Die älteste erhaltene Abschrift stammt erst aus dem 6. Jahrhundert. Ab dem Mittelalter ist sie dann durch Übersetzungen aus dem Arabischen im christlichen Abendland verbreitet und zum Stein der Weisen für Okkultisten und Esoteriker geworden. Die Texte sind in allegorischen Sätzen abgefasst und spiegeln die Zusammenhänge von Mikrokosmos und Makrokosmos wider.

Ein Schlüsselsatz lautet: »Dasjenige, welches Unten ist, gleicht demjenigen, welches Oben ist: Und dasjenige, welches Oben ist, gleicht demjenigen, welches Unten ist, um zu vollbringen die Wunderwerke eines einzigen Dings.«

Aus den Weisheitstexten lässt sich vieles in verschlüsselter Form herauslesen, sogar die frühe Beschreibung von der Ursekunde zur Schöpfung. Lange bevor Physiker die Theorie vom Urknall entwickelten, erklärt ein Satz von Hermes Trismegistos: »Alles ist geschaffen in der Konzentration eines einzigen Dings.«

Kupferstich des Alchemisten Heinrich Khunrath aus den Anfängen des 17. Jahrhunderts Er zeigt eine lateinische Fassung der Tabula Smaragdina, eingraviert auf einen Felsen. (Bild: Archiv R. H.)

Eine künstlerische Version mit lateinischer Übersetzung der Smaragdtafel hat uns der deutsche Arzt und Alchemist Heinrich Khunrath (um 1560–1605) in seinem Buch »Amphitheatrum Sapientiae Aeternae«

104

(»Amphitheater der ewigen Weisheit«) hinterlassen. Wie angesehen der weise Hermes Trismegistos selbst bei höchsten kirchlichen Instanzen war, zeigt eine Ehrung im Dom von Siena in der Toskana. Dort ziert ein großes Mosaik des »dreimal großen Hermes« (umgeben von Personifikationen des Orient und Okzident) den Boden im Eingangsbereich. Noch heute werden wir im Alltag an die Magie des Hermes Trismegistos erinnert: nämlich wenn wir etwas Unzugängliches, Geheimes oder luftdicht Abgeschlossenes meinen, ein Tabu also, das mit dem Wort »hermetisch« umschrieben wird.

»Geklonter« Götterbote

Offenbar hat es in der Vorgeschichte mehrere Hermes gegeben. Cicero (106–43 v. Chr.), der berühmteste Politiker und Philosoph Roms, erwähnt in seinen Schriften fünf Verkörperungen des flinken Götterboten. Der erstgenannte Hermes könnte mit Thot oder Saurid identisch gewesen sein und soll der Legende nach »vor der großen Flut« die Errichtung des antiken Weltwunders von Gizeh bewirkt haben. Auch die Babylonier kannten einen Hermes. Der arabische Schriftsteller Abu'l Farag erwähnt ihn im 13. Jahrhundert n. Chr. in seiner »Dynastiengeschichte«. Der himmlische Bote soll »als erster nach Nimrod, dem Sohn Kuschs, die Stadt Babylon wieder aufgebaut« haben. Auch der Chronist Al Bitrugi (er lebte im 12. Jahrhundert) weiß von einem »babylonischen Hermes« zu berichten. Die Sabier des Mittelalters betrachteten ihn als ihren Religionsstifter und bewunderten seine hervorragenden astronomischen Kenntnisse. Wie die alten Ägypter vor ihnen sahen auch sie im »Wächter des Himmels« eine herausragende Persönlichkeit, die im gesamten alten Orient größte Hochachtung genoss.

Der muslimische Gelehrte Ibn Battuta (1304–1368) bekräftigt in seiner brüchig erhaltenen Handschrift, dass »die Pyramiden von Hermes erbaut« wurden. Seine Informationen holte sich der Araber aus Tanger auf ausgedehnten Forschungsreisen quer durch die islamische Welt. Dabei legte er in 29 Jahren mit Schiffen, Kutschen und Kamelen 120.000 km zurück – drei Mal so viel wie der berühmte venezianische Handelsreisende Marco Polo. Battutas Aufzeichnungen wurden erst im 19. Jahrhundert im christlichen Abendland bekannt, als der Schweizer Orientforscher Johann L. Burckhardt (1784–1817) in Kairo auf sie stieß. Eine Fassung des Battuta-Werkes gelangte in die Bibliothek des Herzogs von Gotha, in der Folge kam es 1858 zur ersten französischen Übersetzung. Das arabische Originalmanuskript wird heute in der Pariser Nationalbibliothek aufbewahrt. Battuta nennt darin den Grund für den Pyramidenbau in Gizeh:

»[…] Damit die Künste und Wissenschaften und andere Schöpfungen des menschlichen Geistes auch nach der Flut erhalten blieben.«

Haben sich das die Gelehrten des Morgenlandes aus den Fingern gesogen oder schöpften sie aus älteren Quellen? Der ägyptische Rechtsgelehrte Al-Hakam hatte im 9. Jahrhundert n. Chr. ebenso keinen Zweifel daran, dass »die Pyramiden nur vor der Sintflut erbaut worden sein können, denn wären sie nachher erbaut, so würden die Menschen über sie Bescheid wissen.« Genaueres erfahren wir beim Kairoer Historiker Al Makrizi (1364–1442), der in seinem Hauptwerk »Hitat« ein »Pyramidenkapitel« mit gesammelten Dokumenten aus jener Zeit zusammengefasst hat. Er vermerkt zur Großen Pyramide:

»Die Leute sind sich über die Zeit ihrer Erbauung, über den Namen des Erbauers und die Ursache ihrer Erbauung nicht einig und haben die verschiedensten Meinungen geäußert, die verkehrt sind.«

Dann bezieht sich Al Makrizi auf ein älteres Geschichtswerk des Lehrers Ibrahim ben Wasif Sah al-Katib mit dem Titel »Nachrichten von Ägypten und seinen Wundern«. Darin rückt wiederum Saurid in den Mittelpunkt, von dem behauptet wird, er habe vor der Sintflut einen visionären Traum gehabt:

»Die Erde kehrte sich mit ihren Bewohnern um, die Menschen flüchteten im blinden Hass, und die Sterne fielen herab.« Aus Sorge um die »wissenswerten Dinge, die verloren und verschwinden könnten«, ließ Saurid die Pyramiden von Gizeh errichten.

Apophis und die globalen Sintflut-Mythen
Sterne, die vom Himmel herabfallen? Erde, die sich umkehrt? Eine ähnliche Textpassage findet sich im Neuen Testament bei der Offenbarung des Johannes, wo es heißt:

»Und es fiel ein großer Stern vom Himmel, der brannte wie eine Fackel und fiel auf den dritten Teil der Wasserströme …«

Verblichene Urerinnerungen an einen »Killer-Asteroiden«, der vor Jahrtausenden die Welt in den Abgrund stürzte? Im Laufe der langen Erdgeschichte gab es immer wieder Einschläge mit entscheidenden Auswirkungen für die Evolution. Eine gewaltige »All-Bombe« dürfte vor rund 63 Millionen Jahren den Dinosauriern den Todesstoß versetzt haben. Das Geschoss mit 10 km Durchmesser soll auf der Halbinsel Yucatan in Mexiko eingeschlagen sein.

Für unsere heutige Zivilisation können schon wesentlich kleinere Himmelskörper zum ernsten Störfall werden. Wenn die Berechnungen der amerikanischen Weltraumbehörde NASA stimmen, dann kommt uns am 13. April 2029 (ausgerechnet an einem Freitag) ein Weltraumbrocken mit etwa 300 m Durchmesser gefährlich nahe. Sollte er durch die Erdanziehungskraft auf direkten Kollisionskurs gehen, hätte das für die Menschheit keine langfristigen Auswirkungen. Dafür ist der Asteroid zu klein, aber ein Einschlag auf besiedeltem Gebiet wäre trotzdem eine große Tragödie. Sollte der Aufprall im Meer erfolgen, müsste mit massiven Seebeben und verheerenden Wellen von Tsunamis gerechnet werden. Astronomen tauften den außerirdischen Wanderer Apophis. Abergläubische Zeitgenossen werden davon nicht sehr begeistert sein, Apophis ist der mythische Name eines ägyptischen Schlangenungeheuers, das den Sonnengott und die göttlich-kosmische Ordnung bedroht.

Nach Berechnungen der NASA droht alle 100 Jahre der Einschlag eines größeren Asteroiden mit 50 bis 500 m Durchmesser. Experten bezeichnen solche kosmischen Geschosse als Killer, die eine globale Katastrophe verursachen können. Die US-Weltraumbehörde hat bislang rund 1000 potenzielle Erdbahnkreuzer aufgespürt, darunter Apophis, der am 13. April 2029 der Erde gefährlich nahe kommt. (Bild: NASA)

Lassen sich mythologische Erzählungen über die Sintflut mit den Folgen eines Asteroiden-Aufpralls erklären? Nicht nur im »Hitat« und anderen arabischen Schriften wird eine große Flutkatastrophe beschrieben, die zum Untergang der Zivilisation geführt haben soll. Identisches berichten verschiedene Kulturkreise in aller Welt. Aus dem alten China wissen wir von Legenden über »Fluten, die sich bis zum Himmel türmten«. Die australischen Aborigines erzählen genauso wie die amerikanischen Ureinwohner von einer »großen Flut«, die einst die gesamte Erde überspülte.

Die bekanntesten Berichte sind im 1. Buch Mose der Bibel sowie auf altbabylonischen Steintafeln des Gilgamesch-Epos und des sumerischen Atrahasis-Epos überliefert. In dem vorbiblischen Text – erstmals um 2000 v. Chr. verfasst – baute nicht Noah, sondern Ziusudra (nach anderer Fassung Uta-napischti) ein großes Boot, mit dem er seine Angehörigen und ausgewählte Tiere retten konnte. Aufschlussreich ist dazu folgende Textstelle:

»In jenen Tagen, als Ziusudra, der König, den Samen der Menschheit und der Tiere bewahrte, ließen sie ihn leben in einem ›überseeischen Land‹, im Land Dilmun, an dem Ort, wo der Gott Utu aufsteigt.«

Wie bitte? Hier ist nicht von jeder Tierart die Rede, die paarweise auf der viel zu kleinen Arche Platz zum Überleben findet, sondern nur von ihren Samen. Im Zeitalter modernster Gentechnik und von Klonexperimenten mit der Erschaffung neuer Lebewesen ist dies eine interessante Andeutung. Die Methode wäre sicher platzsparender gewesen. Doch wer sollte in jenen Tagen biotechnisch dazu imstande gewesen sein? Die himmlischen Götter? Wer waren diese mythischen Superwesen?

Was war mit den großen, weltweiten Überschwemmungen? Was ihre Ursache gewesen sein könnte, ist ebenfalls nicht restlos geklärt. Klimaforscher erkennen einen Zusammenhang mit dem Ausklang der letzten Eiszeit vor rund 12.000 Jahren, als die Gletscher abschmolzen und der Meeresspiegel weltweit angestiegen war. Könnten sich weltweite Umweltdesaster wie die Sintflut-Saga wiederholen? Wie verwundbar ist unsere Zivilisation? Globale Erderwärmung und Klimaveränderung sind heute reale Bedrohungen, die unsere Geisteskraft herausfordern. Das schlimmste Horrorszenario der Endzeitpropheten, die beschwören, dass mit dem Ausklang des Maya-Kalenders das Ende

der Menschheit besiegelt sei, mag übersteigerte Hysterie und Panik-
mache sein. Dennoch dürfen wir aktuelle Bedrohungen nicht ignorieren und müssen kluge Antworten für die Zukunft finden, sofern
die Spezies Mensch, wovon auszugehen ist, nicht dem Schicksal der
ausgestorbenen Urzeitechsen folgen möchte.

Göttliche Träume und der rätselhafte Sphinx

Wie hoch war der Wissensstand untergegangener antiker Kulturen? Es
hat den Anschein, dass wir uns vom vorgefertigten Wunschbild eines
stetig linear entwickelten Fortschritts, der vom primitiven Steinkrat-
zer zum Pyramidenbauer und Weltraumforscher führte, immer mehr
verabschieden müssen. Die altgriechische Rechenmaschine von Antikythera und andere verblüffende Errungenschaften aus dem Altertum
lehren uns, dass es offenbar immer wieder Sprünge nach vorn und auch
wieder zurück gegeben hat. Geniale Erkenntnisse waren ihrer Zeit weit
voraus und gerieten in Vergessenheit, bevor sie dann viele Jahrhunderte
oder gar Jahrtausende später aufs Neue entdeckt wurden.

Die abenteuerliche Geschichte der Archäologie zeigt auch, dass
es meist ungeahnte Zufallsfunde sind, die uns auf das fortschrittliche
Wissen und die unschätzbaren Werke der Ahnen aufmerksam machen. Mit der Entdeckung ungewöhnlicher Artefakte ist freilich nicht
gesichert, dass ebenso ihr wissenschaftlicher Wert sogleich verstanden
wird. Altertümliche Anomalien, die nicht ins vertraute Weltbild einzu-
ordnen sind, bekommen schnell das Etikett »Kultobjekt« verpasst, weil
ihre ursächliche Bedeutung nicht zu eruieren ist.

Nicht viel anders bei utopisch anmutenden Texten über eine hoch
entwickelte Kultur, die vor der Sintflut existiert haben soll. Für die
meisten Historiker beruhen diese Legenden, zu denen auch der Atlantis-Mythos des griechischen Philosophen Platon zählt, auf purem Aberglauben. Vielleicht nur deshalb, weil wir Menschen der digitalen Globalisierung in einer gewissen Selbstgefälligkeit dazu neigen, uns als die
Fortschrittlichsten zu halten, die jemals diesen Planeten bevölkerten?

Bei der Suche nach Antworten stehen wir erst am Anfang. Überraschende Entdeckungen der Archäologie können dabei genauso hilfreich sein wie das gezielte Stöbern nach verstaubten Chroniken in Bi-
bliotheksarchiven.

Es gibt noch eine erstaunliche Quelle, um verlorenes Wissen zurück ins Gedächtnis zu rufen: Hellsehen. Skeptiker werden dies für Nonsens halten. Nun behaupten aber Menschen seit undenklichen Zeiten, sie besäßen übersinnliche Kräfte, die über die uns vertrauten fünf Sinne hinausgehen. Heilige, Seher und Orakelpriester aller Religionen berichten in ihren Schriften, sie hätten prophetische Visionen gehabt. Bei tranceähnlichen Zeremonien holen Schamanen der Naturvölker noch heute den Rat ihrer Ahnen und Götter ein. Zugleich erzählen medial begabte Menschen rund um den Globus von übersinnlichen Eingebungen und Wahrträumen, die zur Wirklichkeit wurden.

Parapsychologen bezeichnen diese Phänomene als »außersinnliche Wahrnehmungen«. Durch unterschiedliche paranormale Techniken wie Telepathie (Gedanken lesen und übertragen), Präkognition (Vorherwissen zukünftiger Ereignisse), Retrokognition (Rückschau auf vergangene Episoden) oder Psychometrie (Eindrücke und Rückschlüsse durch das Berühren von Gegenständen) soll es möglich sein, Informationen über verborgene Dinge oder Vorgänge zu erhalten. Die strenge Wissenschaft ist ungläubig. Das Problem im Laborversuch: Auf Knopfdruck lassen sich solche spontanen Erfahrungen nicht wiederholen, exakt messen und dingfest machen. Dennoch gibt es eine Reihe gut dokumentierter Fallbeispiele, wo die Überprüfung hellsichtiger Wahrnehmungen zu verblüffenden Entdeckungen geführt hat.

Manchmal werden Visionen und Träume wahr. Was sind die Ursachen dafür? Sinnestäuschungen? Zufälligkeiten? Oder werden unbewusste Impulse der realen Welt empfangen, die wir im normalen Wachzustand gar nicht wahrnehmen? Sind es übersinnliche Kräfte, die uns einen Blick in Vergangenheit und Zukunft gewähren? Es ist kein Geheimnis, dass Dichter, Musiker und Surrealisten gerne über Nacht von der Muse geküsst werden. Traumerlebnisse haben Kunstschaffenden zu allen Zeiten kreative Impulse gegeben. Aber ist es nicht erstaunlich, dass selbst wissenschaftliche Einfälle durch Träume realisiert worden sind?

So soll der deutsche Chemiker und Naturforscher August von Kekulé (1829–1896) von einer Schlange geträumt haben, die sich in ihren Schwanz gebissen hat und daher mit ihrem Körper einen geschlossenen Kreis bildete. Das Sinnbild des Ouroboros (aus dem Griechischen: Schwanzverzehrer) ist bereits im alten Ägypten als magische Hieroglyphe belegt. Sie verkörpert die kosmische Einheit und besagt »eins ist alles«. Einmal davon geträumt – und schon fand von Kekulé die Lösung für die ringförmige Strukturformel zur chemischen Verbindung Benzol. Auch anderen Geistesblitzen wie der Periodenschaft der Elemente, entdeckt vom russischen Chemiker Dimitri Mendekejew (1834–1907), oder der Erfindung der Nähmaschine durch den Amerikaner Elias Howe (1819–1867) ging ein nächtlicher Traum voraus.

Trotz intensiver Forschung ist der Zweck des Schlafens bis heute nicht geklärt. Warum wandeln wir ein Drittel unseres Lebens im Land der Träume? Könnte man die Zeit nicht sinnvoller nützen? Fest steht nur: Ohne Schlaf geht es nicht. Ebenso fehlt nach wie vor eine allgemeingültige Theorie über den auslösenden Faktor für Träume sowie tranceähnliche Bewusstseinszustände. »Reisen der Seele« werden ebenso als Erklärung angeboten wie »neurologische Trugbilder« oder »tiefenpsychologische Reflexe des Unterbewussten«. Schon in den frühesten Kulturen machten sich Menschen Gedanken über die Bedeutung des Träumens. Meistens wurden Traumsymbole als Vorhersagen für künftige Ereignisse gedeutet, die das Schicksal der menschlichen Existenz beeinflussen können.

Anders als in der heutigen Traumforschung glaubte man im Altertum, dass Träume auch wichtige Botschaften von außen enthalten können, etwa Informationen, die durch überirdische Götter, Dämonen oder Engel übermittelt werden. Die ältesten Texte, die darüber Auskunft geben, stammen aus Mesopotamien. Es sind die Tontafeln des Gilgamesch, einem sumerischen König, der vor rund 4700 Jahren in Uruk regiert haben soll. In seinem berühmten Epos werden Träume als Informationsträger der Götter verstanden, die auf diese Weise mit Menschen kommunizierten. Ganz ähnlich verhält es sich mit Traumberichten aus dem alten Ägypten. Neben den Totenbuch-Texten gilt als bedeutendste Aufzeichnung das »Hieratische Traumbuch« aus Theben, das zur Handschriftensammlung Chester Beatty (davon Papyrus III) gehört. Es ist das erste Lexikon, in dem etwa 200 überirdische Traumbilder aufgelistet, beschrieben, bewertet und gedeutet werden. Das Buch wird um 1150 v. Chr. datiert, bezieht sich aber auf ältere Texte aus dem Mittleren Reich. Die Urfassung könnte rund 4000 Jahre alt sein.

Wie ein Traumbild aus einer anderen Welt wirkt der riesige Wächter der Nekropole von Gizeh. Jeder kennt ihn, den rätselhaften Sphinx, der mit 74 m Länge, 6 m Breite und 20 m Höhe die größte aus einem gewachsenen Kalksteinfels herausgearbeitete Skulptur der Welt ist.

Der Koloss hat den Körper eines liegenden Löwen mit dem königlichen Haupt eines Pharao. Deshalb wird *der* Sphinx vor den Pyramiden als männliches Mischwesen und Herrschaftssymbol betrachtet. Nicht so bei assyrischen, teils geflügelten Sphingen. Sie können männlicher und weiblicher Natur sein. Erst in der griechischen Mythologie ist *die* Sphinx stets eine feminine, bedrohliche Sagengestalt.

Bekannt ist die Erzählung vom Königssohn Ödipus. Die Sphinx fragt ihn: »Was ist es, das am Morgen auf vier Beinen, am Mittag auf zwei Beinen und am Abend auf drei Beinen geht?« Ödipus löste das Rätsel: Es ist der Mensch, der als Kleinkind auf allen Vieren krabbelt, in seiner Blüte auf zwei Beinen wandelt und sich am Lebensabend auf einen Stock stützt.

Schon das Wort »Sphinx« verunsichert die Gelehrtenwelt. Die Araber nannten den Großen Sphinx zu Gizeh »Abu el-hol«, »Vater des Schreckens«. Aus dem Griechischen lässt sich der Name sinngemäß mit »etwas durch Zauber festbinden oder erwürgen« erklären. Im Altägyptischen wird der Sphinx-Begriff von »schesep-anch« hergeleitet, was auf Deutsch »Lebendige Gestalt« bedeutet. Schlau wird man daraus trotzdem nicht.

Der rätselhafte Sphinx von Gizeh. Geologische Untersuchungen
deuten darauf hin, dass die Kolossalstatue Jahrtausende älter sein könnte,
als Ägyptologen annehmen. (Bild: Berthold Werner)

Keilschrifttexte auf einem Keramikgefäß (Museum Tiwanaku, Bolivien).
Fälschung oder archäologische Sensation? (Bild: Dominique Görlitz)

Wie Thor Heyerdahl wollte der deutsche Segelprofi Dominique Görlitz 2007
auf einem Schilfboot den Atlantik überqueren, scheiterte aber. Ein neuer
Versuch ist in Vorbereitung. (Bild: Dominique Görlitz)

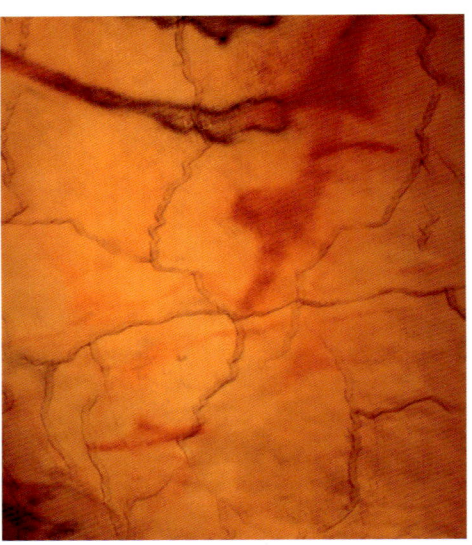

Welche Bedeutung haben die steinernen Donaugötter von Lepinski Vir? Sie stammen von einer unbekannten, 9000 Jahre alten Kultur. (Bild: Museum Lepinski Vir)

Altsteinzeitliche UFO-Malereien am Deckengewölbe der Altamira-Höhle in Nordspanien. (Bild: Reinhard Habeck)

Rätselhafte Gravur im Ravne-Tunnel nahe der pyramidenartigen Hügelstrukturen in Visoko. (Bild: Gabriele Lukacs, Semir Osmanagic)

*Einzigartiges Fundstück der minoischen Kultur: Der Diskos von Phaistos
mit einem spiralförmig angeordneten Geheimtext.
(Bild: Museum Heraklion)*

*Prunkstücke in der Villa Giulia in Rom: drei hauchdünne Goldfolien von
Pyrgi mit Anweisungen in etruskischer und phönizischer Sprache.
(Bild: Archiv Reinhard Habeck)*

Sutatausa-Stein aus Prä-Kolumbien
mit Korallen als Buchstaben.
(Bild: Bernhard Moestl)

Rückseite des Korallensteines mit
rätselhaften Gravuren.
(Bild: Bernhard Moestl)

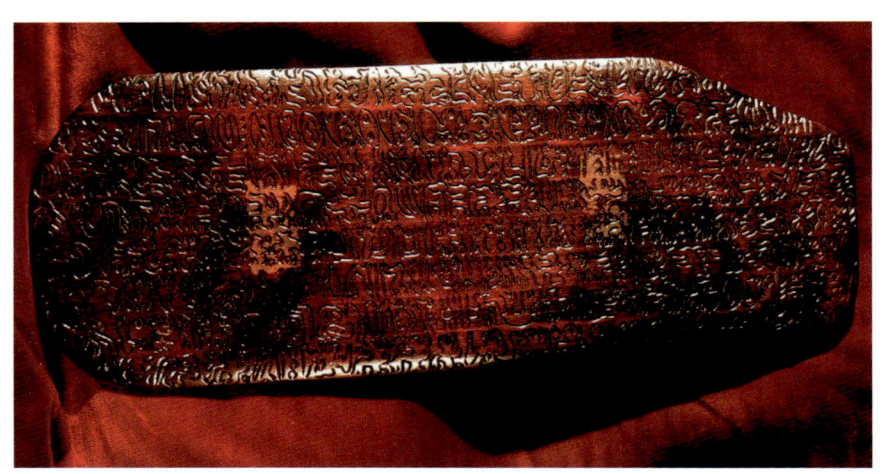

Sprechendes Holz der Osterinsulaner. Weltweit sind nur mehr
21 Unikate erhalten. (Bild: Bernhard Moestl)

2500 Jahre alt, entdeckt in Höhlen Ecuadors: negroider Menschentyp und südamerikanischer »Pharao«. (Bilder: Bernhard Moestl)

Prä-Kolumbische »Nofretete«.
(Bild: Bernhard Moestl)

5000 Jahre alte Valdivia-Keramik aus Ecuador. Sie gleicht der Jomon-Ware aus dem prähistorischen Japan. Gab es hier einen Kulturaustausch?
(Bild: Bernhard Moestl)

Kuriose Hieroglyphen im Deckenbalken des Sethos-Tempels in Abydos. Sie erinnern an einen Hubschrauber (1), einen Panzer (2) und an ein Unterseeboot (3). (Bild: Reinhard Habeck)

Auf der Königsliste von Abydos werden 75 Pharaonen genannt, die vor Sethos I. regierten. Wieso fehlen viele Herrscher der 1. und alle Regenten der 2. Dynastie? (Bild: Olaf Tausch)

In Figeac, dem Geburtsort von Jean-François Champollion, ist diese stark vergrößerte Kopie des Steins von Rosetta zu bestaunen. (Bild: Markus Bautsch)

*Hermes Trismegistos als Fußbodenmosaik im Dom von Siena.
(Bild: Reinhard Habeck)*

Hermes wurde von den Griechen mit dem ägyptischen Thot identifiziert. Arabische Quellen behaupten, der Götterbote habe vor der Sintflut die Pyramiden errichtet. (Bild: Reinhard Habeck)

Ursprünglicher Eingang der Cheopspyramide an der Nordseite.
(Bild: Olaf Tausch)

Statue im Britischen Museum:
Weisheitsgott Thot in Verkörperung
eines Pavians.
(Bild: Steven G. Johnson)

Rekonstruktion der Maschine von
Antikythera. Sie weist ein modernes
Differentialgetriebe auf und ermög-
lichte exakte Planetenbahnberech-
nungen. (Bild: Reinhard Habeck)

Eingang in die kaum erforschte »Osiris-Krypta«. Senkrechte Schächte führen über drei Etagen 30 Meter hinab zu einem geheimnisvollen Sarkophag. (Bild: © Armin Risi)

Tief im Untergrund des Gizeh-Plateaus: ein gewaltiger Granitsarkophag mit vielen Rätseln. Seismische Messungen lassen auf ein weitverzweigtes Labyrinth schließen. (Bild: © Armin Risi)

Die alchemistische Pforte in Rom. Wer knackt ihren geheimnisvollen Code? (Bild: Archiv Reinhard Habeck)

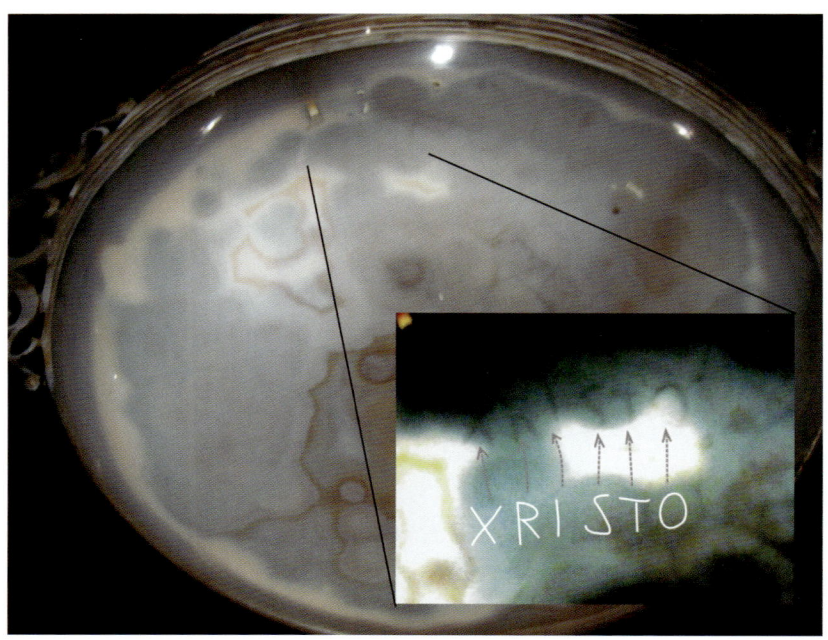

Die Achatschale mit dem Schriftzug XRISTO in der Wiener Schatzkammer. Die Habsburger verehrten sie als Heiligen Gral. (Bilder: Walter Hain)

Steinerne Nachbildungen des pyramiden-
förmigen Benben-Steines im Archäolo-
gischen Museum Florenz.
(Bild: Reinhard Habeck)

Hieroglyphen am barocken Obelisk in
Potsdam. Reine Fantasie des Künstlers
oder verborgenes Wissen?
(Bild: Dieter Brügmann)

Der Obeliskenbrunnen im Schlosspark Schönbrunn ist mit barocken
Hieroglyphen gestaltet. Sie erzählen die Geschichte der Habsburger
Kaiserdynastien. (Bild: Reinhard Habeck)

Lebensgroße spätgotische Plastik von Kaiser Maximilian I. Seine Tagebücher waren zum Teil in einer Geheimschrift verfasst, die nur er lesen konnte. (Bild: Reinhard Habeck)

Detail am Goldenen Dachl in Innsbruck: Darstellung des Mondes mit dem Antlitz Kaiser Maximilians. (Bild: Reinhard Habeck)

Die Fassadenmalereien im Loggiengeschoß können aus nächster Nähe nur indirekt mit Spiegeln betrachtet werden. Sie sind für eine Schautribüne ungewohnt freizügig. (Bild: Reinhard Habeck)

Frontansicht der Loggia: Zehn Reliefplatten stellen Kaiser Maximilian mit seinem Gefolge dar; dahinter ein geheimnisvolles Schriftband. (Bild: Reinhard Habeck)

Tafel 1: Moriskentänzer und Schrift-zeichen am Anfang des Spruchbandes.

Tafel 2: Beschädigtes Relief auf der Westseite.

Tafel 3: Moriskentanz, Frontseite,
erstes Relief, links.

Tafel 4: Moriskentanz, Frontseite,
zweites Relief, links.

Tafel 5: Eines der beiden zentralen
Brüstungsreliefs: Kaiser Maximilian I. im
Profil mit seinen Gemahlinnen.

Tafel 6: Zweites zentrales
Brüstungsrelief: Kaiser Maximilian I.
mit Hofnarr und »Kanzler«.

Tafel 7: Moriskentanz, Frontseite,
Relief rechts.

Tafel 8: »Breakdance« im Mittelalter,
Frontseite, Relief ganz rechts.

Tafel 9: Moriskentanz, Relief,
Ostseite.

Tafel 10: Moriskentanz, letzte
Relieftafel mit Schriftband, Ostseite.
(Tafelbilder: Reinhard Habeck)

Das Goldene Dachl in Innsbruck mit rätselhaften Inschriften, die seit über 500 Jahren nicht entziffert werden konnten. (Bild: Reinhard Habeck)

Wer einmal die Gelegenheit hatte, vor dem ägyptischen Riesensphinx zu stehen, dem wird eine Steinplatte aus Rosengranit aufgefallen sein, die zwischen den Pranken des Ungetüms steht. Es ist die sogenannte »Traumstele« von König Echnatons Großvater Thutmosis IV., die in die 18. Dynastie um 1400 v. Chr. datiert wird. Die Inschrift bezeichnet die Sphinx-Statue als Darstellung des Sonnengottes Re-Harmachis. Dieser soll dem jungen Prinzen im Traum erschienen sein, als er beim Monument rastete und dabei eingeschlafen war. Offenbar ragte damals nur der Kopf aus dem Wüstensand, denn das Gottwesen versprach Thutmosis die baldige Regentschaft über das Nilvolk, wenn er den Löwenkörper von den über die Jahrhunderte angehäuften Sandbergen befreien würde. Thutmosis folgte der göttlichen Anweisung, wurde Pharao und hinterließ an Ort und Stelle die Gedenktafel.

Da auf der Sphinx-Stele auch der Name Chef-Re vorkommt, ist für Fachgrößen der Ägyptologie beglaubigt, dass das Denkmal aus der Epoche von König Chephren um 2500 v. Chr. stammen muss. Daraus folgt ebenso die weitverbreitete Lehre, der Sphinx zeige das Antlitz des Pharaos Chephren. Die Inschrift der »Traumstele«, angefertigt 1100 Jahre nach Chephren, enthält zwar seine Hieroglyphen, aber links und rechts von dem Namen sind die Schriftzeichen stark beschädigt und unlesbar.

Anfang des 20. Jahrhunderts untersuchten mehrere angesehene Ägyptologieprofessoren, darunter der Franzose Gaston Maspéro (1846–1916) und der Amerikaner James Henry Breasted, die Texte der »Traumstele«. Dabei kamen die Wissenschaftler getrennt voneinander zu dem Ergebnis, dass »die Erwähnung von Pharao Chephren kein Beweis dafür ist, dass der Sphinx das Werk dieses Königs war«. Viel eher ließe sich aus dem Sinnzusammenhang des Textes ableiten, dass Chephren Ausgräber oder Restaurator war. Das bedeutet, das steinerne Mischwesen muss schon *vor* seiner Herrschaft aus dem Wüstenboden geragt haben.

100 Jahre später sind die richtungsweisenden Studien vergangener Tage vergessen und Ägyptens umtriebigster Archäologe Zahi Hawass versichert: »Wir Ägyptologen haben eindeutige Beweise dafür, dass der Sphinx aus der Zeit des Chephren stammt.« Andere Sichtweisen sind nicht erwünscht.

Was aber sind nun die unumstößlichen Beweise? Bei näherer Betrachtung ist die Sachlage unverändert sparsam wie beim Gebieter Cheops als Erbauer der Großen Pyramide. Geschichtsschreiber Herodot steht diesmal nicht als Kronzeuge zur Verfügung, denn er erwähnt im 5. Jahrhundert v. Chr. die auffällige Skulptur mit keinem Wort. Sie muss in jener Zeit aufs Neue unter dem Wüstensand versunken gewesen sein. Offenbar wussten selbst Herodots ägyptische Gesprächspartner nichts mehr von dem großen Königssymbol in Stein. Verwunderlich, wo doch dieselben Priester eine alte Volkssage im Gedächtnis bewahrten, die behauptet, die Könige Cheops, Chephren und Mykerinos hätten die Pyramiden von Gizeh errichtet. Heute wird diese Überlieferung als einzig gültige Tatsache akzeptiert und sie gehört zur allgemeinen Schulweisheit.

Und der Sphinx? Was als Beleg für seine Personifizierung des Pharaos Chephren angeführt wird, sind die »Traumstele« mit unsicherem Textzusammenhang, mehrere aufgefundene Statuen und Tempelruinen auf dem Gizeh-Plateau, die aus der Chephren-Dynastie stammen, und natürlich die zweitgrößte Pyramide, die ihm zugeordnet wird. Doch ihr Innenleben ist genauso anonym wie die Große Pyramide. Es gibt keine Inschrift, die Pharao Chephren beglaubigt als Bauherrn bestätigt. Bei der kleinsten der drei Pyramiden von Gizeh ist es nicht viel anders. Sie soll in der 4. Dynastie von Chephrens Sohn Mykerinos errichtet worden sein. Die offizielle Erklärung, weshalb sich Pharao Mykerinos mit einer deutlich kleineren Pyramide zufriedengeben musste als seine Vorgänger, zwingt zum Schmunzeln: »Platzprobleme auf dem Gizeh-Plateau«.

An der nordseitigen Außenwand gleich neben dem Eingang gibt es immerhin eine eingekratzte Inschrift, die das Bauwerk als Mykerinos-Grabstätte bestätigen soll. Es ist aber mittlerweile belegt, dass diese Gravur nicht aus dem Alten Reich stammen kann. Sie wurde erst später bei Renovierungsarbeiten hinzugefügt. Bezeugt ist, dass sich 1837 der Brite Richard W. H. Vyse einen Weg in die Grabkammer freisprengte und dabei einen reich verzierten Basaltsarkophag vorfand. Er war leer und der Deckel fehlte. Dafür war die Hülle eines Holzsarges vorhanden, auf dem Menkew-Re, der ägyptische Name für Mykerinos, zu lesen war. Daneben lagen Mumienbündel mit Knochen, die den Verdacht nährten, man habe die Überreste des Pharaos gefunden. Mittels Radiokarbonuntersuchung stand jedoch bald fest, dass der Holzsarg aus der Spätzeit stammte und die menschlichen Überreste aus christlicher Ära.

Zusätzliches Pech: Vyse ließ den tonnenschweren Sarkophag entfernen und 1838 nach England verschiffen, doch das Schiff geriet in einen heftigen Sturm und versank samt wertvoller Ladung im Mittelmeer. Der aufmerksame Leser wird es bemerkt haben: Vyse ist derselbe Ägyptologe, der bereits Unruhe stiftete, als er in der Großen Pyramide die umstrittene »Chufu-Graffiti« fand. Darüber hinaus sorgte der Pionier noch für anderes Ungemach: Beim Anbohren des Sphinx blieb ihm ein Meißel im Gestein stecken, der nicht mehr entfernt werden konnte. Nach mehrmaligen erfolglosen Versuchen verzichtete der eifrige Dynamitprofi auf die sonst altbewährte Methode und sprengte das Werkzeug nicht wieder frei. Re-Harmachis sei Dank! Wer weiß, was vom Wächter der Pyramiden heute noch übrig wäre?

Zerfallserscheinungen durch Vandalismus und Erosion zeigt das Riesenmonument dennoch zur Genüge. Dem Kopf fehlt die ursprünglich etwa 2 m große Nase, die den Spuren zufolge gewaltsam entfernt wurde. Der Volksglaube macht Napoleons Truppen dafür verantwortlich. Vor der Schlacht gegen die Mamelucken sollen Soldaten 1798 die ägyptische Figur als Zielscheibe benutzt haben. Was dagegen spricht: Naturgetreue Zeichnungen, die Napoleons mitgereiste Ingenieure und Gelehrte gleich nach Erkundung des Plateaus vom Sphinx angefertigt hatten. Sie zeigen, dass der Riechkolben des Pharaos offenbar bereits vor der französischen Militärexpedition abhandengekommen war. Das Nasenproblem führte auch zu satirischen Betrachtungsweisen. In dem Comicband »Asterix und Kleopatra« macht der geniale Cartoonist Albert Uderzo den dicken Gallier Obelix dafür verantwortlich, als dieser unerlaubt auf das Monument kletterte und die Sphinxnase unter seinem Gewicht zerbröselte.

Heute vermuten Wissenschaftler in dem streng gläubigen Muslim Mohamed Saim al-Dahr den Übeltäter. Es heißt, er habe im Jahre 1378 aus Abscheu vor dem »Schreckensgespenst« den majestätischen Gesichtserker abgeschlagen. Die Uräusschlange, die sich auf der Stirn als göttlicher Kopfschmuck aufbäumte, ist ebenso verloren gegangen. Von dem eigentümlichen »Pharaonen-Zeremonienbart« ist nur mehr ein Fragment im Britischen Museum zu sehen.

Sogar der optische »Beweis«, wonach der Sphinxkopf Pharao Chephren wie aus dem Gesicht geschnitten gleicht, bröckelt ordentlich. Schon 1991 ergaben detaillierte anatomische Vergleiche zwischen der berühmten schwarzen Diorit-Statue des Chephren im Ägyptischen Museum in Kairo und dem Sphinxantlitz keine klare Übereinstimmung. Im Gegenteil, »die Physiognomie spricht für zwei unterschiedliche Individuen«, lautete die Schlussanalyse des amerikanischen Gerichtsmediziners Frank Domingo.

Der von Zahi Hawass vorausgesetzte »Chephren-Beweis« wird mittlerweile innerhalb der ägyptologischen Fachwelt nicht mehr einmütig vertreten. Das Gesicht von König Cheops oder das seines Sohnes und Nachfolgers Djedefre könnten ebenso als Vorlage gedient haben. Auch wird die Möglichkeit diskutiert, ob an dem Sphinx mehrmals herumgemeißelt wurde, bis schließlich jeweils das gewünschte Herrschaftssymbol entstanden war. Ein Anzeichen dafür sind die unterschiedlichen Proportionen der Skulptur. Der Schädel ist im Kontrast zum riesigen Löwenleib ein viel zu kleiner Schrumpfkopf. Die alten Ägypter legten bekanntlich großen Wert auf künstlerische Ästhetik. Wieso passt die Abstimmung der Größenverhältnisse nicht? Es ist nicht einsichtig, warum die gewohnt perfekten Bildhauer ausgerechnet beim gigantischen Herrschaftsdenkmal gepfuscht haben sollten. Und was selbst Laien ins Auge springt: Der menschliche Pharaonenkopf ist besser erhalten als der übrige Löwenkörper. Einfach deshalb, weil er viel jünger ist?

Dessen ungeachtet schwören Ägyptologen, dass die Pyramiden und der Sphinx aus einer gemeinsamen Epoche im Alten Reich entstanden sind. Archäologische Querdenker sehen das anders und behaupten tollkühn, dass die steinernen Weltwunder bereits *vor* den Pharaonen von einer vergessenen Kultur errichtet worden sind. Zieht man diese Möglichkeit in Betracht, könnte der Sphinx ursprünglich das Abbild des astrologischen Sternbildes des Löwen mit Löwenkopf gewesen sein. In der Folge sollen starke Regenfälle am Ende der Eiszeit die Figur zunehmend verwittert haben. Als dann die Niederschläge aufhörten, verwandelte sich die ägyptische Savanne in eine Wüste, und schon bald stand der Sphinx bis zum Hals im Sand. Während der Körper vor Unwetter geschützt war, erodierte der Kopf weiter und wurde kleiner. Erst zur Zeit der Könige Cheops und Chephren hätte der Sphinx sein heute noch erkennbares Pharaonengesicht erhalten, vermuten Vertreter der Mystery-Clique.

Unterstützt wird dieses alternative Erklärungsmodell von dem amerikanischen Professor und Geologen Robert M. Schoch an der Universität in Boston. Gleich bei seiner ersten Untersuchung im Jahre 1990 bemerkte der Erosionsexperte verblüfft, dass der Kalkstein des

Sphinx »tiefe vertikale Risse und Dellen« aufweist, die »nur durch langen Regen und Wasserfluss entstanden sein können«. Schochs Gesteinsanalysen führten zur Expertise, »dass die ältesten Verwitterungsprofile am Sphinxkörper auf ein Alter von mindestens 7000 bis 9000 Jahren schließen lassen, jedenfalls in einer Periode entstanden sein müssen, wo es anhaltende und ergiebige Niederschläge gegeben hat«. Da seit Beginn der Pharaonendynastien in Ägypten stets ein trockenes Wüstenklima herrschte, kann das nur heißen, dass der Sphinx weit älter ist als bisher angenommen. Das Gegenargument der Skeptiker: Die geologischen Furchen sind ausschließlich Schleifeffekte von Wind und Flugsand. »Analysen der Erosionsspuren lassen einen anderen Schluss zu«, widerspricht Schoch, »das zeigen ebenso weitere seismische Messungen rund um den Sockel der Statue, die das sehr hohe Alter der Skulptur bestätigen.«

Die ägyptologische Fachwelt winkt ab und sieht keine Veranlassung, sich ernsthaft mit solchen Wahnvorstellungen auseinanderzusetzen. Es sei schließlich bewiesen, dass vor mehr als 5000 Jahren keine hoch entwickelten Kulturen existiert haben. Damals bevölkerten einfache Bauern, Jäger und Sammler das Land, die weder die technischen Kenntnisse noch die gesellschaftlichen Voraussetzungen für die Errichtung von Monumentalbauten gehabt hätten. Bleibt die Idee einer Vor-Zivilisation Träumerei und esoterisches Wunschdenken? Möglich. Faktum ist aber, dass es keine einzige zeitgenössische Quelle gibt, die den Pyramidenwächter erwähnt oder einen Bezug zu Cheops und Chephren beweist. Nirgendwo finden sich eindeutige Belege dafür, wer wann und wozu das monumentale Bauwerk errichten ließ. Es würde der ägyptologischen Autorität kein Zacken aus der Krone fallen, wenn sie bereit wäre, auch unkonventionelle Thesen und neue Perspektiven in die Forschung mit einzubeziehen.

Eine Anregung dazu geben riesige behauene Monolithe und Steinkreise, die in der sudanesischen Wüste von Nabta Playa (südwestlich von Abu Simbel) vor 9000 Jahren von einem unbekannten Volk geschaffen worden sind. Sie lassen bereits hervorragende Kenntnisse der Steinbearbeitung und die Vorliebe für monumentale Bauweise erkennen. Die steinzeitlichen Meisterarchitekten waren überdies äußerst fortschrittliche Astronomen, denn die megalithische Anlage diente als Observatorium.

Noch sensationeller sind die Funde von Göbekli Tepe im Südosten der Türkei. Mitte der 1990er-Jahre begannen deutsche Archäologen unter der Leitung von Klaus Schmidt das Gelände freizulegen. Seither kommen die Ausgräber aus der Fassungslosigkeit nicht mehr heraus: Mehrere gigantische kreisförmige Anlagen mit bis zu 7 m hohen Pfeilern und 50 Tonnen Gewicht – teilweise gewaltiger als die Monolithe von Stonehenge – wurden freigelegt. Die Steinkolosse tragen Tierreliefs und abstrakte Symbole, die nicht bloß der Verzierung gedient haben, sondern bilderschriftähnlichen Charakter zeigen. Was die sicher geglaubte Weisheit der Prähistorie aus der Verankerung hebelt: Die Anlage ist vor 12.000 Jahren (!) errichtet worden, wobei die Anfänge noch weiter zurück in der Vergangenheit vermutet werden. Bis zur Entdeckung hätte kein ernsthafter Wissenschaftler »primitiven« Steinzeitkulturen eine solche Monumentalarchitektur zugetraut.

Und der mysteriöse Sphinx in Ägypten? Liegt sein letztes Geheimnis unter dem Wüstenboden begraben? Wer bringt es endlich ans Licht?

Erinnerungen an Atlantis

Wozu dienten die Pyramiden? Welchen Zweck erfüllte der Sphinx? Ägyptologen klären auf: Die Monumentalbauten waren Grabkammern der Pharaonen und die große Steinplastik war ihr Beschützer und gleichzeitig Machtsymbol für den König. Was verraten uns die alten Ägypter dazu? Nichts! Weder Inschriften noch Pharaonenlisten geben darüber Auskunft. Einen Tipp gibt die »Universalgeschichte« des griechischen Historikers Diodor im 1. Jahrhundert v. Chr. Demzufolge schwiegen die ägyptischen Priester über die gewaltigen Anlagen deshalb, weil sie nicht von ihnen, sondern von »Gottmenschen« aus »mythischer« Vorzeit stammen. Sie wurden »Neter« genannt und »Shemsu Hor«, die »Gefährten des Horus«. Dies deckt sich mit der ägyptischen Mythologie, die behauptet, dass vor den Pharaonen die Götter und Halbgötter auf der Erde herrschten. Als dann vor 5000 Jahren die ägyptischen Könige an die Macht kamen, sahen sie sich als Abgesandte und Nachfolger dieser himmlischen Wesen. Mit der Thronfolge wurde den Pharaonen schließlich das Amt des falkenköpfigen »göttlichen Horus« übertragen. Ägyptologen bestreiten jedoch energisch, dass es für diesen ersten Gottkönig Ägyptens und andere

134

mythische Sternengötter reale historische Vorbilder gegeben haben könnte.

Auffällig ist trotzdem, dass selbst der Große Sphinx seit den frühesten Dynastien unter dem Eigennamen »Hor-em-akhet« (»Horus am Horizont«) bekannt war. Mit der Verbindung zur Königswürde allein lässt sich das Sphinxrätsel jedenfalls nicht lösen. Vielmehr scheint die Bezeichnung auf eine astronomische Bedeutung hinzuweisen. Es kann kein Zufall sein, dass der Kopf des Löwenmenschen exakt nach Osten ausgerichtet ist, die Himmelsrichtung, wo zur Zeit der Tagundnachtgleiche die Sonne aufgeht. Das heißt, die Blickrichtung des Sphinx markiert präzise die beiden Tage im Jahr, nämlich den astronomischen Frühlings- und Herbstbeginn, an denen das Zentralgestirn an den sogenannten Äquinoktialpunkten steht. In diesem Augenblick sind überall auf der Erde Tag und Nacht gleich lang. Um das herauszufinden und das Standbild genau für diese Positionierung zu planen und zu fixieren, genügt es nicht, geschickter Bildhauer zu sein. Die Architekten müssen ebenso hervorragende mathematische und astronomische Kenntnisse gehabt haben, die nur durch eine lange und genaue Beobachtung der Gestirne zu erwerben waren. Ein beachtlicher Aufwand für ein Denkmal. Das Gleiche gilt für den Standort der Pyramiden, wobei die Große Pyramide verdientermaßen als »Sitz der Weisheit« betrachtet wird.

Doch warum war es für das Cheops-Grabmal wichtig, dass die Seiten der Grabstätte mit astronomischer Genauigkeit auf den Himmelsmeridian mit der Nord-Süd-Achse ausgerichtet sind?

Zu einer lebhaften Diskussion hat der Forscher Robert Bauval beigetragen. Mit seiner »Orion-Korrelations-Theorie« stellte er Mitte der 1990er-Jahre die Welt der Ägyptologen auf den Kopf. Unterstützung fand der Autor bei zwei bekannten Kollegen, den Pyramidenmystikern Adrian Gilbert und Graham Hancock. Nach den Studien der drei Archäoastronomen decken sich die drei Gestirne des Oriongürtels exakt mit der Anordnung der Pyramiden von Gizeh. Die alten Ägypter hätten demnach nichts anderes getan, als ein Stück Himmel auf Erden nachgebaut. Im Sternbild Orion (altägyptisch Sahu) sollen laut Mythe die Seelen der Götter beheimatet sein. Bauval, Gilbert und Hancock entdeckten mit aufwendigen Computerprogrammen eine Reihe erstaunlicher astronomischer Übereinstimmungen, die geläufige Ansichten infrage stellen. Den Forschern fiel auf, dass die jeweilige

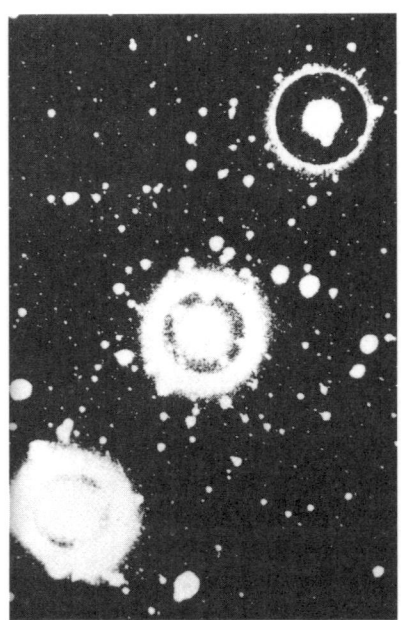

Weisen die Pyramiden zu den Sternen? Nach der Orion-Korrelations-Theorie von Robert Bauval und Adrian Gilbert waren die drei Gürtelsterne des Orion (Osiris) das Vorbild für die Ausrichtung der Pyramiden von Gizeh. (Bilder: Dr. I. E. S. Edwards, Burham's Celestial Handbook, Dover Publishing; Quelle: Bauval/Gilbert 1994)

Distanz der Pyramiden zum Nil der Position des Orion zur Milchstraße entspricht. Außerdem ergaben die Berechnungen und Vergleiche mit den Gestirnen, dass noch andere Pyramiden und Tempelbauten – etwa die berühmte Knickpyramide von Dahschur oder die Pyramide des Nepka – ein himmlisches Gegenstück besitzen.

Ebenso bemerkenswert: Im Jahre 2500 v. Chr. stand die Linie, in der die Pyramiden angeordnet sind, in einem anderen Winkel zum Himmelsmeridian als die entsprechende Linie der drei Sterne des Oriongürtels. Geht man in dem etwa alle 26.000 Jahre wiederkehrenden Präzessionszyklus allerdings bis zum Jahr 10.500 v. Chr. zurück, stimmt die Anordnung der Pyramiden mit der Position der drei Gürtelsterne genau überein. Mehr noch: Der nach Osten ausgerichtete Sphinx muss zu jener Zeit am Tag der Frühlingsgleiche in der Morgendämmerung genau auf sein Pendant am Himmel geblickt haben – auf das Sternbild des Löwen.

Weisen die Pyramiden und der Sphinx zu den Sternen? Die These mag utopisch anmuten, und doch könnte sie manche Ungereimtheiten zum Pyramidenbau und der ägyptischen Mythologie erklären. Was allerdings aus dem vertrauten Rahmen fällt, ist der Zeitfaktor, der nach dieser These lange vor den Pharaonen angesiedelt wäre. Die Frage, wie Urvölker diese gigantische Meisterleistung vollbracht haben könnten, ist ebenfalls unklar. Verständlich, wenn Ägyptologen schon deshalb skeptisch sind und die »Sternentor«-These für »konstruierte Zahlenspielerei« halten.

Ärgerlich, dass schon wieder informative Inschriften und aufklärende Papyrustexte fehlen. Aber es gibt seit frühesten Zeiten Überlieferungen und Spekulationen zu geheimen Räumen, die sich tief unter dem Zwitterwesen sowie in unterirdischen Hallen der Umgebung und in verborgenen Kammern der Großen Pyramide befinden sollen. Ein Name taucht in diesem Zusammenhang immer wieder aus der Tiefe auf: Edgar Cayce (1877–1945), umstrittener amerikanischer Wunderheiler und Hellseher, der als »Schlafender Prophet« Weltberühmtheit erlangte. Seiner Biografie zufolge hatte der gelernte Buchhändler und Fotograf bereits seit frühester Kindheit Visionen und gab als Jugendlicher medizinische Ratschläge. Später behandelte er rund 30.000 Patienten nach einer übersinnlichen Methode, die man heute Channeling nennt. Cayce legte sich aufs Sofa, schloss die Augen, verfiel in einen Dämmerzustand und begann, auf Fragen zu antworten. In Trance diagnostizierte er Krankheiten und konnte so selbst Menschen per Ferndiagnose heilen, die er nie gesehen hatte. Für die Schulmedizin war Cayce ein rotes Tuch, aber es gab nachgewiesene Heilerfolge, die von Ärzten und Wissenschaftlern überprüft worden sind. Neben Antworten auf gesundheitliche Fragen gab der Seher prophetische Weissagungen, machte astrologische Deutungen, bekräftigte, dass Atlantis existierte, und war überzeugt von einem endlosen Lebenskreislauf. Ab 1923 wurden Cayces Vorhersagen von seiner Sekretärin aufgezeichnet. Er selbst vermochte sich nach den Trancesitzungen nicht mehr an das Gesagte zu erinnern, da der Empfang der Botschaften aus dem Unterbewussten käme. Cayce nannte seine Prophetien Readings (Lesungen), von denen über 14.000 Protokolle dokumentiert sind. Sie werden von der Edgar Cayce-Stiftung Association for Research and Enlightenment (ARE) in Virginia Beach verwaltet.

Etliche der hellsichtigen Aussagen von Cayce haben sich nicht bewahrheitet. Weder ist Amerika zur Jahrtausendwende untergegangen noch ist China inzwischen demokratisch und ein Hort des Christentums geworden. Andererseits hat der Mystiker auch einige Dinge vorausgesagt, die seine Anhänger als Treffer werten: etwa die Erfindung des Lasers (1960) oder die Entdeckung der Schriftrollen vom Toten Meer (1947). Auch das Aufspüren des sehr seltenen Larimar, einem himmelblauen Stein, der 1974 erstmals in der Dominikanischen Republik gefunden wurde, gilt als Beweis für Cayces prophetische Gaben. In esoterischen Kreisen wird diesem feinkristallinen Mineral heilende Wirkung nachgesagt. Dokumentiert ist, dass der Seher stets von einem »heilkräftigen blauen Stein« predigte, der atlantischen Ursprungs sei und auf einer Insel in der Karibik vorkomme.

Cayce erklärte außerdem, dass das sagenhafte Königreich Atlantis drei große Zerstörungen erlitten habe. Zuletzt sei dies um 10.500 v. Chr. durch eine gewaltige Naturkatastrophe geschehen, die auch in den Sintflut-Mythen ihren Niederschlag gefunden habe. Cayce behauptete weiter, dass sich überlebende Atlanter in Ägypten niedergelassen hätten und die ägyptische Zivilisation begründeten. Nach den Texten des antiken Gelehrten Platon wurde Atlantis »an einem einzigen schlimmen Tag und einer einzigen schlimmen Nacht vom Meer verschlungen«. Die Wissenschaft ist sich uneins, ob, und wenn ja, wann und wo dieses sagenhafte Inselreich existiert haben könnte. Romantiker, Abenteurer und Archäologen sind seit dem Altertum losgezogen und wollen das Zauberreich an über 50 unterschiedlichen Stellen rund um den Globus lokalisiert haben, in Troja ebenso wie im Atlantik, auf den Bahamas oder auf Helgoland. Einer anderen These zufolge war mit dem Begriff »Atlantis« keine bestimmte Insel gemeint, sondern ein Synonym, das als Resterinnerung an eine weltumspannende Zivilisation vor der Sintflut aufgefasst werden könnte.

Das alles klingt abenteuerlich. Aber Hand aufs Herz: Einmal angenommen, in 10.000 Jahren erinnern sich Zukunftsmenschen an eine Sage von einem »großen metallenen Vogel«, der von Zeit zu Zeit zu einer »Insel im All« aufbrach, zur Erde zurückkehrte, um später erneut wie Phönix aus seiner eigenen Asche empor zu den Sternen zu fliegen. Nehmen wir weiter an, futuristische Archäologen finden in Florida ein verrostetes Metallstück mit der Aufschrift »Atlantis«. Welcher schlaue Experte einer zukünftigen Menschheit würde den realen Hintergrund checken und erkennen, dass mit der märchenhaften Mythe ein amerikanisches Spaceshuttle gemeint war, das in ferner Vergangenheit, nämlich im Mai 2010, seinen letzten Weltraumflug absolviert hat?

Was wusste Platon? In seinen in Dialogform abgefassten Schriften Kritias und Timaios betont und wiederholt er jedenfalls vier Mal, dass die Geschichte keine Fiktion sei. Sein Großvater habe ihm aufrichtig davon erzählt. Dieser wiederum hätte das Wissen von seinem Vorfahren Solon (um 640–560 v. Chr.), der in Ägypten gewesen war und als Althistoriker – ähnlich wie Herodot – Kontakte zu Priestern und Eingeweihten pflegte. Die ursprüngliche Quelle, so wird ausdrücklich versichert, habe sich in der heiligen Stadt Sais (heute Sa el-Hagar im westlichen Nildelta) befunden. Solon habe den Atlantis-Report dort im Tempel der Göttin Neith (von den Griechen mit Athene gleichgesetzt, manchmal auch für Isis gehalten) auf einer Steinstele vorgefunden und hernach, in einer ausführlichen Version, aus einem heiligen Buch abgeschrieben. Dieses Manuskript sei dann über vier Generationen bis zu den Platon-Texten weitergegeben worden.

Es gibt noch andere rätselhafte Legenden, die mit Sais verknüpft werden, etwa die Überlieferung, dass sich im großen Tempel der Neith eine verschleierte Statue der Tempelgöttin befand – mit einer Stele, auf der zu lesen war: »Ich bin die Große, diejenige, die war, die ist, die sein wird, in ewige Zeiten. Kein Sterblicher vermag meinen Schleier abzustreifen.« Der griechische Philosoph Plutarch (um 45–125 n. Chr.) erzählt davon und der deutsche Schriftsteller Novalis (1722–1801) hat die Legende neu bearbeitet.

Von der antiken und mystischen Stadt Sais, Heimstätte der Pharaonen aus der 24. und 26. Dynastie, ist heute nicht mehr viel erkennbar. Erst Ende der 1990er-Jahre rückte der sagenumwobene Ort ins Blickfeld gezielter Ausgrabungen. Große Entdeckungen sind bisher ausgeblieben. Vom Heiligtum der Neith sind bestenfalls ein paar Trümmerreste erhalten. Ägyptologen vermuten, dass der Tempel im 14. Jahrhundert zerstört wurde. Nach den Aufzeichnungen von Jean-François Champollion sollen aber noch Mauerreste im 19. Jahrhundert sichtbar gewesen sein, bevor die Steintrümmer dann offenbar als Baumaterial für Neubauten Verwendung fanden. Die Fundamente der Kultstätte, die bis in frühdynastische Zeit zurückreichen sollen, liegen noch im Nilschlamm vergraben. Interessant ist die Verbindung zum Stein von Rosetta. Der ägyptische Archäologe Labib Habachi (1906–1984) gelangte 1942 zur Überzeugung, dass der Sensationsfund, der zur Entzifferung der Hieroglyphen führte, ursprünglich aus Sais stammte.

Andere wertvolle Relikte fanden ebenfalls neue Standplätze, wenn auch unfreiwillig. Dazu gehört Roms kleinster Obelisk von König Psammetrich II. (um 600 v. Chr.), der bereits in der Antike aus Ägypten in die Ewige Stadt verschleppt wurde. Bei dem Handstreich dürfte

Obelisk mit berühmtem Elefantensockel von Lorenzo Bernini
(17. Jahrhundert) vor der Basilika Santa Maria sopra Minerva in Rom. Er
stammt ursprünglich aus der altägyptischen Stadt Sais, wo der griechische
Gelehrte Solon die Urtexte zum Atlantis-Mythos abgeschrieben haben will.
(Bild: Roland Frisch)

er in mehrere Trümmer zerbrochen sein, nur der oberste Teil blieb erhalten. Kurios war seine Wiederentdeckung im Jahre 1665: Dominikanermönche stießen zufällig auf ihn, als sie eine neue Mauer bauten und die Gärten ihrer Kirche Santa Maria Sopra Minerva anlegten. Der damals amtierende Papst Alexander VII. ordnete an, den Pfeiler am Platz vor dem Gotteshaus aufzustellen. Das Witzige: Minerva ist der römische Name für Athene, die griechische Göttin der Weisheit. Hinter Athene wiederum verbirgt sich niemand anders als die ägyptische Neith. Noch einmal eine seltsame Zufälligkeit, denn die Kirche Minerva heißt nicht etwa wegen des Obelisken so, sondern weil die christliche Kirche auf einem ehemaligen Tempel der Minerva errichtet worden ist. Bekanntheit erlangte das Neith-Monument auch wegen seines Sockels, den der Künstler Lorenzo Bernini (1598–1680) in Form eines Elefanten gestaltete. Die wenigsten Touristen werden beim Anblick erahnen, dass der Obelisk aus dem Tempel der Neith stammt, jener mythischen Stätte, wo der Überlieferung nach ägyptische Priester dem Gelehrten Solon die Atlantis-Legende anvertraut hatten.

Die Halle der Aufzeichnungen

Wäre es möglich, dass Altertumsforscher irgendwann in Sais auf die vergessenen Bibliotheksräume und Tempelgewölbe mit Inschriften zum Atlantis-Rätsel stoßen? Ausgeschlossen ist das nicht, aber die Chancen dafür stehen wohl eher schlecht. Hoffnungsvoller sind die Erwartungen auf dem Areal des Gizeh-Plateaus, das nach wie vor voll unerforschter Geheimnisse steckt.

In Edgar Cayces Visionen ist immer wieder die Rede von einer verborgenen Halle der Urkunden, die sich angeblich unterhalb des Sphinx oder in der Cheopspyramide befinden soll. Irgendwo in unterirdischen Stollen sei das Wissen vergangener Kulturen verwahrt. Von diesem legendären Geheimarchiv wussten auch die arabischen Chronisten. Ältere Quellen – wie die hermetischen Texte der koptischen Nag-Hammadi-Schriften – berufen sich ebenfalls darauf. Schriftrollen in der Cheopspyramide? Da werden Kritiker einwerfen, dass Papyrus als Beschreibstoff in Ägypten erst mit Beginn des 3. Jahrtausends v. Chr. belegt ist. Alles davor müsste auf einem anderen Material – naheliegenderweise in Stein – verewigt worden sein. Nicht unbedingt, denn bereits in einem Grab eines hohen Beamten der 1. Dynastie in Memphis sind Papyrusrollen gefunden worden. Sie sind unbeschriftet, zeigen aber, dass die Verwendung und Möglichkeit der schriftlichen Nutzung schon damals bestand.

Laut Cayce sind es schriftliche Urkunden der Atlanter, die in einer Zeitkapsel auf ihre Auffindung warten. Prophetisch sprach er davon, dass die Kammer des Wissens Ende des 20. Jahrhunderts entdeckt werden würde, dann, »wenn die Zeit erfüllt« sei. Der Seher gab einen Fingerzeig, wo die Suche Erfolg haben könnte: »Dort, wo, während die Sonne über dem Wasser aufsteigt, die Linie des Schattens (oder des Lichts) zwischen die Pranken der Sphinx fällt ... dort gibt es eine Kammer oder einen Gang von der rechten Vorderpranke zu dem Eingang des Raumes der Urkunden ...«

Nun kann man nicht erwarten, dass Historiker und Atlantis-Kritiker, die den Mythos vom versunkenen Königreich für Nonsens halten, ausgerechnet den Worten eines Spiritisten und Hellsehers Glauben schenken. Was aber selbst misstrauische Skeptiker stutzig machen könnte: dass just im Umfeld der Pyramiden wenige Jahre vor und nach der Jahrtausendwende viele verblüffende Entdeckungen gemacht wurden, die zu Cayces Zukunftsschau passen.

Schon in den 1980er-Jahren hatte das ägyptische Ministerium für Wasserschutz etwa 70 m vor dem Sphinx Grundwasseruntersuchungen durchgeführt. Es muss bei den Pranken des Löwenmenschen, wie von Cayce prophezeit, einen felsigen Steilabfall ins Unterirdische geben, denn Kernbohrer drangen problemlos durch weiches Material bis auf 16 m Tiefe vor. Dann kam das Unerwartete: Plötzlich stießen die Arbeiter auf harten Untergrund aus Rosengranit. Ein Indiz dafür, dass man auf das Deckengewölbe einer künstlichen Kammer gestoßen war?

Für weitere Spekulationen sorgte der amerikanische Forscher John Anthony West, als er Anfang der 1990er-Jahre (unterstützt durch den Geologen Robert M. Schoch) seismografische Tests unmittelbar vor den Pranken des Sphinx durchführte. Dabei lokalisierten die Instrumente eine rechteckige Höhle. Eine Fortsetzung der Studien wurde jedoch von den ägyptischen Behörden untersagt. Ähnliche unliebsame Erfahrungen mit staatlichen und ägyptologischen Autoritäten erfuhr das Expeditionsteam von Joseph Schor. Der amerikanische Multimillionär und Förderer der Edgar Cayce-Stiftung hatte am Gizeh-Plateau in den Jahren 1996 bis 1998 eine Reihe von unterirdischen Anomalien geortet und untersucht. Zum Team gehörten Filmexperten, Geologen der Florida State University und der bekannte Orientalistikprofessor James J. Hurtak. Neben einem Tunnel in 12 m Tiefe unterhalb des Sphinx und einem Gang östlich der Cheopspyramide ist die spektakulärste Aufspürung ein senkrechter Schacht. Er führt über zwei Zwischengeschoße 30 m in die Tiefe.

Vom Eingang beim Rampenweg zwischen Sphinx und Chephren-Pyramide erreicht man zunächst einen schmucklosen Vorraum. Von hier lotst ein massiver Schacht etwa 14 m hinunter in eine zweite Ebene mit sieben Grabnischen, wovon zwei mit wuchtigen Sarkophagen belegt sind. Wie sie hierher gehievt wurden, bleibt schleierhaft. Hinter einer Wandvertiefung führt in Richtung Osten ein Tunnel, über dessen Untersuchung bislang nichts bekannt ist. Noch mysteriöser wird es, wenn man von diesem Ort durch einen schmaleren Schacht 12 m tiefer zur dritten Ebene gelangt. Dort befindet sich eine rechteckige Aushöhlung, die mit Grundwasser gefüllt ist, mittendrin liegt ein monolithischer Sarkophag. Schon Herodot spricht von einer Insel in einem unterirdischen See, der durch einen Nilkanal gefüllt werde. Man hielt den Bericht für ein Traumgebilde des Althistorikers – bis zur Wiederentdeckung durch das Schor-Forscheteam. War man womöglich auf die lang gesuchte Begräbnisstätte von König Cheops oder eines anderen Pharaos gestoßen? Doch wozu dann überhaupt das mühsame Errichten monumentaler Grabpyramiden? Die Radarmessungen der Schor-Crew ließen auf weitere, noch völlig unerforschte Gänge schließen. Schon die Logik sagt, es muss seitliche Zugänge geben, denn der monströse Sarkophag im Grundwasser passt nicht durch den engen senkrechten Schacht. James J. Hurtak und seine Kollegen informierten den Chef-Ägyptologen Zahi Hawass über ihren erstaunlichen Fund. Dies blieb nicht ohne Konsequenzen, aber anders als gedacht: Weitere Erkundungen wurden strikt untersagt. Hawass selbst übernahm das Kommando und rühmt sich seither als Entdecker der Anlage, die er als symbolischen Begräbnisplatz für den Totengott Osiris interpretiert und deshalb etwas missverständlich Osiris-Grab nennt.

Der Mystery-Forscher Armin Risi, einer der wenigen Glücksritter, die das Vergnügen hatten, das Schachtsystem zu erkunden und zu fotografieren, vermerkt, dass bereits »der ägyptische Archäologe Dr. Selim Hassan bis auf die Kammer auf der zweiten Ebene vorstieß. Ein dritter Schacht stand voller Wasser. Diese eigentliche sensationelle Entdeckung fand 1934 statt, aber erst 65 Jahre später, Ende der 1990er-Jahre, hörte die Öffentlichkeit zum ersten Mal etwas davon«.

Die verschachtelte Unterwelt von Gizeh ist selbst heute nur Insidern bekannt. Sie ist genauso anonym wie das Innenleben der Pyramiden und der Große Sphinx. Doktor Hawass beteuert dennoch, dass die Schächte mit den Sarkophagen in zwei Etappen entstanden sind, nämlich um 1550 v. Chr. und 550 v. Chr. Als Beweise werden Knochen und Keramikstücke aus diesen Zeiten präsentiert, die im ersten und zweiten Stockwerk aufgefunden wurden. Ist das ein zweifelsfreier Beleg für die wahren Konstrukteure? Im neuen Reich und in der Spätzeit war es Sitte, die Grabanlagen mit kostbaren Beigaben, farbenfrohen Malereien und überfüllten Hieroglyphentexten zu schmücken. Nichts davon in der unterirdischen Anlage. Es gibt keinen einzigen schriftlichen Hinweis, der den Zweck der tief liegenden Stockwerke erklärt oder Auskunft darüber gibt, wer in den Sarkophagen beerdigt lag.

Und wo ist die wundersame Halle der Aufzeichnungen? Davon fehlt ebenso jede Spur. Doch wissen wir, wie weit verzweigt das unergründliche Tunnelsystem angelegt wurde?

Die arabische Chronik »Hitat« aus dem Mittelalter verrät: »Diese Pyramiden haben unter der Erde Hohlräume, an die sich (jeweils) ein gewölbter Gang anschließt. Jeder Gang ist 150 Ellen lang.« Das wären umgerechnet rund 80 m. Genug Platz für eine tief liegende Bibliothek. Könnte es von der unterirdischen Felsenkammer in der Cheopspyramide eine verborgene Tunnelverbindung zur »Osiris-Krypta« und dem Sphinx geben? Neue Expeditionen sind unmittelbar nicht zu erwarten. Wie mir Armin Risi bestätigte, »wurde in der Zeit um 1995 das Grundwasser der untersten Ebene zwar abgepumpt, aber vor etwa zehn Jahren begann der Grundwasserspiegel wieder zu steigen«.

Beliebtester Anwärter für eine mögliche hinterlassene Zeitkapsel aus grauer Vorzeit bleibt die Große Pyramide. Noch weiß niemand, welches Geheimnis die zu den Sternen gerichteten »Seelenschächte« in der Königs- und in der Königinnenkammer bewahren. Seitdem im Jahre 2002 ein leerer Hohlraum festgestellt wurde, ist der Forschereifer wieder eingeschlafen – zumindest für die Öffentlichkeit.

Jüngste Pressemeldungen lassen jedoch aufhorchen: Ein internationales Team hat die Untersuchung in der Königinnenkammer wieder aufgenommen. Das Projekt namens »Djedi« steht abermals unter der

Schirmherrschaft des umstrittenen Pyramiden-Chefs Zahi Hawass. Ein speziell entwickeltes Hightech-Fahrzeug soll endlich Klarheit über den Zweck der Schachtkonstruktion bringen. Es ist mit einer beweglichen Endoskopkamera ausgestattet, kann mithilfe von Ultraschall die Beschaffenheit der Steinblöcke analysieren, besitzt einen Miniroboter, der durch 2 cm große Löcher passt, hat einen Präzisionskompass zur exakten Winkelbestimmung der Schachtneigung und ist mit einem Kernbohrer bestückt. Seit 2009 ist dieser »Djedi«-Roboter in Betrieb. Über die Resultate bisheriger Erkundungen ist die Öffentlichkeit jedoch nicht informiert worden. Nun heißt es vonseiten der Projektcrew, dass die Öffnung der zweiten Geheimtüre im Südschacht unmittelbar bevorstehe. Ebenso soll der nördliche Gang, wo sich ebenfalls ein geheimnisvoller Blockierstein am (scheinbaren) Schachtende zeigt, mit dem Miniroboter untersucht werden.

Was verbirgt sich nun hinter den nächsten Blocksteinsperren? Könnten in diesem raffiniert angelegten Versteck Baupläne zur Pyramide entdeckt werden? Oder gar die Smaragdtafel des Wissenschaftsgottes Thot, der mit der Erfindung der Schrift den Aufstieg des alten Pharaonenreiches überhaupt erst ermöglichte? Liegt anderswo in unentdeckten Hohlräumen das Testament von Atlantis, wie Anhänger von Edgar Cayce erträumen? Wenn ja, könnte das Aufzufindende unser althergebrachtes Bild der menschlichen Vergangenheit revolutionieren? Sind archäologische Schatzsucher bereits fündig geworden? Würde die Öffentlichkeit über irreguläre Funde informiert werden? Oder ist doch alles ohne Mysterien und Mystik erklärbar, wie Ägyptologen unbeirrt versprechen?

Die Befürchtung, dass die wiederholte Erkundung der Seelenschächte erneut zu einem inszenierten Medienspektakel ausarten könnte, bei dem die Öffentlichkeit bewusst hinters Licht geführt wird, ist durchaus berechtigt. Zu oft wurde nachweislich gelogen, vertuscht und manipuliert. Gerüchte über verdeckte Aktivitäten in der Cheopspyramide hat es immer wieder gegeben, vor allem im Jahre 1998. Damals war das Weltwunder eineinhalb Jahre lange für Besucher geschlossen: eine Maßnahme, die notwendig wurde, weil der Schweiß der Touristen angeblich das Innere der Pyramide zerstören würde. Seltsam, das Heiligtum ist doch leer? Es gibt keine farbenprächtigen Wandmalereien, lichtempfindliche Grabbeigaben oder kostbare Kunstschätze, die ernsthaft Schaden nehmen könnten.

Geheime Grabungen und inoffizielle Studien in der Großen Pyramide werden von tonangebenden Ägyptologen als »konstruierte Verschwörungstheorien« lächerlich gemacht. Doch Heimlichkeiten fanden tatsächlich statt.

Die klaren Fotobeweise dafür liefert der engagierte Forscher und Chemietechniker Alireza Zarei. In seinem grandios recherchierten und geschriebenen Erstlingswerk »Die verletzte Pyramide« beschreibt der Autor, wie es ihm 2009 gelungen war, mehrmals die Entlastungskammern oberhalb der Königskammer zu besuchen: »Nachdem ich eine provisorische Leiter von acht Metern hinaufkletterte, gelangte ich zum Eingang der Entlastungskammern. Schnurstracks kroch ich der Süd-West-Ecke entgegen, um mich persönlich vom neuen, illegal angelegten Tunnel zu überzeugen. Und tatsächlich! Der ursprüngliche Weg war um einige Meter verlängert worden und machte am Ende eine scharfe Kurve nach rechts. Dort verlief der Gang erneut einige Meter gerade, um dann in einer knapp 1,5 Meter tiefen Mulde zu enden. An den Wänden erkannte man sehr deutlich den Einsatz moderner Werkzeuge.«

Es gibt keine offizielle Erklärung darüber, wer, wann und wozu hier gebohrt und gebuddelt hat. »Wer es auch war«, empört sich Zarei völlig zu Recht, »die ägyptische Altertumsverwaltung muss von dem Vorhaben gewusst haben und hat nichts unternommen. Es ist sogar möglich, dass die Verwaltung selbst dahintersteckt. Die Tragweite dieser Vorgangsweise ist unglaublich. Nicht nur, dass die von mir veröffentlichten Bilder die lange abgestrittenen geheimen Grabungen bestätigen, sie zeigen auch, wie respektlos und zerstörerisch man mit dem letzten antiken Weltwunder umgeht.«

Nur die Spitze der Pyramide? Was wird uns an Informationen noch vorenthalten? Und warum? Was bleibt, sind viele brisante Fragen, wenig gesicherte Antworten sowie ein gesundes Misstrauen gegenüber amtlichen Erklärungen.

Eines aber ist unbestritten: Die alten Pharaonen waren keine Ägyptologen. Wie würden sie die angeheizte Kontroverse um ihr verlorenes Erbe erklären? Ein koptischer Papyrustext aus der Nag-Hammadi-Sammlung gibt einen Dialog zwischen Asklepios (dem griechischen Gott der Heilkunst) und dem kosmischen Multitalent Hermes Trismegistos wieder. Dabei äußerte sich der »Herr der Gottesworte« skeptisch über das Denkvermögen zukünftiger Generationen:

»Weißt du nicht, o Asklepios, dass Ägypten das Bild des Himmels und des Widerspiels der ganzen Ordnung der himmlischen Angelegenheiten hienieden ist? Doch du musst wissen: Kommen wird eine Zeit, da es den Anschein haben wird, als hätten die Ägypter dem Kult der Götter vergeblich mit so viel Frömmigkeit obgelegen, als seien all ihre heiligen Anrufungen vergeblich und unerhört geblieben. Die ganze Gottheit wird die Erde verlassen und zum Himmel zurückkehren, da sie in Ägypten ihren alten Sitz aufgibt, verwaist von Religion, beraubt der Gegenwart der Götter ... Dann wird dies von so viel Heiligtümern und Tempeln geheiligte Land mit Gräbern und Toten übersät sein. O Ägypten, Ägypten! Von deiner Religion werden nur leere Erzählungen, die die Nachwelt nicht mehr glauben wird, und in Stein geschlagene Worte bleiben, die von deiner Frömmigkeit erzählen.«

Magische Fähigkeiten ließen Thot in den mythologischen Erzählungen zum weisen Schriftführer der Götter werden, der »durch die Kenntnis der schöpferischen Wörter der Sprache alles nach seinem Willen entstehen lassen konnte«. War der geniale Erfinder der heiligen Zeichen ein außerirdischer Besucher? (Bild: Archiv R. H.)

KAISERLICHE
KRYPTOZEICHEN

*Der Ursprung wichtiger Begebenheiten und Erzeugnisse
tritt sehr oft in eine undurchdringliche mythologische
Nacht zurück. Die Anfänge sind unscheinbar und unbemerkt
und bleiben dem künftigen Forscher verborgen.*

Johann Wolfgang von Goethe (1749–1832)

Die »Porta Magica«, der Schönbrunner Obelisk und die Chiffren vom Goldenen Dachl

Jahrhunderte bevor dem Franzosen Jean-François Champollion der Durchbruch bei der Dechiffrierung der ägyptischen Hieroglyphen gelang, stellte sich eine Schar von Kryptologen des Mittelalters, der Renaissance und im Zeitalter der Aufklärung immer wieder dieselbe Frage: Wie können verschlüsselte Informationen ohne Schlüssel entschlüsselt werden?

Erste Ansätze ergaben sich durch das zweibändige koptische Werk Hieroglyphica, das dem spätantiken Philosophen Horapollon zugeschrieben wird. Er soll es Ende des 5. Jahrhunderts n. Chr. verfasst haben, also zu einer Zeit, als die ihrer Priesterschaft entfremdeten Ägypter nur mehr wenige Fragmente der »Heiligen Zeichen« verstanden.

Erst im Jahre 1419 wurde das Manuskript auf der griechischen Insel Andros wiederentdeckt. Von dort gelangte es nach Florenz, wo die Handschrift noch heute in der Biblioteca Laurenziana aufbewahrt wird. Der Inhalt besteht aus 189 einzelnen Hieroglyphen, die nach Horapollon jeweils für einen ganzen Satz oder für Satzteile stehen sollten. Dabei entstand eine recht eigenwillige und wundersame Auslegung. Bis der Originaltext erstmals als Druck veröffentlicht wurde, vergingen weitere Jahrzehnte. 1512 hat der deutsche Humanist Willibald Pirkheimer die Schrift aus dem Griechischen ins Lateinische übersetzt. Sein Freund, der berühmte deutsche Künstler Albrecht Dürer (1471–1528), versah das Buch mit Illustrationen.

In der Folge avancierte die Hieroglyphica zu einer Art Bibel der Hieroglyphenkunde, die den Alchemisten, Bruderschaften und Universalgelehrten der Renaissance als Grundlage für Geheimsprachen diente, wobei echte ägyptische Hieroglyphen vielfach mit neuen Wortbildern, mittelalterlicher Symbolik, antiker Mythologie, kabbalistischer Zahlenmystik, hermetischen Lehren und biblischen Sinnbildern vermischt worden sind. Der Magie der Rätselschrift konnten sich selbst große Kaiser nicht entziehen. Bekannt ist, dass im Umfeld des Habsburger Regenten Maximilian I. Bild- und Textinhalte gerne mehrfach verschlüsselt den Besitzer wechselten. Es sollte damit sichergestellt werden, dass brisante Inhalte wirklich nur befugte Adressaten erhielten.

Das kaiserliche Interesse an kryptischer Hieroglyphik geht gleichermaßen aus einer unvollendet gebliebenen Ehrenpforte hervor. Geplant war eine monumentale Schauwand, die mit einer speziellen Druckkunst aus rund 200 einzelnen Holzschnitten zusammengesetzt werden sollte. Albrecht Dürer und Künstlerkollegen hatten das Geheimbild nach Vorgaben Maximilians entworfen, wobei viele Sinnbilder der Hieroglyphica entstammen. Kunsthistoriker versichern aber, dass »keine realen ägyptischen Formen, sondern reine Fantasiehieroglyphen kreiert« wurden. Ähnlich lapidar fällt das Fachurteil bei majestätischen Ornamenten und Denkmälern aus, die sich an ägyptischen Vorbildern orientierten. Das können beliebte Nachbildungen von ägyptischen Obelisken in barocken Schlossgärten sein, aber genauso unverstandene Rankenwerke auf historischen Hausfassaden. Diese sonderbaren Hinterlassenschaften befinden sich nicht selten auf öffentlichen Plätzen, wo sich täglich viele Menschen aufhalten. Da erstaunt es umso mehr, dass rätselhafte Inschriften, merkwürdige Symbolik und geheimnisvolle Figuren von Passanten meist unbeachtet bleiben.

Liegt es daran, weil alles bloß als Schmuck und Dekor aufgefasst wird, ohne dass ein tieferer Sinn darin vermutet wird? Oberflächlich gesehen mag das zutreffen. Drei außergewöhnliche Beispiele zeigen jedoch, dass hinter »eigenartiger Verzierung« viel mehr stecken kann als Arabeske. Jeder Leser kann das vor Ort selbst überprüfen. Die Ausflüge führen in die alten Kaiserstädte nach Rom, Wien und Innsbruck. Das dort zu Betrachtende lässt ein verborgenes Wissen erahnen, an dem sich Geschichtsforscher seit Jahrhunderten die Zähne ausbeißen.

Das alchemistische Tor und der Voynich-Code

»Rom ist eine Welt für sich, einmalig und unvergleichlich«, schwärmte Papst Pius XII. (1876–1958). Es stimmt denn keine Stadt der Welt birgt auf so engem Raum so viel Welt-, Kultur- und Kirchengeschichte. Wer die »Ewige Stadt« besucht, wird jedes Mal Neues entdecken, das zum Staunen zwingt. Die ungeheure Fülle an Kulturdenkmälern ist kaum zu fassen. Peterskirche, Sixtinische Kapelle, Engelsburg, Kolosseum, Forum Romanum, Pantheon, Trevi-Brunnen und die großen Plätze mit den Obelisken kennt jeder Tourist. Doch daneben existieren jede Menge weniger bekannte Architekturwunder, die genauso einen Besuch wert sind, in den Reiseführern jedoch kaum Beachtung finden.

Eine dieser scheinbar unsichtbaren Sehenswürdigkeiten führt zur Piazza Vittorio Emanuele II. (1820–1878), benannt nach dem ersten König von Italien, Sohn der Maria Theresia von Habsburg-Lothringen. Der belebte Marktplatz, zu dem sich kaum ein Tourist verirrt, ist zu Fuß nur wenige Minuten vom Bahnhof Roma Termini enfernt. Er liegt östlich der Basilika Santa Maria Maggiore.

Im Zentrum des großen Platzes befindet sich eine mit Palmen bewachsene Garteninsel, in der Überreste eines antiken Brunnens und die sogenannte »Porta Magica« stehen. Das sonderbare Monument markierte den ehemaligen Eingang zur Villa Palombara, die als Residenz des römischen Senators und Marquis von Pietraforte diente. Er hieß Massimiliano Palombara II. (1614–1680) und besaß ein geheimes alchemistisches Laboratorium. Das magische Tor ist der einzige erhalten gebliebene von fünf Durchgängen, die im 17. Jahrhundert einst die Villa umschlossen hatten. 200 Jahre später wurde das bizarre Denkmal aus nicht näher bekannten Gründen für 15 Jahre abgebaut. 1888 stellte man es an einer Mauerruine wieder auf, diesmal etliche Meter versetzt vom ursprünglichen Standort. Dabei wurde das Alchemisten-Tor um zwei Statuen des ägyptischen Schutzgottes Bes ergänzt. Sie standen zuerst in den Gärten des 1583 errichteten Palazzo del Quirinale. Unverändert geblieben sind die kabbalistischen Inschriften und astrologischen Runen auf der Vorderseite der »Porta Magica«. Sie harren noch immer ihres Entzifferers.

Der italienische Künstler Lorenzo Bernini, führender Bildhauer seiner Zeit, soll bei den Entwürfen mitgewirkt haben. Aufmerksame Leser werden sich erinnern: Der prominente Architekt begegnete uns bereits im Zusammenhang mit dem Minerva-Obelisken und seinem ungewöhnlichen Elefantenpodest.

Doch wozu wurde die »Porta Magica« überhaupt angefertigt und aufgestellt? Aus Spaß oder mit sinnvollem Hintergedanken? Die überlieferte Begründung klingt märchenhaft. Erzählt wird, dass der Text ein geheimes Rezept zum Goldmachen enthält. Dem Glücklichen, der es zu lesen versteht, soll es unermesslichen Reichtum bescheren. Wie es heißt, sei der Bau der Tore durch einen mysteriösen Pilger angeregt worden, der 1660 Gast in der Villa Palombara war. Der Besucher soll im Garten zu mitternächtlicher Stunde ein wundersames Kraut gepflückt haben, das als wichtiger Bestandteil zur Goldgewinnung benötigt würde. Als dann am Morgen nach dem Fremden gesucht wurde, sei dieser auf Nimmerwiedersehen verschwunden gewesen.

Was den Hausherrn noch mehr verblüffte: In seinem Labor fand er ein paar Flocken von Gold, die in einer Versuchsschale lagen. Der Beweis dafür, dass die alchemistische Transmutation gelungen war? Ein geheimnisvolles Manuskript mit magischen Formeln, das von dem unbekannten Goldmacher ebenfalls hinterlassen worden war, sollte Klarheit über das Wissen um den Stein der Weisheit bringen. Unterstützt von den Gelehrten seiner Zeit, versuchte Palombara mit allen Mitteln, die kryptischen Geheimzeichen zu enträtseln. Vergebliche Liebesmüh! Da die Goldbereitung mithilfe der Wissenschaftler nicht gelang, entschloss sich der Marquis, die Rätselschrift aus dem Zauberbuch in Stein meißeln zu lassen und bei den Eingängen der Villa zu platzieren. Der Zweck bestand in der naiven Hoffnung, dass eine zufällig vorbeigehende Geistesgröße den endgültigen Schlüssel zu dem Schrifträtsel besäße.

Die Vorgangsweise erstaunt, denn der Marquis Palombara war alles andere als ein Einfaltspinsel. Er war Mitglied im mystischen Geheimbund der Rosenkreuzer. Die alchemistische Bilderwelt muss ihm also sehr vertraut gewesen sein. Nur Eingeweihten konnte sie sich völlig erschließen. Es bleibt daher offen, ob der Marquis das vollständige Rezept aus dem geheimen Manuskript preisgegeben hat oder nur einen Teil der Öffentlichkeit zugänglich machte. Glaubt man den Erzählungen, dann dienten die magischen Pforten dazu, die Neugierde eines Wissenden anzuregen. Palombara hätte sich dann an ihn gewandt, um – so das Kalkül – den verschwiegenen Rest der Goldmacher-Mixtur in Erfahrung zu bringen.

Über den anonymen Pilger, der den ganzen Wirbel ausgelöst haben soll, gibt es verschiedene Spekulationen. Die meisten Quellen nennen den Missionar und Wunderdoktor Francesco Giuseppe Borri. Er war Spezialist auf den Gebieten der Alchemie, Medizin, Hermetik und Theologie. Er gab vor, durch göttliche Offenbarungen berufen worden zu sein, das Reich Gottes auf Erden zu errichten. Borri wurde wegen seiner prophetischen Irrlehren der Ketzerei bezichtigt, hatte aber mit Marquis Palombara einen einflussreichen Freund, der ihn vor der Inquisition schützte. Eine Zeit lang ging das gut, dann geriet der Jesuit doch noch in die Fänge seiner Häscher und starb 1695 als Gefangener auf der päpstlichen Engelsburg in Rom. Borri hinterließ naturphilosophische Werke, die spätere Magier, aber auch Hochstapler wie Alessandro Graf von Cagliostro oder den unsterblichen Graf von St. Germain beeinflussten. Manche Esoteriker identifizieren Borri selbst mit dem Graf von St. Germain, der als Überraschungsgast in der Villa Palombara aufgetaucht sein soll. Allerdings trat dieser Wundertäter erst im 18. Jahrhundert als berühmter Graf, »der alles weiß und niemals stirbt«, in Erscheinung, indem er die Hocharistokratie mit seinen Talenten verblüffte. Es heißt, er konnte Blei in Gold verwandeln, künstliche Diamanten erschaffen, niemals altern und »durch die Zeit reisen«. Wer er wirklich war, weiß niemand.

Über den Verbleib der rätselhaften Handschrift, die der Legende nach zusammen mit Goldpartikeln im Labor des Marquis entdeckt wurde, gibt es ebenfalls nur ungewisse Mutmaßungen. Es hält sich aber hartnäckig das Gerücht, es sei das »Voynich-Manuskript« gewesen. Dieses Dokument, verfasst von einem unbekannten Autor, illustriert mit rätselhaften Bildern, die an Botanik, Astrologie und Heilkunde erinnern, wird als mysteriöseste Pergamentschrift der Welt bezeichnet. Es ist in einer Sprache geschrieben, die bislang nicht einmal professionelle Entschlüssler militärischer Codes entziffern konnten. Im Jahre 2009 wurde mittels verbesserter C-14-Methode (Radiocarbonmethode) das Alter datiert: Seither steht mit Sicherheit fest, dass das Unikat zwischen 1404 und 1438 vermutlich in Norditalien hergestellt wurde. Eine überraschende Erkenntnis, denn bis dahin dachten Historiker, das Manuskript stamme aus dem 16. Jahrhundert.

Wer sein erster Besitzer war, ist nicht bekannt. Rudolf II. von Habsburg (1552–1612), Kaiser des Heiligen Römischen Reiches Deutscher Nation, soll es dem böhmischen Hofpharmazeut Jakub Horcicky von Tepenec (1575–1622) um 600 Dukaten (circa 60.000 Euro) abgekauft haben. Der Regent hielt es für ein geheimes Laborbuch des englischen Philosophen und Franziskaner-Mönchs Roger Bacon. Schöpfer des Voynich-Kodex kann der aber nicht gewesen sein, denn Bacon lebte bereits im 13. Jahrhundert. Über Umwege gelangte das Manuskript in die Hände des deutschen Jesuitenpaters Athanasius Kircher (1602–1680). Er war Professor für Mathematik an der Universität Rom, lehrte ebenso Physik und orientalische Sprachen, erfand die Laterna Magica (einen früheren Projektionsapparat für Bilder) und versuchte als Erster, die ägyptischen Hieroglyphen mit wissenschaftlichen Methoden zu entziffern. Kircher erkannte, dass die koptische Sprache auf die ägyptische zurückgeht. Eine Feststellung, die im 19. Jahrhundert bei der Entzifferung durch Champollion von entscheidender Bedeutung war. Trotzdem befand sich Kircher auf dem Holzweg. Ging der Universalgelehrte doch irrtümlicherweise davon aus, dass die koptische Schrift älter sei als die griechische und deshalb das Griechische vom Koptischen abstammen müsse. Wie wir heute wissen, ist es genau umgekehrt. Kircher war zu seiner Zeit eine Kapazität beim Dechiffrieren rätselhafter Texte, aber bei der Hieroglyphenschrift und dem Voynich-Code war selbst er mit seinem Latein am Ende.

Der Jesuit und Universalgelehrte Athanasius Kircher (†1680) studierte das Voynich-Manuskript. Seine Arbeit ebnete den Weg für die spätere Entzifferung der Hieroglyphen. (Bild: Archiv R. H.; Quelle: Kupferstich von Cornelius Bloemart zum Buch Mundus Subterraneus von Athanasius Kircher, 1655)

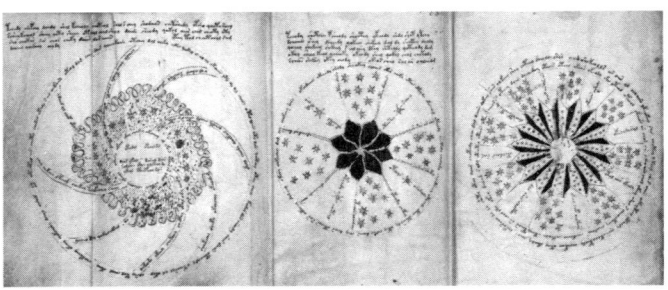

Voynich-Manuskript: Seit Jahrhunderten versuchen sich Gelehrte erfolglos an der Entschlüsselung. Bezieht sich der Inhalt auf geheime Kosmologie und Heilkünste? (Bild: Archiv R. H.; Originalmanuskript im Bestand der Beinecke Rare Book and Manuscript Library, Yale University, Katalognr. MS 408)

Was in der Zeit zwischen 1670 und 1870 mit dem Voynich-Manuskript geschah, ist nicht gesichert. Historiker vermuten, dass es zunächst mit dem Nachlass Kirchers in der jesuitischen Bibliothek des Collegium Romanum (heute die Päpstliche Universität Gregoriana) aufbewahrt lag. Von dort gelangte es später ins 1865 gegründete Jesuitenkolleg Nobile Collegio Mondragone in der Villa Mondragone bei Frascati. Hier hatte der New Yorker Antiquariatsbuchhändler Wilfried Michael Voynich (1865–1930) das unergründliche Schriftstück in einer Truhe entdeckt und den Jesuiten abgekauft. Heute befindet sich das Wunderbuch, das niemand lesen kann, unter der Katalognummer »MS 408« im Bestand der Beinecke Rare Book and Manuscript Library der Yale University in New Haven (Connecticut).

Das Interessante an der Voynich-Chronologie ist die Verbindung zum Schriftgelehrten Athanasius Kircher. Dieser gehörte mit zum elitären Kreis, der sich in der Villa Palombara zum esoterischen Fachsimpeln traf und in einem geheimen Nebengebäude alchemistische Experimente durchführte. Neben hochrangigen Mitgliedern des Rosenkreuzerordens zählten berühmte Okkultisten wie Francesco Maria Santinelli oder der Astronom Domenico Cassini zur illustren Gesellschaft. Zu den Stammgästen gehörte auch Königin Christina von Schweden (1626–1689), die nach ihrer Abdankung im Exil in Rom lebte. Sie war eine große Förderin alchemistischer Künste und sammelte nicht nur erlesene Buchschätze, sondern gleich ganze Bibliotheken. Dabei kamen die Bestände nicht immer auf legalem Weg zustande. 1648 erbeutete sie große Teile der Kunstsammlung Rudolf II., jenes kaiserlichen Habsburgers, der im Besitz des Voynich-Manuskriptes war.

Welche Rolle der geheimnisvolle Kodex bei der Entstehung der »magischen Tore« in der Villa Palombara spielte, können nur weitere Quellenforschung und Vergleiche der Symbolik zeigen. Einen Wink gibt der Historiker und Bibliothekar Girolamo Francesco Cancellieri (1751–1826). Er hat die Ursprungslegende mit dem Erscheinen des mysteriösen Pilgers aufgezeichnet. Darüber hinaus hat der Autor zahlreiche Schriftstücke zum Thema Geschichte, Archäologie und Hagiografie verfasst. Letzteres Fachgebiet, abgeleitet vom Altgriechischen hagion (heilig) und graphein (schreiben), bezieht sich auf das Leben und Wirken von Heiligen, Mönchen und Asketen. Was bei der Angelegenheit verwundert: Bisher sind nur wenige Texte aus den Werken des Gelehrten historisch untersucht und veröffentlicht worden. Sie verstauben in der Vatikanischen Bibliothek und in der Handschriftensammlung der Biblioteca Nazionale Centrale in Rom. Seltsam, denn vielleicht enthalten gerade diese Schriften wichtige Informationen zur Entschlüsselung des Voynich-Codes und der magischen Zeichen auf der »Porta Magica«.

Wer vor dem alchemistischen Tor steht und die Symbole betrachtet, dem fällt besonders der Giebel auf: In einer Kreisstruktur mit lateinischer Inschrift überlappen sich zwei Dreiecke, die an das magische Symbol des Salomonischen Siegels oder Hexagramm erinnern. Das Motiv gleicht fast haargenau dem Buchtitel »Aureum Saeculum Redivivum« des deutschen Alchemisten Henricus Madathanus (1603–1638) alias Adrian von Mynsicht.

Nicht weniger merkwürdig ist die dort angebrachte Jahreszahl: 1680. Es ist das Jahr, in dem die »Porta Magica« (gemeinsam mit den vier anderen zerstörten oder verschollenen Gegenstücken) beim Eingang der Residenz Palombara aufgestellt wurde. Es ist auch das Sterbejahr von Senator Massimiliano Palombara und in demselben Jahr starb Anthanasius Kircher. Der Dritte im Geheimbunde, Alchemist Borri, war zu diesem Zeitpunkt in der Engelsburg eingekerkert und kam aus dem Verlies nicht mehr lebend heraus. Zufälle? Wahrscheinlich. Oder wäre es ebenso möglich, dass von höherer Instanz vielleicht mit Gift unmerklich nachgeholfen wurde?

Detail der Porta Magica. Die Rosenkreuzer-Symbolik gleicht der Buchcovergrafik des deutschen Alchemisten Henricus Madathanus anno 1825. (Bilder: Archiv R. H.)

Was ferner ins Auge springt: Die Pfosten des Tores enthalten astrologische Zeichen der Planeten mit ihrer metallurgischen Bedeutung, etwa Blei-Saturn oder Eisen-Mars. Im Türquerbalken findet sich eine Beschriftung in hebräischen Buchstaben, sie lautet »Rauch Elohim«, womit offenbar der »Göttliche« oder der »Heilige Geist« gemeint war. Unklarer bleiben lateinische Spruchrätsel. Als Beispiel mit sinngemäßer Übersetzung: »Wer bringt das Wasser zum Brennen, wer wäscht sich mit dem Feuer, wer macht aus der Erde den Himmel und aus dem Himmel die Erde?«

Ein kluger Zeitgenosse, der die Antwort weiß, könnte somit den Jackpot zum Goldmachen knacken. Neugierige und goldhungrige Schatzgräber mögen sich nach diesen Angaben richten und auf der Piazza Vittorio ihr Glück versuchen!

Der Schönbrunner Gralstempel und ein rätselhafter Obelisk

Der nächste Schauplatz führt in meine Heimatstadt Wien zu einer der schönsten Barockanlagen Europas: das imperiale Schloss Schönbrunn mit seinen weitläufigen Gärten. Diese ehemalige Sommerresidenz der

Habsburger ist eines der bedeutendsten Kulturgüter Österreichs und eine der meistbesuchten Sehenswürdigkeiten von Wien. Dennoch existiert gerade hier seit Jahrhunderten eines der ungewöhnlichsten Schrifträtsel sowie versteckte alchemistische und geomantische Weisheit, von der selbst Ur-Wiener und kunstinteressierte Touristen noch nie etwas erfahren haben.

Wer jemals in Schönbrunn war, wird das goldgelbe Schloss mit seinen üppigen Staatsgemächern und dem prächtigen Rokoko-Dekor bewundert haben, wird wissen, dass Österreichs Nationalheilige Sisi und Franzl hier logierten und dass in der Parkanlage eine imitierte römische Ruine, ein Neptunbrunnen, die Orangerie, die Wagenburg, das Palmenhaus, der Tirolerhof, ein Botanischer Garten, ein Irrgarten und andere imposante Kunstdenkmäler zu besichtigen sind.

Die Anfänge von Schönbrunn reichen zurück ins Mittelalter, doch erst Mitte des 18. Jahrhunderts wurden unter Kaiserin Maria Theresia (1717–1780) das Schloss und der Park in seiner heutigen Form restauriert und erweitert. Bei der Realisierung des kostbaren Generalumbaus war der Meisterarchitekt Nikolaus von Pacassi (1716–1790) federführend. Seither lustwandeln Besucher gerne auf die Schönbrunner Hügelkuppe. Dort, wo das Baujuwel Gloriette thront, ist ein majestätischer Panoramablick über das Areal von Schönbrunn garantiert. Junge Gäste wird es vermutlich eher in den ältesten historisch nachweisbaren Zoo der Welt locken. Am 31. Juli 1752 wurde der Schönbrunner Tiergarten erstmals für die Allgemeinheit eröffnet. Das historische Kernstück ist der Kaiserpavillon mit einem unterirdischen Gewölbe, das durch geheime Gänge mit anderen Gebäuden verbunden war. Diese fürstliche Menagerie wird gegenwärtig als Café-Restaurant genutzt. Wer wie der Autor einen Rastplatz mit besonderem Ambiente liebt, ist hier bei einer Schale Melange und Sachertorte mit Schlagobers bestens bedient. Gleichzeitig können Antilopen, Flamingos, Zebras und andere Zootiere beobachtet werden. Wer sich den Genuss gönnt, wird nicht glauben, dass er über einem ehemaligen Labor sitzt, das verschwiegenen Zusammenkünften und alchemistischen Experimenten zur Herstellung von Gold diente. Doch genau so ist es! Sogar der legendäre Graf von St. Germain war Teilnehmer dieses geheimen Zirkels.

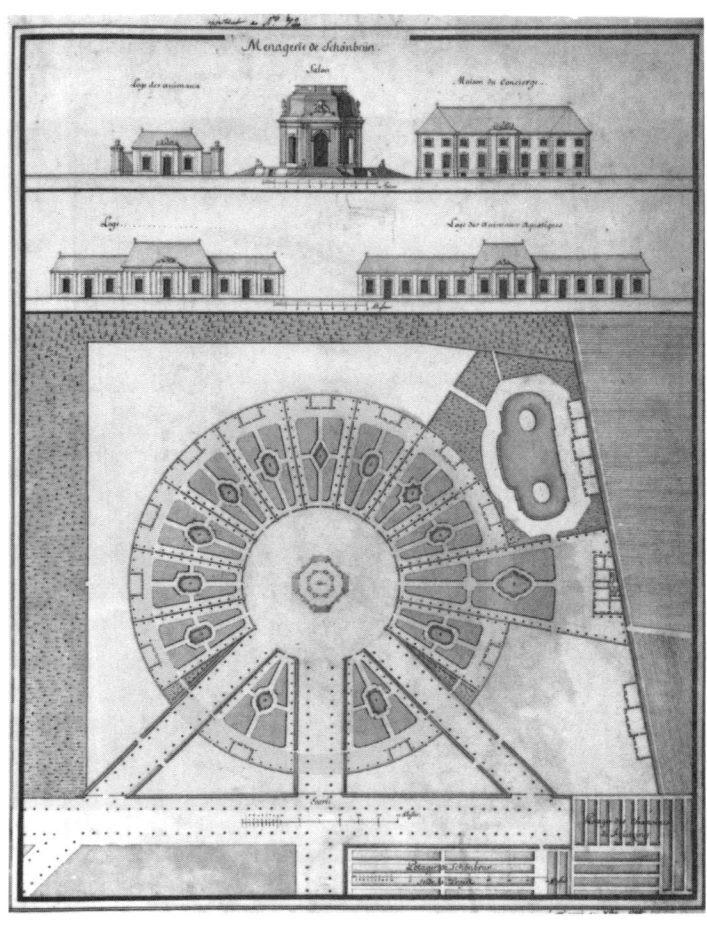

Der Kaiserpavillon in Schönbrunn war ein perfekt getarntes Laboratorium für alchemistische Experimente. Der Grundriss des »Gralstempels« ist ein Spiegel hermetischen Wissens. (Bild: Zeichnung Jean Nicolas Jadot de Ville-Issey 1751; Graphische Sammlung Albertina, Wien)

Maria Theresias Gemahl, Kaiser Franz I. Stephan von Lothringen (1708–1765), aktiver Freimaurer und Rosenkreuzer, ließ die achtecki-ge Menagerie von seinem Geld errichten. Um den Pavillon sind kreis-förmig zwölf Tiergehege angelegt, die als Logen bezeichnet werden. Zusätzlich wurde eine 13. »Menschenloge« angelegt, in der sich heute das Gebäude der Direktion befindet. Drei Wege mit Baumalleen sind so angelegt worden, dass sie ein Dreieck bilden, an dessen Spitze sich der »Gralstempel« des Kaisers befindet. Am 13. Mai, dem Geburtstag der Kaiserin, kommt es zu einem faszinierenden Lichtspiel: Aus der Richtung der Schlossallee dringt der morgendliche Sonnenstrahl in einem bestimmten Winkel in den Pavillon ein und taucht ihn in gleißendes Licht. Da wundert es nicht, dass die Anlage aus der Vogelperspektive betrachtet der Hieroglyphe des ägyptischen Sonnengottes Ra entspricht. Die beherzten Wiener Stadthistoriker Erich Krenslehner und Gabriele Lukacs haben das Lichtphänomen in ihrem Buch »Geheimnisvoller Tiergarten Schönbrunn« aufschlussreich beschrieben.

Der himmlische Kraftsalon und der Grundriss des Schlossparks bergen noch andere Geheimnisse über verborgene Geomantik, Zahlenmystik und hermetisches Wissen. Der Journalist und Fotograf Erich Kunze hat sie erstmals 1991 aufgedeckt. Dabei hatte er besonders das prächtige Deckenfresko im Pavillon im Visier und mythologisch entschlüsselt. Symbolisch dargestellt sind der Stein der Weisen, antike Sagen von Göttern und alchemistische Metamorphosen, wobei die Planung mit den zwölf Gehegen als astrologischer Kalender verstanden werden kann. Zum verschlüsselten geografischen Konzept des Schlossparks erklärt Kunze: »Heute wissen wir, dass im Grundriss und den einzelnen Bauten dieser Anlage das hermetische Lehrbild dargestellt wird, weltweit in seiner Vollkommenheit einzigartig!«

Damit sind wir wieder bei den alten Ägyptern gelandet und bei Gott Thot alias Hermes Trismegistos, dem Erfinder der Magie und Alchemie. Sein kosmologischer Code zieht sich als mystische Landkarte kreuz und quer durch den ganzen Schlosspark. Selbst religiöse Sinnbilder wie der kabbalistische Lebensbaum, der Siebenarmige Leuchter und ein Labyrinth nach antiken Vorlagen sind im Grundriss zu erkennen. Eine weitere Besonderheit der Grünanlage ist der Obeliskenbrunnen am Ende der östlichen Diagonalallee. Sein ursprünglicher Name war Sybillengrotte, womit ein Hinweis auf die Sybillinischen Bücher gegeben ist, eine Sammlung antiker Orakelsprüche, die von Priesterinnen vorgetragen wurden, um Schicksalsfragen zur Geschichte des Römischen Reiches zu offenbaren. Neben Kaiserpavillon und Gloriette ist dieses in Wien einzigartige Habsburger Denkmal ein optisch bedeutender Blickpunkt. Wurde es wirklich allein zur Verschönerung des Parks aufgestellt?

161

Zeichnung von Carl Schütz: Obeliskenbrunnen um 1780, kurz nach der Fertigstellung durch den Meisterarchitekten Johann Ferdinand Hetzendorf von Hohenberg. (Bild: R. H.)

Wissbegierige Touristen werden an Ort und Stelle mittels Schautafel informiert, auf der Folgendes zu lesen steht: »Wie viele andere Garten-objekte wurde auch diese Brunnenanlage von Johann Ferdinand Het-zendorf entworfen und laut Inschrift 1777 errichtet; die bildhaueri-schen Arbeiten führte Benedict Henrici aus. Der Brunnen besteht aus einem Bassin, eingefangen von einer Stützmauer mit vasenbesetzter Balustrade. Der Grottenberg in der Mitte ist durch drei Wasserbecken gegliedert und von Flussgöttern bevölkert, aus dem Mund der zentra-len Maske und aus den Vasen der Flussgötter ergießt sich das Wasser in das Brunnenbecken.«

In der Mitte des künstlichen Felsens ragt ein Obelisk 31 Meter empor zum Himmel. Die Spitze krönt ein Adler, der auf einer ver-goldeten Kugel sitzt. Anders als die Ebenbilder aus Rom wurde der Wiener Obelisk nicht aus dem Pharaonenland entwendet, sondern ist eine Nachbildung mit eingravierten Hieroglyphen. Zur Bedeutung der Schriftzeichen heißt es auf dem Infoschild weiter: »Der Obelisk, von

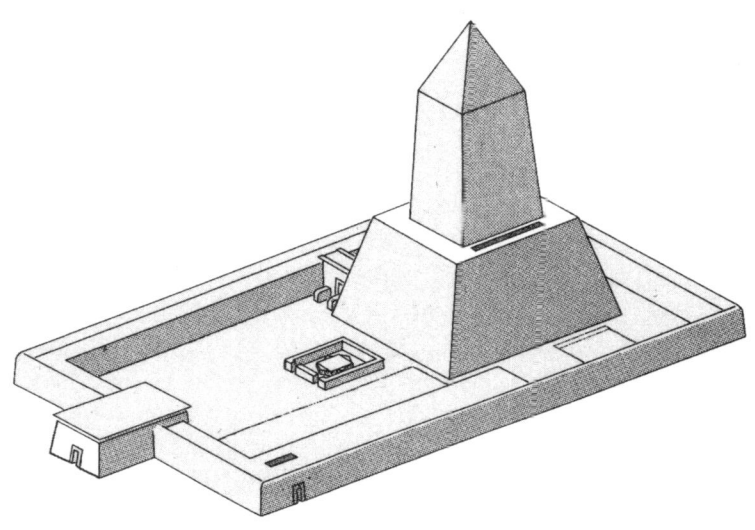

Rekonstruktion des Ur-Obelisken in Heliopolis. Die Altägypter nannten ihn Benben, ein »harter glänzender Stein, der in den Himmel aufschießen« konnte. Was war der Ursprung dieses Kultes? (Bild: R. H.)

vier Schildkröten als Symbol der Stabilität getragen, sollte mit seinen Hieroglyphen die Geschichte des Hauses Habsburg erzählen. Sie sind allerdings erfunden, da Hieroglyphen erst ab 1822 entziffert werden konnten. Schon bei den Ägyptern standen Obelisken als kosmische Symbole mit dem Sonnenkult in Verbindung. Von einer Goldkugel als Sonnensymbol gekrönt, verkörpern sie den Weg der Sonnenstrahlen zur Erde, während die vier Kanten die Weltrichtungen markieren.«

Die Auslegung als kaiserliches Machtsymbol und versteinertes Zeichen für die Verbindung zwischen Himmel und Erde wird ihre Richtigkeit haben. Wenn jedoch zum Zeitpunkt der Errichtung die Hieroglyphen noch gar nicht entziffert waren, kann sich diese Deutung nur auf römische und griechische Erzählungen sowie das Wissen alchemistischer Bruderschaften gestützt haben. Denn streng genommen wissen wir immer noch nicht, welchen ursächlichen Sinn die schlanken Steinpfeiler mit ihren vier geglätteten Seiten und der pyramidenförmigen Spitze hatten. Das griechische Wort »Obelisk« heißt übersetzt »Bratspießchen«. Das werden die alten Griechen aber gewiss nicht wortwörtlich gemeint haben. Der ägyptischen Mythologie zufolge soll der Prototyp des Obelisken im Sonnenheiligtum Heliopolis (nordöstlich des heutigen Kairo) gestanden haben. Dort sei der Sonnengott vor Urzeiten erstmals erschienen, was erklärt, warum Obelisken auch als »Wohnung der Götter« aufgefasst werden. Aus den Mythen erfahren wir weiter, dass es ein harter, glänzender Stein gewesen sei, ein mächtiger Urhügel, der auf der Flammeninsel in den Himmel aufschießen konnte. Eine religiöse Vorstellung, die mit dem Benu-Vogel des Lichts und der Phönix-Legende in enger Beziehung steht. Die alten Ägypter nannten diesen ersten göttlichen Pfeiler »Benben«. Die gleiche Bezeichnung verwendeten sie für die Obeliskenspitze und den goldenen Schlussstein von Pyramiden. Aber warum?

Ägyptologen haben etliche Thesen zum Ursprung der Obelisken vorgelegt: sichtbares Zeichen für die in Stein verewigte wechselseitige Beziehung zwischen König und Gott; Bild des Urhügels, von dem sich der Gott Ra abstrakt in den Himmel erhob; zu Stein erstarrte symbolische Sonnenstrahlen des Sonnengottes; sinnbildliche Versteinerung des Spermas, das der Sonnengott zu Beginn der Schöpfung vergossen hat oder andere Fruchtbarkeits- und Phallus-Kulte. Die kühnste Überlegung zur Frage, weshalb die »riesigen Steinnadeln« überhaupt mühsam aufgestellt wurden, stammt von der Paläo-SETI-Forschung (Suche nach extraterrestrischen Kontakten in der Früh- und Vorgeschichte): Demzufolge wären die Obelisken steinerne Abbilder eines raketenartigen Götterfahrzeuges gewesen, mit dem einst fremde Kosmonauten von den Sternen zur Erde kamen. Nachdem diese als Götter verehrte Besatzung wieder abrauschte, bauten die Altägypter in Erinnerung an den himmlischen Besuch das Raumschiff der Fremden in Stein nach und verehrten es als »heiligen Benben-Stein«.

Über außerirdische Entführungen oder Kontakte der österreichischen Kaiserfamilie ist leider nichts bekannt. Die Phönix-Legende, wie immer man sie interpretiert, spielt aber ebenso beim Schönbrunner Obelisken eine wichtige Rolle. Der ägyptische Benu-Vogel hockt zwar nicht an der Spitze auf einer Goldkugel, dafür aber der kaiserliche Reichsadler. Statt dem allmächtigen Pharao ist es das Habsburger Herrscherhaus, das hier als Vermittler zwischen Himmel und Erde vergöttert wurde.

Und die Hieroglyphen? Sie sind auf allen vier Seiten des Obelisken verewigt, besonders auffällig auf der dem Schloss zugewandten West-seite. Das allein ist schon ungewöhnlich, denn die barocken Obelisken Europas tragen keine hieroglyphischen Inschriften. Eine Ausnahme bildet neben dem Schönbrunner Monument ein Obelisk zu Ehren des Preußenkönigs Friedrich II. in Potsdam. Seine unlesbare Ornamentik aus der Mitte des 18. Jahrhunderts konnte bislang niemand entziffern, sie gilt daher als »Pseudohieroglyphik« und soll lediglich architekto-nischer Schmuck sein. Gleiches wird vom Schönbrunner Obelisken behauptet. Dass darauf die Geschichte der Habsburger, einschließlich der Regentschaft Maria Theresias, erzählt worden sei, wird von Histo-rikern als reine Fantasie und Legendenbildung angesehen. Denn ein knappes halbes Jahrhundert *vor* der offiziellen Dechiffrierung der Hi-eroglyphenschrift kann das nicht gut möglich gewesen sein. Das versi-chert ebenso der Text auf der Schautafel vor dem Denkmal.

Seit der Entzifferung des Steins von Rosetta hat kein Altertumsfor-scher überprüft, ob die Schönbrunner Hieroglyphen vielleicht doch historische Begebenheiten des Kaiserhauses erzählen. Erst die Berliner Archäologin Julia Budka wagte diesen mutigen Schritt. 2005 veröffent-lichte sie ihre akribische Studie »Symbolik und inhaltliches Programm des Hieroglyphendekors auf dem Schönbrunner Obelisken« im Ins-titut für Afrikanistik und Ägyptologie an der Universität Wien. Die Ergebnisse der wissenschaftlichen Arbeit sind sensationell und werfen ein völlig neues Licht auf das Habsburger Denkmal. Bis zur Wiener Touristeninformation im Schlosspark sind die Erkenntnisse allerdings noch nicht vorgedrungen.

Budka zeigt in ihrer Studie deutlich auf, dass sämtliche figürliche und geometrische Darstellungen einen Sinngehalt besitzen, wobei echte ägyptische Hieroglyphen im barocken Stil stark umgezeichnet wurden. Einige der enträtselten Bilder: Kartuschen, Götterstandarte, die Götter Seth, Ptah und Thot, Sinnbilder für Horusnamen, Himmel, Stern, Sonnenschein, Pyramide, Vogel, Eule, Ouroboros, Schlange, Kobra, Hornviper, Land, Fuß mit Unterschenkel oder die Wappen-pflanze Binse als Zeichen der Königswürde. Daneben sind auf dem Schönbrunner Obelisken etliche figürliche Motive vorhanden, die recht »unägyptisch« wirken. Sie lassen sich aber mit der Dynastie und dem Marienkult der Habsburger verknüpfen, wobei die Bilder mit Ge-heimwissen der Freimaurerei ergänzt sind.

Inschriften auf dem Schönbrunner Obelisken. Ägyptologische Studien bestätigten, dass zum Teil echte ägyptische Hieroglyphen im barocken Stil umgestaltet wurden und aus dem Leben und der Regentschaft der Habsburger erzählen. (Bild: R. H., gezeichnet nach Originalvorlage)

Im Mittelpunkt der Bilderszenen steht ein Tempel, in dem eine Göttin mit sieben Brüsten und Mauerkrone steht. Ihre Charakteristik lässt Parallelen zur Fruchtbarkeitsgöttin Kybele bzw. Artemis von Ephesos und dem Isis-Kult erkennen. Sie wird von Julia Buska mit Maria Theresia identifiziert, die damals als Mutter von 16 Kindern als ideale Mutterfigur angesehen wurde und dank ihrer klugen Heiratspolitik den Beinamen »Schwiegermutter Europas« trug. Die holde Dame ist umringt von Symbolen der Wissenschaft und Freimaurerei: Hammer, Meißel, Zirkel, Winkel, Malpalette, Globus und Teleskop. Rechts unten im Bild hockt auf einem kleinen Thron ein nackter Jüngling mit Krone, der mit dem rechten Zeigefinger seine Nase berührt. Der Anblick gleicht dem Abbild des Horus als Kindgott. Auf weiteren Bildern will die Sprachwissenschaftlerin symbolische Hinweise entdeckt haben, die mit den Habsburger Kaisern Franz I., Karl VI. und Joseph II. in engem Zusammenhang stehen.

Frontseite des Schönbrunner Obelisken, zeigt das Motiv der Göttin Artemis, Herrin des Kosmos und der Natur, Fruchtbarkeitsgöttin und Helferin bei Schwangerschaft und Geburt. Eine wissenschaftliche Arbeit identifiziert die Dame mit Kaiserin Maria Theresia. (Bild: R. H., gezeichnet nach Originalvorlage)

Julia Budka glaubt nicht an Zufälle: »Ohne Zweifel sollen die Figuren und Zeichen am Obelisken einige Aspekte aus der Geschichte der Habsburger wiedergeben.« Das Resümee ihrer Schriftanalyse lautet: »Auch wenn sich sein Sinn sehr bewusst nie bis ins Detail begreifen lassen wird, so kann doch festgehalten werden, dass der Schönbrunner Obelisk in seiner lebendigen Formensprache eine Erzählung voller zeitloser Weisheiten und Wahrheiten wiedergibt und die Geschichte des Hauses Habsburg, konkret die Lebens- und Regierungszeit Maria Theresias, feiert und auf besondere Weise verewiglicht.«

Um die noch offenen Fragen zu klären, regt die couragierte Kunsthistorikerin einen interdisziplinären Weg an, weil die Interpretation »die Zuständigkeitsbereiche der Ägyptologie, Kunstgeschichte, Architektur und Geschichte verlässt«. Bisher ist die gut gemeinte Anregung nicht weiter aufgegriffen worden. Warum eigentlich nicht? Es sieht so aus, als hätte der österreichische Schriftsteller Robert Musil (1880–1942) recht gehabt, als er 1936 in seinem Werk »Nachlaß zu Lebzeiten« klagte: »Es gibt nichts auf der Welt, was so unsichtbar wäre wie Denkmäler.«

Goldenes Schauobjekt mit bewegter Geschichte

Die codierten Hieroglyphen des Schönbrunner Obelisken konnten zumindest teilweise entschlüsselt werden. Ihre Genesis bleibt jedoch ein abenteuerliches Rätsel. Bei anderen kaiserlichen Kryptozeichen tappen Wissenschaftler noch mehr im Dunkeln. Wer das hartnäckigste Schrifträtsel der Habsburger Kaiserzeit bestaunen möchte, wird in der Tiroler Landeshauptstadt Innsbruck fündig. Es ist wert, sich ausführlicher mit diesem Irrwitz zu befassen.

Die Metropole Innsbruck, umgeben von imposanten Gebirgszügen, zählt zur wichtigsten österreichischen Fremdenverkehrsregion. Auf einer Höhe von 570 Metern liegt hier die Kreuzung der Hauptverkehrslinien von Deutschland über die Alpen nach Italien und die Verbindungslinie von der Schweiz nach Wien. Bereits in prähistorischer und römischer Epoche war dieser Ort der Ausgangspunkt für die immer noch wichtigsten Verkehrs- und Handelsrouten. Diese Strecken waren im Mittelalter bedeutende Pilgerwege ins Heilige Land, nach Rom und nach Santiago de Compostela.

Stadtgründer waren die Herzöge von Andechs, die um 1180 am Nordufer des Inn einen Brückenmarkt mit dem Namen »Insprucke« errichteten. Aus dem Jahre 1239 liegt die erste urkundliche Bestätigung für das Stadtrecht vor. Von 1420 bis 1665 war Innsbruck das politische Zentrum der habsburgischen Landesfürsten. Erst Mitte des 19. Jahrhunderts folgte die offizielle Ernennung zur Landesmetropole von Tirol. Ob Hofburg, Hungerburg oder Ottoburg – an Sehenswürdigkeiten herrscht kein Mangel. Ein wahres Schmuckstück im Kern der Altstadt überstrahlt freilich alles: das Goldene Dachl.

Der dreigeschoßige Prunkerker mit dem darüber befindlichen, fast vier Meter hohen vergoldeten Schindeldach enthält eine Fülle an ungeklärter Symbolik und sonderbarer Wandmalerei. Die Geschichte dazu enthält viele Fragezeichen: Wer hat es wann gebaut? Welchem Zweck diente das Gebäude? Was bedeuten die Geheimzeichen an der Fassade?

Lange hielt sich im Volksmund die Sage, dass Herzog Friedrich IV. (1382–1439) mit spöttischem Beinamen »Friedl mit der leeren Tasche« der Erbauer des berühmten Denkmals gewesen sei. Es heißt, der Landesfürst wollte damit dem Adel und der hohen Geistlichkeit beweisen, dass er doch mehr Geld in seiner Hofkammer eingespeichert habe, als Argwöhner behaupteten. In einem Kaufvertrag aus dem Jahre 1557 wird auf den »Neuen Hof« verwiesen, der Friedrich als Fürstensitz diente. Jenes Gebäude also, an das später der Prunkerker mit dem goldenen Dach angebaut wurde.

Im Dokument, gerichtet an König Ferdinand I. (1503–1564), wird daran erinnert, dass »diese eur küniglicher Majestät behausung zu Newhof ein fürstlich haus unnd gleich am platz menigelichen am gsicht gelegen unnd von alters her und zuvor mit guldin tächl und sonst geziert ist«.

Von »alters her und zuvor«? Da könnte man mutmaßen, dass ein längerer Zeitabschnitt gemeint war als nur die 57 Jahre nach der Jahrhundertwende. Obwohl nicht ausgeschlossen werden kann, dass bereits zu Friedrichs Zeiten ein Erker mit einem vergoldeten Dach existierte, gehen heute alle Historiker davon aus, dass das Goldene Dachl erst Jahrzehnte später auf Wunsch Kaiser Maximilians I. (1459–1519) entstanden ist. Historisch belegt ist die Umgestaltung eines älteren Hofgebäudes am Hauptplatz zu einem »Neuhof«. Der Baubeginn konnte anhand von Holzproben am Dachstuhl exakt bestimmt werden. Die Mitte der 1990er-Jahre durchgeführte Dendrochronologie-Datierung ergab, dass die Bäume für das Goldene Dachl im Winter 1498 gefällt wurden. Das deckt sich ebenso mit einer Inschrift an der Fassade über dem Mittelfenster im ersten Obergeschoß. Sie gibt Auskunft über die Fertigstellung des Bauwerks und lautet *XVcoJar*. Das steht für das Jahr 1500.

Man könnte nun annehmen, dass sich der Kaiser in seinem geliebten Baujuwel gerne aufgehalten habe. Davon ist jedoch nichts überliefert. Im Gegenteil. Der Machthaber ließ sich selten in Innsbruck blicken. Wenn doch, dann residierte er samt Hofstaat weniger ansehnlich in einer Seitengasse. Seine zahlreichen Jagdschlösser dienten ihm in Tirol ebenso als bevorzugte Unterkunft. Das Gebäude mit dem Goldenen Dachl war hingegen nie kaiserlicher Wohnsitz. Welchen Sinn erfüllte es dann?

War es bloß eine imposante Schautribüne für Straßenfeste? Dem hätte ein einfacherer Erkerbau ebenso Genüge getan. Jedenfalls müssen seinerzeit Reisende mit offenen Mündern vor den Stadttoren gestanden haben, als sie den Erker mit schimmerndem Golddach erblickten. Sie werden wohl gedacht haben, dass nur ein steinreicher und allmächtiger Herrscher sich einen solchen Luxus leisten konnte. War das im Sinne des Erfinders? Das Goldene Dachl als protziges Herrschaftszeichen der Habsburger? Ein sichtbares Symbol für ein kommendes »Goldenes Zeitalter«, von dem Kaiser Max stets schwärmte?

In Wirklichkeit war der Landesvater genauso pleite wie »Friedl mit der leeren Tasche«. Hohe Kriegsausgaben und sündteure Hofhaltung sorgten für ständigen Geldmangel. Da darf es nicht verwundern, dass das Golddach, das Namensgeber für das ganze Gebäude wurde, nicht ganz so goldig ist, wie es für den Betrachter den Anschein hat. Bestenfalls drei bis vier Kilo Gold sollen verarbeitet worden sein. Heute ist das Prunkstück mit 2657 *Kupfer*schindeln gedeckt, die mit einer hauchdünnen Goldschicht überzogen sind. Es waren schon mal mehr. Im Zuge der Renovierung im Jahre 1899 wurden noch 2728 gezählt, und davor ist von 3450 Schindeln die Rede. Nach anderer Quelle sollen es sogar 3495 gewesen sein. Haben sich Bauarbeiter geirrt, wurden Randschindeln ursprünglich mitgezählt oder sind wertvolle Stücke verhökert worden? Mit Geldwertschrumpfung der Volkswirtschaft ist der Verlust jedenfalls nicht erklärbar.

Es überrascht, dass in fünf Jahrhunderten bewegter Geschichte nicht mehr verloren oder zerstört worden ist. Gelegenheiten dazu gab es reichlich, etwa durch das große Erdbeben im Jahre 1670. Der Stadtchronik zufolge soll es viele Todesopfer gegeben haben. Erzählt wird auch, dass damals kein Haus in Innsbruck unbeschädigt geblieben war. Seither werden die Gebäude, auch das Goldene Dachl, im Erdgeschoß mit leicht geschrägten Stützmauern befestigt. Selbst die Kriegswirren und Bombenschäden des Zweiten Weltkriegs konnten dem Innsbrucker Wahrzeichen nichts anhaben. Während Straßen, Kirchen und Denkmäler dem Erdboden gleichgemacht wurden, blieb das Prunkstück unversehrt. Wohl auch deshalb, weil die Innsbrucker es zuvor mit einer bombensicheren Betonwand ummauert hatten. Goldene Dächer andernorts hatten weniger Glück.

Eine Legende aus der Toskana erzählt, dass die südlich von Siena liegende Zisterzienserabtei von San Galgano mit einem goldenen Dach geschmückt war. Der Sakralbau aus dem 13. Jahrhundert ist heute Ruine. Es stehen noch die hohen Klosterwände, das Dach fehlt komplett.

Dafür erfreut sich das antike Götterheiligtum Pantheon noch seiner Kuppel, aber die wertvollsten Teile fehlen trotzdem. Als der oströmische Kaiser Konstans II. (630–668) Rom besuchte, ließ er die vergoldeten Schindeln abtragen und nach Konstantinopel schaffen. Sie wurden später durch Bronzeplatten ersetzt. Umgekehrt beim goldenen Dach des Felsendoms in Jerusalem. Das Meisterwerk islamischer Baukunst war ursprünglich mit einem schwarzen Bleidach gekrönt. Erst 1963 erhielt die Kuppel einen Überzug mit dünnem Blattgold. Der Überlieferung nach kennzeichnet der Schrein jenen Platz am Tempelberg, wo die Himmelfahrt des Propheten Mohammed stattgefunden haben soll.

Kennzeichnet das Wahrzeichen von Innsbruck an der Herzog-Friedrich-Straße ebenfalls eine bedeutende Stelle, wo ein historisch wundersames Ereignis passiert ist? Massen an Touristen, die dort täglich ihr Haupt sprachlos himmelwärts richten und mit ihren Kameras fleißig fotografieren, werden vielleicht darüber grübeln. Viele Urlauber bevorzugen die Vogelperspektive, besteigen den benachbarten Rathausturm und genießen in 33 Metern Höhe den einzigartigen Panoramablick. Seit Jahrhunderten zieht das spätgotische Kunstwerk Gäste von nah und fern magisch an. Dabei lenkt das großflächige Golddach von der einfallsreichen Architektur und den vielen detailverliebten Finessen in der Bilderchronik ab. Der aufmerksame Beobachter kommt beim genaueren Studium aus dem Staunen nicht mehr heraus. Da wimmelt es geradezu von schwer deutbaren Miniaturen, schalkhaften Skulpturen, unverständlichen Fresken und obszönen Anblicken. Am meisten wird über orientalisch kostümierte Tanzakrobaten in wilden Posen gerätselt sowie über unlesbare Schriftzeichen, die an griechische, lateinische, hebräische und arabisch-kufische Buchstaben erinnern. Alles sonderbare Einzelheiten, die das versammelte Publikum am Platz vor dem Goldenen Dachl leicht übersehen kann.

Mir ist es genauso ergangen. An sonnigen Tagen saß ich als Gast schon etliche Male in einem der vielen gemütlichen Straßencafés nahe dem Architekturwunder. Fasziniert richtete sich mein Blick immer wieder auf die Prunkfassade, aber die geheimnisvollen Zeichen etwas versteckt hinter den Tanzreliefs im zweiten Obergeschoß waren mir bis vor wenigen Jahren nie aufgefallen. Einzige Ausrede für meine Blindheit: Wie sich noch zeigen sollte, befand ich mich damit in großartiger Gesellschaft.

Der groteske »Breakdance« der Morisken

Lenken wir unsere Aufmerksamkeit auf das zweite Obergeschoß mit offener Loggia. An den Außenwänden der Balkonbrüstung sind zehn beinahe vollplastische Reliefplatten aus Sandstein eingefasst. Die dargestellte Bildfolge wird von Kunstexperten als mittelalterlicher Moriskentanz gedeutet, der auch unter dem Namen Moresken-, Mauresken- oder Maruskatanz in die Literatur eingegangen ist. Typisch daran sind halsbrecherische Körperverdrehungen der Teilnehmer. Diese bizarr anmutenden Bewegungen und wilden Luftsprünge erinnern verblüffend an die moderne Tanzform des »Breakdance«, die in den frühen 1970er-Jahren unter afroamerikanischen Jugendlichen auf den Straßen New Yorks entstand. Die anfängliche Bedeutung ist weder beim Breaking noch bei den Morisken geklärt. Nur so viel: Im Wort »Moriske« steckt das spanische »morisco«, das »kleiner Maure« heißt.

»Die Mauren hatten vor 700 Jahren in Spanien geherrscht«, weiß der vagabundierende Wiener Kulturwissenschaftler Roland Girtler. »Sie waren auf Wunsch von einigen Goten im Jahre 711 nach Spanien gekommen, eroberten dieses und bauten eine wunderbare Kultur auf, der wir die Null, das Papier und das tägliche Waschen verdanken.«

Girtler erinnert daran, dass gegen diese Maurenkultur der heilige Jakob eingesetzt und der Jakobsweg geschaffen wurde. Sein nüchternes Resümee:»Den in Spanien gebliebenen Mauren, also den Morisken, ging es schlecht. Sie wurden gezwungen, katholisch zu werden oder Spanien zu verlassen. Die Ausgewiesenen brachten Tänze in das übrige Europa, die zu den Volksbelustigungen der damaligen Zeit gehörten. Bei diesen Tänzen traten die Akteure in bunten Gewändern mit engen Beinlingen und lockeren Obergewändern auf.«

Nicht nur in Innsbruck, auch im Münchner Stadtmuseum können Skulpturen dieser knallbunten Mimen bewundert werden. Gemeint sind zehn seltene Schnitzereien aus Lindenholz, jeweils in der Größe von etwa 70 cm. Ursprünglich sollen es 16 Figuren gewesen sein, die vom oberpfälzischen Bildhauer Erasmus Grasser (um 1450–1518) für den Tanzsaal des heutigen Alten Rathauses geschaffen wurden. Das geschah 1480, also fast zwei Jahrzehnte, bevor die Moriskenreliefs auf dem Goldenen Dachl entstanden sind. Kamen die Vorlagen dafür aus Bayern? Belegen lässt sich dieser Verdacht nicht. Aber es darf angenommen werden, dass Kaiser Maximilian die Münchner Moriskenstatuen nicht unbekannt waren.

Auf der kroatischen Insel Korčula hat sich eine Auslegung dieser mittelalterlichen Tanzform ins 21. Jahrhundert hinübergerettet. Alljährlich am 29. Juli wird mit Volksfesten der »Maruschken« gedacht. Auch in München gibt es seit den 1970er-Jahren eine dynamische Moriskentanzgruppe. Unter der Leitung von Gertrude Krombholz haben Akteure der Technischen Universität den Tanz rekonstruiert. Anhand überlieferter Quellen ist das bei Kostümen, Grimassen und Akrobatik vorzüglich gelungen. Doch wie klang die Musik, nach der getanzt wurde? Gab es eine vorgegebene Choreografie oder wurde spontan improvisiert? Gesicherte Dokumente fehlen. Trotz grafischer und plastischer Abbilder, die Tänzer mit Flöten, Trommeln und Beinschellen zeigen, kann über die moriskenhafte Klangwelt nur spekuliert werden. Manche Forscher denken, dass das Schauspiel seinen Ursprung im orientalischen Schwerttanz hatte, ehe es Eingang in die Narren- und Fastnachtspiele Mitteleuropas fand.

Die gängige Auffassung, der Moriskentanz habe sich aus der Folklore muslimischer Mauren in Spanien entwickelt, ist nach wie vor nicht restlos geklärt. Neuerdings tendieren Musikwissenschaftler eher dazu, seine Wurzeln im Hof von Neapel zu suchen. Untersuchungen zeigen, dass in Süditalien tatsächlich bereits im 13. Jahrhundert der Sprungtanz »alla moresca« bekannt war.

Wusste Kaiser Maximilian davon? Weshalb hat er die Moriskentänzer ins Zentrum seines Denkmals gesetzt? Dienten die Verrenkungskünstler und Fratzenschneider wirklich nur der Volksbelustigung, wie Historiker versichern? Oder könnten sie ebenso gut Sinnbilder geheimen Wissens sein? So abwegig scheint mir der Gedanke nicht, denn der Ausdruck von Tanz war in früheren Zeiten häufig mit magischen und religiösen Vorstellungen verknüpft. Bei Naturvölkern ist das noch heute so, etwa bei Beschwörungen und Krankenheilungen. Mehr noch: Der Tanz im kultischen Sinne kann sogar als Gottbegegnung aufgefasst werden, etwa hervorgerufen durch ekstatisch gesteigerten Bewegungsrhythmus, der eine Vereinigung mit dem Göttlichen zum Ziel hat.

Genau solche wilden Körperbewegungen sind auf den Moriskenreliefs am Goldenen Dachl zu sehen. Ihr Eifer steigert sich von Bild zu Bild und nimmt gegen Ende an Schwung wieder ab. Was dabei von üblichen Tanzbildern abweicht: Immer sind es männliche Akteure, die in fremdartiger, unterschiedlicher Maskerade auftreten und als Tanzpaar in Interaktion miteinander stehen. Auch ihre Fingerakrobatik mutet seltsam an, sie ist der Pantomime und Gebärdensprache sehr ähnlich. Der Betrachter gewinnt jedenfalls den Eindruck, als würden die Tänzer mit diesen Gesten etwas Wichtiges verdeutlichen wollen. Ähnliches gilt für die abgebildeten Begleiter dieser ausdrucksstarken Tänzer: Hunde und Äffchen in aufmerksamer Körperhaltung.

Im Kielbogen über der Loggia ist eine Gruppe weiterer Tiere angebracht, darunter Bär, Fuchs, Hase, Hirsch, Löwe, Steinbock oder Ziege sowie ein an der Leine festgebundener Pavian. Animalische Arabeske? Geschichtsforscher erkennen in diesem Tierfries »eine dekorative Bereicherung des Dachls ohne eine tiefer gehende symbolische Bedeutung«. Das verwundert. In der reichen Symbolwelt mittelalterlicher Bildwerke hatten Tiere immer schon einen mythologisch bedeutsamen Hintergrund. Beispiele aus der christlichen Symbolfibel in Stichworten: Teufelsmacht, Zeichen der Merowinger (Bär); Tier des Teufels (Fuchs); Mondtier und Symbol der Muttergottes (Hase); Sonnensymbol, Erlösung und Taufgnade (Hirsch); Auferstehung Christi, Symbol des Evangelisten Markus (Löwe); Wahrnehmung, Erkennen, Erfassen (Ziege); Wächter des Glaubens (Hund) und Unkeuschheit (Affe).

Ist die Anordnung des steinernen Zoos vom Künstler beliebig gewählt? Oder steckt doch ein mythologisches Geheimnis dahinter, das längst in Vergessenheit geraten ist? Existiert womöglich ein kosmologischer Zusammenhang? Könnten die Tiere unter dem Sonnendach nicht genauso gut für bestimmte Sternbilder stehen?

Banderole mit unlesbaren Chiffren

Antwort auf viele offene Fragen darf im Spruchband des Goldenen Dachls vermutet werden. Es verläuft in Unterbrechungen an der Rückwand über zehn Relieftafeln der offenen Loggia und steht in direkter Beziehung zur Moriskenszene. Die Länge beträgt acht Meter, beginnt bei der äußeren Seitenwand im Westen, zieht sich nach vor zur Brüstung, verläuft über die ganze Balkonfront und endet bei der Ostseite. Die sechs Platten der vorderen Schauseite haben jeweils die Größe von 82 mal 72 cm, jene an den beiden Seitenwänden jeweils 82 mal 53 cm.

Die Tiefe der Tafeln ist überall gleich mit etwa 20 cm. Auf dem aufgerollten und plastisch wirkenden Band befinden sich Dutzende vergoldete schriftähnliche Zeichen, die schwarz umrandet sind. Einige Symbole sind beschädigt und nur mehr undeutlich erkennbar. Der Weg des Ablesens scheint von links nach rechts vorgegeben, wenn man den Text entziffern könnte. Doch Linguisten ist das bisher nicht gelungen.

Der Tiroler Landeskonservator Johann Wunibald Deininger (1849–1931) hat erstmals eine genaue Abschrift der Codierung zu Papier gebracht. Das geschah 1899 im Zuge einer Renovierung des Innsbrucker Wahrzeichens. Vergleicht man seine Zeichnungen mit jenen Buchstaben, die heute am Goldenen Dachl zu sehen sind, zeigen sich im Detail kleine Veränderungen. Ich vertraue seiner Urfassung. Nachfolgend sind die zehn Abschnitte der unlesbaren Chiffren chronologisch angeführt, ergänzt um die Beschreibung ihrer jeweiligen Bildmotive. (Vergleiche dazu die 10 Tafelbilder im *Farbteil*.)

Wir beginnen an der westlichen Seitenwand des Erkers, wo zwei schmale Reliefs zu sehen sind.

Westliche Balustrade

Tafel 1:

Obwohl die rechte Person zum Himmel starrt und die Faust ballt, wirken die beiden Darsteller hier noch recht bewegungslos. Ein Hündchen sitzt brav zwischen den Männern.

Tafel 2:

Die linke Figur trägt einen Turban. Bei der Statue daneben ist der Kopf beschädigt und das linke Bein fehlt. Beide Akteure blicken nach rechts in südliche Himmelsrichtung.

Frontseite des Erkers

Tafel 3:

Im ersten Relief steigert sich die Bewegung der Tänzer. Der Mann links hat kurz geschorene Haare, der vollbärtige Typ daneben sieht senkrecht zum Himmel und trägt einen flachen Hut. Beide berühren mit ihrer rechten Hand »Buchstaben« im Schriftband. Zu Füßen der Tänzer guckt ein Vierbeiner aufmerksam hinauf und ein Äffchen entgegengesetzt hinunter.

Tafel 4:

Der linke Tänzer berührt seinen Turban, ist in der Hocke und weist auf sein Gegenüber. Dieser trägt einen Hut mit Krempe und Kinnbinde. Beide Tanzfiguren blicken nach rechts in Richtung Osten zum Zentrum der Loggia, wo der Kaiser gleich zwei Mal abgebildet ist. Im unteren Abschnitt des Reliefs ist wieder ein Hund zu sehen, im Hintergrund, nur teilweise erkennbar, ein Affe oder ein zweiter Vierbeiner.

Tafel 5:

Auf dem linken Mittelrelief ist Kaiser Maximilian im Profil als Halbfigur abgebildet. Er deutet nach rechts zu einer Dame. Sie hält eine goldene Kugel in der Hand, die von Historikern als Preisgeschenk gedeutet wird. Es heißt, dem Moriskentänzer mit der bizarrsten Verrenkungskunst sei als Zeichen der Anerkennung ein wertvoller Gegenstand überreicht worden. Preisrichterin soll immer die höchste Dame des Hofes gewesen sein. Im Bild ist es Maximilians zweite Ehefrau Bianca Maria Sforza (1472–1510) aus Mailand. Daneben rechts außen in Vorderansicht Maria von Burgund (1457–1482), die erste Gemahlin des Kaisers. Sie starb drei Wochen nach einem Sturz vom Pferd bei einer Fehlgeburt. Im unteren Teil des Reliefs sind zwei Länderwappen angebracht, wobei das rechte unter Maria eine Eule zeigt, die auf der Wappenkrone sitzt.

Tafel 6:

Auf dem rechten Mittelrelief ist als Halbfigur ein Hofnarr im Profil dargestellt. Der Schelm neigt sich nach links zu den Damen des vorigen Reliefs und bildet mit ausgestrecktem rechtem Mittel- und Zeigefinger eine schwörende Gebärde. Rechts vom Narren ist der Kaiser ein zweites Mal abgebildet. Diesmal thront er in Vorderansicht mit Krone und Zepter. Über seinen Händen rollt sich ein kleines Schriftband auf. Rechts neben ihm befindet sich eine unbekannte Gestalt, die als hoher Hofbeamter, Kanzler oder Berater gedeutet wird. Einige Historiker vermuten, es sei das Abbild von Erzherzog Sigmund dem Münzreichen (1427–1496), dem Sohn von »Friedl mit der leeren Tasche«. Wer immer der Anonyme ist, er trägt einen Fürstenhut der Merowinger, jenes ältesten Königsgeschlechts der Franken, deren Ursprungslegende eine göttliche Abstammung behauptet. Unterhalb der Personen schmücken wiederum Wappensteine die Brüstung.

Tafel 7:

Die Bewegung der Tanzakteure steigert sich zum enthusiastischen Rausch. Die linke Figur hat ihren Kopf nach Westen gewandt und musiziert mit einer Trommel. An ihrem Mund und an der linken Hand sind Reste einer Flöte sichtbar, die zerbrochen und verloren gegangen ist. Am Rücken trägt er als einziger Darsteller eine lange Feder. Der andere Genosse mit langen, nach unten hängenden Haaren hat den Kopf weit zurückgebeugt. Sein Blick ist senkrecht nach oben fixiert. Zu Füßen der Tänzer spielen wieder Hund und Äffchen.

Tafel 8:

Der linke Mann hat kurz geschnittene Haare und ist in extremer Ekstase abgebildet. Das Hündchen daneben ist ebenfalls verzückt und springt in die Höhe. Der Tanzpartner vis-à-vis trägt einen Vollbart und Turban mit Stirnbrosche. Seine rechte Hand ist ausgestreckt und berührt das Schriftband. Unterhalb des linken verdrehten Beines hockt ein Äffchen und macht »Männchen«.

177

Tafel 9:

Hier verliert die Darbietung wieder etwas an Dynamik. Die linke Figur ist leicht eingeknickt und blickt zu Boden. Mit der rechten Hand greift sich der Mann an die Brust, die linke Hand weist hinauf zum ersten Symbol auf dem Spruchband. Der Akteur trägt den gleichen Merowingerhut wie der Würdenträger im rechten Mittelrelief an der Seite Kaiser Maximilians. Zwischen den Beinen ist ein Hund in Bewegung. Der Tänzer daneben trägt einen Turban, macht eine passionierte Verrenkung und blickt hinauf zu den Sternen, wobei seine rechte Hand zwei Zeichen der Geheimschrift berührt.

Tafel 10:

Das letzte Bilderrätsel zeigt einen Burschen mit Krempenhut. Die nach vorn zulaufende Spitze weist genauso wie der nach oben ausgestreckte Arm auf das Schriftband. Offenbar ist es ein Bildnis des kaiserlichen Landhofmeisters Michael von Wolkenstein (†1443), denn auf dem Rücken trägt der Mann dieses Wappen. Warum er hier zwischen den Moriskentänzern abgebildet ist, bleibt ein Geheimnis. Vielleicht gibt es einen erklärenden Zusammenhang zu seinem jüngeren Bruder Oswald, der als bedeutender Lyriker und Minnesänger gern Liebesdialoge mit teils ambivalenten Texten komponierte. Damit korelliert, dass auf der anderen Seite ein Mann in orientalischer Tracht zu sehen ist, der mit der linken Hand den Intimbereich seines Gegenübers berührt. Es ist das einzige Relief, auf dem sich die beiden männlichen Tanzpaare direkt in die Augen blicken. Die linke Figur schaut dabei nach Norden, die andere nach Süden. Die Szene erweckt den Anschein einer homophilen Zweisamkeit, wobei der Hund diesmal ausgestreckt zwischen den Beinen des Mannes in orientalischer Kleidung liegt.

Diese mittelalterliche Bilderreihe beweist, dass Comicstrips keine Erfindung unserer Zeit sind. Doch viele Details bleiben dem Betrachter hier ein Rätsel.

Gibt es für Gebärde und Mienenspiel der Moriskentänzer eine bedeutungsvollere Symbolik als Klamauk? Hat ihre Kleidung einen religiösen Bezug? Warum treten die Männer unbeirrt als Pärchen auf? Aus keiner einzigen bildlichen oder literarischen Quelle geht hervor, dass der Moriskentanz damals ein Paartanz gewesen ist. Die dualistische Anordnung erinnert vielmehr an frühere Epochen, als Apostel und Propheten gern paarweise auf Gemälden oder in Stein gemeißelt verewigt wurden. Diese Ikonografie ist besonders ausgeprägt am romanischen Chorschranken im Dom von Bamberg erhalten.

Was fehlt, ist die Akustik. Wenn der Moriskentanz zur höfischen Unterhaltung so stark verbreitet war, wie Kunsthistoriker beteuern, wieso sind dann nirgendwo Tanzbücher und Musikstücke davon erhalten? Steckt im Schriftband die Lösung? Zeigt es den verschlüsselten Soundtrack zur Tanzekstase?

Die »Notenschrift« am Goldenen Dachl blieb bislang stumm. Womöglich deshalb, weil sich noch kein Musikarchäologe ernsthaft über die Melodie den Kopf zerbrochen hat …

Detailansicht der zentralen Reliefplatte am Goldenen Dachl: Schriftzeichen, die als echte hebräische Buchstaben erkannt wurden, aber keinen Sinn ergeben. Davor Kaiser Maximilian mit dem Orden des Goldenen Vlieses und seinen Ehefrauen. (Bild: R. H.)

179

Versuch einer »lyrischen Enträtselung«

Im Herbst 2009 fiel mir ein interessanter Artikel in die Hände. Aus ihm ging hervor, dass die mysteriöse Inschrift am Goldenen Dachl *poetisch* entschlüsselt werden sollte. Angeregt wurde das Projekt von dem Wiener Lyriker Christian Ide Hintze. Der Direktor der »Schule für Dichtung« wurde bei einem Besuch in Innsbruck auf das Schrifträtsel aufmerksam. Er wollte mehr darüber in Erfahrung bringen und fragte Historiker im Stadtmuseum nach der Bedeutung.

»Dem Hebräischen ähnlich, konnten die Buchstaben bisher nicht ›sinnvoll‹ entziffert werden«, lautete kurz und bündig die Erklärung der Fachexperten.

In der Folge startete Hintze ein originelles Experiment. Er stellte das Schriftmirakel auf seine Homepage und forderte Internetnutzer auf, sie möchten ihre Fantasie spielen lassen und mit Poesie eine Übersetzung versuchen. Die prominente Schirmherrschaft der lyrischen Enträtselung übernahm der bekannte Dramatiker, Schauspieler und Drehbuchautor Felix Mitterer.

»Ich lebe seit 1962 in Innsbruck und wie die meisten Innsbrucker bin ich immer achtlos beim Goldenen Dachl vorbeigegangen«, erklärt das Tiroler Multitalent freimütig: »Was mir als junger Mensch auffiel, waren die Tänzer mit ihren wilden Verrenkungen. Wenn ich als Jugendlicher unterwegs war in die Disco, habe ich mir gedacht, die haben um 1500 auch schon super getanzt! Das Schriftband ist uns Tirolern wenig ins Auge gesprungen.«

Das ist das wirkliche Mysterium bei der ganzen Geschichte. Es ist kaum zu glauben – da liegt ein meterlanges Banner mit Goldbuchstaben seit einem halben Jahrtausend in vollkommener Offenheit vor uns, aber kaum ein Zuschauer, Kunstfreund oder eifriger Fotograf nimmt es wahr, geschweige denn, kann die Inschrift darauf lesen.

Der jüdische Bibelprophet Ezechiel kommt mir hier wieder in den Sinn, der schon um 600 v. Chr. erkannte, dass »die Menschen Augen haben, um zu sehen und doch nichts sehen«.

Die Idee, das Schrifträtsel lyrisch zu lösen, ist meines Erachtens spannend und lustig zugleich. Bis Ende November 2009 konnten fantasiebegabte Zeitgenossen ihre holde Dichtkunst unter Beweis stellen. Der kreative Bogen Hunderter eingereichter Lösungsvorschläge war folglich weit gespannt. Schüttelreime wie »Innsbruck – a bruggn, a bachl, die berg' und's dachl« regten genauso zur Heiterkeit an wie der Vorschlag, dass Kaiser Maximilian bewusst eine nicht lösbare Inschrift am Herrschaftssymbol verewigte. »Da dies nur ihm bekannt war«, so ein Teilnehmer der Dichterlehre, »mussten sich seither alle Rätsler an der Inschrift die Zähne ausbeißen. Und Maximilian lächelt darüber seit 500 Jahren.«

Ein wissenschaftlicher Ansatz fehlt diesem Projekt konsequenterweise. Da bewusst auf jeglichen linguistischen, philosophischen und grafologischen Anspruch verzichtet wurde, kann die lyrische Enträtselung keine ernst gemeinte Decodierung zum Innsbrucker Schrifträtsel sein. Für akribische Kunsthistoriker sind die geheimen Zeichen ein lästiges Faktum.

Lukas Morscher, wissenschaftlicher Leiter des Stadtarchivs und des Stadtmuseums, hat sich in vielen Publikationen der Innsbrucker Geschichte gewidmet. Er fragt salopp: »Will man uns auf die Schaufel nehmen? Oder waren Kunstexperten die letzten 500 Jahre zu blöd für eine Entzifferung?« Der Fachgelehrte sieht die Lösung des Denkspiels im ehemaligen Herzogtum Burgund, der Heimat von Maximilians erster Ehefrau Maria. Morscher vermutet, dass Maximilians vermeintliche Geheimschrift eine *Bild*schrift ist. Seine Begründung: »Bei den Vorbereitungen zu einem Fest am Burgunderhof 1428 erging der Auftrag an den Hofmaler Hue de Boulogne, verschiedenfarbige Seidengewänder in ›bizarren Formen‹ für Moriskentänzer zu schaffen, die reich in Gold und Silber und überdies mit ›lettres sarasinois‹ (sarazenischen Schriftzeichen) verziert sein sollen. Diese Buchstaben besaßen einen rein dekorativen, orientalisierenden Charakter, und alles spricht dafür, dass auch jene auf dem Schriftband des Goldenen Dachls nicht über einen solchen Schauwert hinausgehen.«

Ist alles doch bloß groteske Zierde ohne tiefere Bedeutung? Kunsthistoriker erklären, die kryptischen Zeichen auf der Banderole enthalten vorwiegend »hebräisierende« Merkmale, weil der Bildhauer echte hebräische Buchstaben kopierte, ohne deren Sinn zu begreifen – einfach aus Jux und Tollerei, weil es so schön am Goldenen Dachl anzusehen ist.

Ich kann und will das nicht glauben. Niemand bestreitet, dass sich in der Kunst des europäischen Mittelalters dekorative Stilelemente aus fernen Zeiten und Ländern wiederfinden: Motive aus der heidnischen Antike, dem Islam und der religiösen Vorstellungswelt des fernen Ostens sind von Künstlern oft mit fantastischen und märchenhaften Elementen vermischt worden.

Doch beim Goldenen Dachl spielen noch andere Aspekte eine Rolle. Schon die Tatsache, dass es ein Auftragswerk des Kaisers höchstpersönlich war, lässt an dem rein dekorativen Zweck zweifeln. Warum wurden hier im Arrangement mit den rhythmischen Moriskentänzern deutlich religiöse, altjüdische und orientalische Eigenheiten ins räumliche Zentrum der Gebäudefassade gesetzt?

Ein Tipp für neugierige Hobbyhistoriker: Wer die Reliefplatten mit den rätselhaften Schriftzeichen aus nächster Nähe in Augenschein nehmen möchte, hat im Tiroler Landesmuseum Ferdinandeum die beste Möglichkeit dazu. Hier werden die Originale witterungsgeschützt aufbewahrt.

Glaube, Gott und Krone

»Selbstverständlich ist dieses Schriftband nicht bloß Dekoration. Jedes Schriftband der Gotik ist Ausdrucksträger, dieses hier ganz besonders«, betonte Vinzenz Oberhammer (1901–1993).

Als Universitätsprofessor und Direktor des Kunsthistorischen Museums in Wien gehörte er mit zu den ersten Wissenschaftlern, die sich mit den Rätseln des Goldenen Dachls genauer auseinandersetzten. Dass der Geheimcode nicht bloß aus banalen Fantasiezeichen besteht, bestätigte Esther Fritsch. Sie ist Vorsitzende der Israelitischen Kultusgemeinde in Tirol und konnte belegen, dass etliche Chiffren eindeutig hebräische Buchstaben sind. Allerdings: Manche davon »stehen am Kopf, andere sind spiegelverkehrt« angebracht. Erschwert wird eine exakte Entzifferung und Lesbarkeit auch deshalb, weil manche Buchstaben bereits »zu stark verwittert sind, in den Einbuchtungen der Profilleiste verschwinden oder teilweise von Körperteilen der Figuren verdeckt sind«. Dennoch sind Zeichen als Mem, Zadif und Taf identifiziert worden. Sie können als Umschreibung für einen Gottesbegriff aufgefasst werden. Trotz des Gebrauchs echter hebräischer Buchstaben ist es Esther Fritsch jedoch nicht gelungen, »zusammenhängende Worte, geschweige denn Sätze« aus dem Spruchband herauszulesen. Die Kultuspräsidentin vermutet deshalb, »dass zur Zeit Maximilians Hebräisch als zugleich mystische und fortschrittliche wissenschaftliche Geheimsprache galt, derer sich der Herrscher zu Demonstrationszwecken bediente«.

Wäre eine Möglichkeit. Doch der Verfasser benutzte für seinen Golddachl-Code nicht nur altjüdische Schriftzeichen. Die Innsbrucker Kunsthistorikerin Johanna Felmayer (1927–2000) forschte jahrzehntelang zur Geschichte ihrer Heimat. Sie erkannte in einigen Chiffren Ähnlichkeiten mit kufischer Schrift, die häufig von Kalligrafen bei der kunstvollen Gestaltung sakraler Texte verwendet wurde. Diese älteste Form arabischer Schrift entstand im 6. Jahrhundert in der Stadt Kufa im heutigen Irak. Johanna Felmayer hielt es für wahrscheinlich, dass die auf der Banderole befindlichen Zeichen Ra und Zai aus dem Arabischen stammen. Ebenso sind Buchstaben vorhanden, die sich griechisch interpretieren lassen, etwa Delta, Zeta und Omega. Letzteres hat wiederum eine religiöse Bedeutung, denn es steht für den Begriff »Alles« und »Gott«.

In jüngerer Zeit hat sich der norddeutsche Forscher Herwig Brätz dem Schrifträtsel angenommen. Für ihn sind die drei Segmente auf dem zweiten Relief der Westseite recht deutlich zu lesen als griechisches Alpha, Omega und Gamma (siehe Tafel 2). Auf der vierten Bilderfolge (siehe Tafel 4) glaubt Brätz das Wort Chrystus enträtselt zu haben. »Wobei der zweite Buchstabe zugleich H und R bedeutet und das S gespiegelt ist. Der dritte Buchstabe Y gleicht dem Gamma der zweiten Tafel.«

Das wäre nicht der einzige geheimnisvolle Christus-Schriftzug im Hause Habsburg. Die Wiener Schatzkammer (Wien 1, Hofburg) bewahrt ein unveräußerliches Erbstück, das in der Renaissance mit dem Heiligen Gral gleichgesetzt wurde. Gemeint ist die außergewöhnliche Achatschale mit fast elf Kilogramm Gewicht und einer Spannweite von 76 cm inklusive zweier Handgriffe. Das Unikat wurde meisterhaft aus einem mächtigen Achatblock geschnitten, vermittelt jedoch den Eindruck, als wäre es aus Wachs geformt. Das Mysteriöse daran: Die Maserung des Achats beinhaltet den Schriftzug »B XRISTO RI XXPP«. Er wird mit dem Namen Christi in lateinischen und griechischen Buchstaben gedeutet: »XRISTO« im Lateinischen und »XXPP« als Verdoppelung des griechischen Chi und Rho, den Initialen des Namens Christus. Da 13 Buchstaben im Stein enthalten sind, wird darüber spekuliert, ob dies ein Hinweis auf Christus und die zwölf Apostel sein könnte. Die Schriftzeichen sind etwa 3 cm hoch, beginnen links bei einer hellen Achatwolke und führen zu einem eckigen weißen Fleck auf der rechten Seite.

Fest steht: Die Inschrift ist weder in den Stein aufgemalt, geritzt oder geätzt worden, sondern liegt unter der Oberfläche des Steins. Leider ist das Monogramm Christi nur selten sichtbar, und wenn, dann nur mit Gottes Gnade unter ganz bestimmten Lichtverhältnissen. Zuletzt gelang es einem ORF-Kamerateam im Oktober 2009, das Schrifträtsel auf Film zu bannen.

Unerklärlich, Naturwunder oder optische Täuschung? Professor Rudolf Distlberger, ehemals Direktor der Wiener Schatzkammer und Spezialist für Steinschneidekunst, hat die Achatschale genauer unter die Lupe genommen. Sein Resümee: »Die Inschrift existiert in der ihr eigenen wunderbaren Weise. Sie entzieht sich dem Zugriff der wissenschaftlichen Verifikation und das Rätsel bleibt ungelöst.«

Gibt es eine Verbindung zu den Chiffren am Goldenen Dachl? In beiden Fällen handelt es sich um verborgene Christussymbole, wenngleich unterschiedlich geschrieben. Die Herkunft der Achatschale ist zwar nicht einwandfrei geklärt, aber die meisten Kunstexperten sind sich darüber einig, dass sie im 4. Jahrhundert n. Chr. entstanden ist. Wahrscheinlich stammt sie aus Konstantinopel, wo sie 1204 erbeutet wurde und in den Schatz der Herzöge von Burgund gelangte. Von dort – so die Vermutung – sei sie durch die Heirat Maximilians I. mit Maria von Burgund auf dem Erbweg in habsburgischen Besitz übergegangen. Ob die kaiserlichen Regenten damals bereits vom versteckten »XRISTO«-Zeichen in der Schale wussten, lässt sich allerdings nicht mit Sicherheit belegen.

Hingegen scheint es durchaus plausibel, dass der Schriftzug Chrystus, so wie von Herwig Brätz gedeutet, tatsächlich auf der Fassade des Maximilianischen Architekurwunders verewigt worden ist. Es ist schriftlich überliefert, wie der Kaiser immer wieder versuchte, sich in die Nähe des Erlösers Jesus Christus zu rücken. Niemand, nicht einmal Jesus Christus, habe so viel gelitten wie er, seufzte er öfter. Und es gibt Gemälde, wo sich Kaiser Maximilian I. gemeinsam mit dem Jesuskind darstellen ließ. Eines trägt den Titel »Rosenkranzfest«, stammt von Albrecht Dürer und hängt heute in der tschechischen Nationalgalerie in Prag.

Auf der Brüstung des Goldenen Dachls lassen sich noch mehr kaiserliche Geheimchiffren mit tiefer Bedeutung entdecken. Das letzte

Relief zeigt einen Schriftzug, den Herwig Brätz als lateinische Lesart »nihil« deutet, was wörtlich übersetzt »nichts« heißt (siehe Tafel 10). Im philosophischen Sinne ist die Verneinung aller Werte gemeint und die Auffassung, dass alles Sein sinnlos und nichtig sei. In der abendländischen Geschichte wurde der Begriff auch polemisch verwendet, etwa für die Ablehnung von Kirche und Religion. Dazu eine weitere Assoziation: Das Wort »Chiffre« ist abgeleitet vom arabischen »sifr«, was übersetzt »nichts« bedeutet.

Im linken Mittelrelief der vorspringenden Loggia gibt es eine weitere Besonderheit. Hier wurde zwischen den Köpfen von Kaiser Maximilian und seiner Gemahlin Bianca (siehe Tafel 5) der hebräische Buchstabe Schin erkannt. Es gibt fünf Definitionen dazu, die entweder mit »Zähne«, »Standfestigkeit im Glauben«, »zum Guten verändern«, »umkehren« oder als »Jahr« übersetzt werden können. Ein Schin-Zeichen existiert auch im arabischen Alphabet und leitet sich von dem Wort schams ab, das übersetzt »Sonne« bedeutet. Brätz weist darauf hin, dass der Buchstabe gleichzeitig eine auffallende Ähnlichkeit mit der ägyptischen Hieroglyphe Gras bzw. Binse zeigt, die im Reich der Pharaonen mit der Königswürde und mit Jenseitsvorstellungen verknüpft war. Kann es Zufall sein, dass der Buchstabe Schin einer Krone sehr ähnlich sieht? Er besteht aus drei Waw-Zeichen, die zusammengefügt mit dem lateinischen W verwandt sind.

Brätz erinnert daran, dass »Waw der 6. Buchstabe des hebräischen Alphabets ist, womit Schin zugleich den Zahlenwert von drei Sechsen hat: 666«. Da die Zahl ursprünglich in der biblischen Offenbarung des Johannes vorkommt und als »Zahl des Tieres« oder »Zahl des Antichristen« gilt, messen Okkultisten ihr besondere Bedeutung bei. Aber wir müssen den Teufel deshalb nicht gleich an die Wand malen, auch wenn Zahlenmystiker des Cyberspace-Zeitalters selbst im World Wide Web die 666 erkennen.

Damit kommen wir zum Phänomen der Akronyme. Gemeint sind Anfangsbuchstaben, die mehrere Wörter zu einem Symbol zusammenfassen. Fingerfertige Facebook-Kids und iPhone-Nutzer der Gegenwart kommunizieren zunehmend in dieser Kürzelsprache. Nichteingeweihte verstehen Kauderwelsch. Doch wer von den jungen Mobilfunkern weiß noch, dass SMS »Short Message Service« heißt? Und wer hat einen blassen Schimmer davon, dass mit diesem Kürzel gleichermaßen die Kücheneinbaunorm »Schweizer Mass-System«, der

»Salzburger Mietwagen Service« oder die Erbkrankheit Smith-Mage-nis-Syndrom gemeint sind? Liegt hier das Kernproblem zur Auflösung der Maximilianischen Geheimniskrämerei? Spezialisten gelang es zwar, etliche Buchstaben zu entziffern, aber der chronologische Inhalt der Zeichenfolge bleibt weiterhin unklar. Das Faszinierende: Jedem Betrachter eröffnet sich ein breiter Spielraum an Interpretationen. Aber wie lautet die richtige Lösung? In welcher Sprache sind die Chiffren von Kaiser Maximilians Denkmal verewigt worden?

Alphabet der unbekannten Sprache Henochisch. (Bild: Archiv R. H.)

Beim Anblick der einzelnen Symbole fiel mir die Ähnlichkeit zu einer unbekannten Sprache auf, die »Henochisch« genannt wird. Dazu gibt es in der okkulten Literatur Texte, die erst 80 Jahre nach dem Bau des Goldenen Dachls aufgezeichnet worden sind. Sie könnten dennoch von Bedeutung sein, denn die Ursprünge dieser magischen Worte werden auf den Namen Henoch zurückgeführt. Es ist jene sternenkundige Gestalt aus dem Alten Testament, die uns bereits in den Überlegungen zum ägyptischen Weisheitsgott Thot und dem Bau der Pyramiden begegnet ist. Der Überlieferung nach unternahm der jüdische Patriarch Henoch eine Himmelsreise und hatte Kontakte mit überirdischen Wesen.

Unterhielten sich die Engel auf Henochisch? John Dee (1527–1608), ein bedeutender englischer Mathematiker, Geograf und Alchemist, war offenbar überzeugt davon. Der Magier erfreute sich der Gunst von Königin Elisabeth I. und des deutschen Kaisers Rudolf II. 1582 soll dem Hofastrologen in seinem Londoner Studierzimmer ein Engel namens Uriel erschienen sein. Der österreichische Schriftsteller Gustav Meyrink (1868–1932) hat dieses übersinnliche Erlebnis in dem Roman »Der Engel vom westlichen Fenster« literarisch verarbeitet. Es heißt, der Fremde habe Doktor Dee einen Kristall überreicht, der ihm als visionäres Hilfsmittel diente. Danach beschworen Dee und sein Assistent, das Medium Edward Kelly, den Himmelsboten und empfingen kryptische Botschaften in henochischer Sprache. Daraus entwickelte sich ein magisches System mit individuellem Alphabet, Wortschatz und eigener Grammatik. Dee gelang es nicht, das Geheimnis dieser unbekannten Engelssprache zu lüften. Die Originalschriften befinden sich heute in der Bibliothek des Britischen Museums in London.

Seitdem die Notizen über unheimliche Begegnungen bekannt geworden sind, üben sie eine große Anziehungskraft auf Alchemisten und Esoteriker aus. Sprachforscher erkennen Gemeinsamkeiten mit dem Hebräischen in der grammatischen Satzlehre. Für Okkultisten sind die geheimnisvollen Laute und Symbole Relikte aus der Zeit des sagenhaften Atlantis.

Sind die »henochischen Aufzeichnungen« mehr als Träumerei? Handelt es sich um reale Spuren in die Anderswelt? Wie immer das Urteil lauten mag, eine einheitliche Interpretation der »henochischen Gespräche« fehlt bislang. Jedenfalls muss der Erfinder der Engelssprache ein fähiger Kopf gewesen sein, denn diese Sprache verfügt über ausgeklügelte Regeln der Grammatik mit vollständigem Vokabular.

Skeptiker werden die These einer erfundenen Kunstsprache bevorzugen. Davon gibt es heutzutage eine ganze Liste. Denken wir an »Klingonisch«, eine fiktiven Sprache, die 1984 für die Fernsehserie »Star Trek« konzipiert wurde. Genauso verhält es sich mit »Arkonidisch«, der interkosmischen Kommunikation in der deutschen Science-Fiction-Romanserie »Perry Rhodan«.

Hat sich der Mathematiker John Dee im 16. Jahrhundert einen Spaß erlaubt und die Fachwelt getäuscht? Einleuchtend ist das nicht. Dee war zu seiner Zeit ein angesehener Wissenschaftler. Mit der Veröffentlichung seines spirituellen Tagebuches und der offenbar gewordenen Beschäftigung mit Engelsvisionen war sein wissenschaftlicher Ruf ruiniert. Weshalb sollte sich der renommierte Gelehrte mit einer fingierten Geschichte in Szene setzen, wo er doch wissen musste, dass sie ihm nur schaden würde? Bis zu seinem Lebensende hielt John Dee an der Realität der Engelserscheinungen fest. Er glaubte an die Möglichkeit, sich ihrer Dienste durch Magie versichern zu können.

Wie erklärt sich nun die Ähnlichkeit des Henochischen mit einigen Geheimzeichen auf dem Goldenen Dachl? Damit, dass da wie dort hebräische und kabbalistische Zeichen entdeckt worden sind? Gibt es einen verborgenen Zusammenhang zur mystischen Kabbala (»Überlieferung«, sinngemäß auch »von Gott aufgenommen«), in der sich jüdische, gnostische und christliche Elemente finden lassen? Die Wurzeln dieser Tradition finden sich in der Tora, der Heiligen Schrift des Judentums.

Im 13. Jahrhundert entwickelte sich die Kabbala zu einem der wichtigsten Themen in der abendländischen Esoterik. Eine Weisheit daraus erklärt die Unmöglichkeit, Gott erkennen zu können. Ein Buch der Kabbala trägt den Titel »Sepher Jezira« (»Buch der Schöpfung«). Es enthält eine magische Form des hebräischen Alphabets. Die Buchstaben werden »Himmelsschrift« genannt und erinnern wiederum an die Glyphen der Golddachl-Banderole.

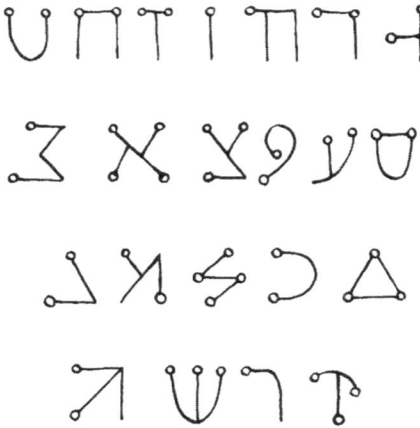

Zeichen der Himmelsschrift, einer magischen Form des hebräischen Alphabets. Die Buchstaben haben Ähnlichkeit mit den Glyphen am Goldenen Dachl zu Innsbruck. (Bild: Archiv R. H.)

Als einer der bedeutendsten Kabbalisten gilt der Spanier Abraham ben Samuel Abulafia (1240–1291) aus Saragossa. Umberto Eco hat ihn 1988 in seinem Roman »Das Foucaultsche Pendel« einer breiten Leserschaft bekannt gemacht. Abulafia war ein Visionär und jüdischer Mystiker, der sich mittels prophetischer Ekstase in andere Bewusstseinszustände tanzte. Er verbreitete den Glauben, dass der Mensch nur in größter Verzückung Zugang zu seinem innersten Wesen erlangen könne. Eine religiöse Vorstellung, die mit den ekstatischen Verrenkungen der Moriskentänzer auf dem Balkon des Goldenen Dachls übereinstimmt.

Abulafia war überdies davon überzeugt, dass durch Offenbarung und Prophetie das Wort Gottes in die menschliche Seele und Sprache gelangen kann. Eines stimmt sicher: Dank sprachlicher Verständigung besteht zumindest die Chance, Neues zu erfahren, tiefere Erkenntnisse über Dinge und Ereignisse zu erwerben und insgesamt ein wenig klüger zu werden. Kaiser Maximilian wusste um die Macht der Worte, denn er beherrschte sieben Sprachen fließend.

Die Spur zu kabbalistischen Symbolen auf dem Goldenen Dachl lässt sich zeitlich mit historisch bedeutsamen Ereignissen in Einklang bringen. Acht Jahre vor der Fertigstellung des kaiserlichen Prunkerkers, anno 1492, übergab Muhammad XII., der letzte Emir von Grenada, die Stadt an die katholischen Könige Ferdinand II. und Isabella I. Damit endete die fast 800-jährige Geschichte der muslimischen Mauren auf der iberischen Halbinsel. In der Folge wurden Christoph Kolumbus, einem genuesischen Seefahrer in spanischen Diensten, drei Schiffe gewährt, um den Seeweg nach Indien auf einer Westroute zu suchen. Im Glauben, er sei in Indien, erreichte der Abenteurer wenige Wochen später Amerika. Im selben Jahr unterzeichnete das Königspaar Isabella und Ferdinand das Alhambra-Edikt, in dem die Vertreibung aller Juden aus Spanien angeordnet wurde. Bleiben durften nur jene jüdischen Mitbürger, die sich zum Christentum bekehrten. Das gleiche Schicksal mussten die Mauren erdulden. Schlimm genug, so mutet es auch befremdlich an, dass diese »öffentliche Bekanntmachung« erst am 1. April 1992 durch den spanischen König Juan Carlos I. unwiderruflich außer Kraft gesetzt wurde.

Als die Juden Ende des 15. Jahrhunderts in Spanien vertrieben wurden – die meisten suchten eine neue Heimat in Portugal, der Türkei, den Niederlanden und in Nordafrika –, verbreitete sich die Lehre der Kabbala immer weiter im Volk. Die Bevölkerung, die auf einen neuen Messias wartete, hoffte, durch kabbalistische Astrologie genauere Informationen über dessen Person und sein baldiges Erscheinen zu erhalten. Sah sich Kaiser Maximilian I. dafür als auserwählter Wegbereiter? Die Fertigstellung seines Prunkerkers markiert jedenfalls exakt den Aufbruch in ein neues Jahrhundert. Das Goldene Dachl als sichtbares Bekenntnis für den Traum an ein nahendes »Goldenes Zeitalter«?

Alle Deutungen zum Goldenen Dachl und die Übersetzungsversuche seiner Inschriften lassen eine gemeinsame Verbindung erkennen: Ob lateinische, griechische, arabische, kufische, hebräische, kabbalistische oder henochische Chiffren – die Zeichen- und Wortfragmente stehen mit »göttlichen und philosophischen Glaubensvorstellungen« in engem Zusammenhang. Dieser Hinweis ergibt sich ebenso aus vier teils beschädigten Eckfiguren am Fries der Fassade. Auf der linken Sei-

Ostseitige Eckfiguren am Fries: Pharaonenpriester und Rabbi?
(Bild: Vinzenz Oberhammer; Stadtarchiv Innsbruck)

te sind es zwei zum Himmel blickende Gestalten in leichter Tanzbewegung. Es sind Geistliche, denn einer trägt einen Mantel mit Kapuze und sein »Bruder«, vielleicht ein nicht geweihter Laienmönch, eine Kutte mit Krempenhut. Die beiden Skulpturen auf der rechten Friesseite sind noch interessanter. Die eine zeigt einen Mann mit Pharaonenkopftuch, die andere trägt eine jüdische Kappe und hält in ihren Händen ein aufgerolltes Schriftband.

Christliche, muslimische und jüdische Kleriker gemeinsam auf dem goldenen Prunkerker von Kaiser Maximilian?

Johanna Felmayer sieht in der Umschreibung des Gottesbegriffs den Schlüssel zur Auflösung des Golddachl-Codes. Der Grundgedanke ist gutgläubig: »Möglich und sinnvoll zu den Moriskentänzern wäre, dass sie alle, trotz ihrer verschiedenen Religion oder Tradition, eines gemeinsam haben: die Suche nach Gott! So sollten sie diese Gemeinsamkeit im eingehenden Band sowie der Unsinnigkeit ihrer Kämpfe erkennen.«

Die Meisterfrage und Maximilians geheime Tagebücher

Das Goldene Dachl – mit seiner auffallenden Architektur, den grotesken Skulpturen, dem unlesbaren Schriftband und der bunten Malerei – ist ein einzigartiges Gesamtkunstwerk. Welchem genialen Geistesblitz haben wir dieses Bauwunder zu verdanken? Es gibt keine einzige Quelle, die einen Meisternamen nennt. Angenommen wird, dass mehrere Künstler mitgewirkt haben. Aber welche? Aufgrund vergleichbarer Steinmetzerei sind sich Kunstexperten ziemlich einig darüber, dass die Bauarbeiten von Nikolaus von Türing dem Älteren stammen. Seine Biografie weist jedoch grobe Lücken auf. Belegt ist, dass er »Oberster Werkmeister« Kaiser Maximilians war, vermutlich aus Schwaben stammte und 1517 verstarb.

Noch schwieriger ist die Meisterfrage bei den Wandfresken zu beantworten. Wer bemalte das rätselhafte Schriftband, illustrierte das Gemälde im Loggiengeschoß und gestaltete die überlebensgroßen Figuren, die auf der Fassade im ersten Obergeschoß die österreichische und die römisch-deutsche Reichsfahne schwingen?

Schlägt man in Kunstlexika nach, fällt am häufigsten der Name Jörg Kölderer (1470–1540), der für Maximilian als Hofmaler tätig war.

Ob er aber wirklich der Schöpfer der Malereien vom Goldenen Dachl ist, bleibt fraglich, da es hierzu wiederum keine gesicherten Quellen gibt. Ebenso fehlen von ihm analoge Fresken mit gleicher Qualität, die eine genaue stilistische Zuordnung erlauben würden. Stadtarchivar Lukas Morscher hat seit Kurzem einen anderen Künstler im Visier, der jedoch anonym bleibt: »Die Wandmalereien im Erkergeschoß entstanden um 1500, wurden jedoch mehrmals überarbeitet, ebenso die riesenhaften Fahnenträger an der Vorderseite. Als Urheber wird der Meister FS vorgeschlagen.«

Wer dieser »Phantomkünstler« war, wissen wir nicht, aber er hat im benachbarten Stiftskeller, dem ehemaligen Harnischhaus, ein detailliertes Wandgemälde hinterlassen, das in der Kunstfertigkeit große Ähnlichkeit mit den Malereien des Goldenen Dachls aufweist. Dieses Gemälde zeigt eine geheimnisvolle Gestalt, die eine Wendeltreppe emporsteigt. Das Bild ist mit dem Jahr 1505 datiert und trägt an einer Stufe die Initialen »FS«.

Wer auch immer die fähigen Kunstschaffenden am Innsbrucker Wahrzeichen waren – sie haben letztlich die strengen Vorgaben ihres Auftraggebers und Förderers in die Tat umgesetzt. Das war Kaiser Maximilian I., dem durchaus zuzutrauen ist, dass er selbst den tiefgründigen Facettenreichtum seines Denkmals samt Schrifträtsel akribisch genau erdacht hat. Das Lebenswerk des Habsburgers zeichnet einen strahlenden Held, der als Universalgenie in die österreichische Geschichte eingegangen ist. Das Bild mag traditionell glorifiziert sein, und doch kann kein Zweifel daran bestehen, dass der am 22. März 1459 in Wiener Neustadt geborene Maximilian I., genannt »Der letzte Ritter«, eine außergewöhnliche Persönlichkeit gewesen ist.

Als wagemutiger Feldherr, Erzherzog von Österreich, deutscher König und seit 1508 Kaiser des Heiligen Römischen Reiches besaß Maximilian herausragende Fähigkeiten: Er war Ballistikexperte, fabelhafter Reiter, großartiger Jäger, Naturfreund, Bergsteiger, Tischler, Mathematiker, Astronom, Dichter, Maler, Musiker, Tänzer, Architekt und Alchemist. Obendrein war er ein geniales Sprachtalent, widmete sich der Magie und dem Hexenwesen, war Mäzen bedeutender Gelehrter und Künstler, schrieb autobiografische Werke und bediente sich gerne verschlüsselter Geheimschriften. Sein Ritterepos »Theuerdank« gilt als einer der bedeutendsten Schätze aus den Anfängen der Buchdruckerkunst. Die Originalausgabe aus dem Jahre 1517 ist mit einer speziel-

Wer sich für das Schrifträtsel am Goldenen Dachl interessiert, findet Quellen im Innsbrucker Stadtarchiv. (Bild: Elvira Schwarz)

len verschnörkelten Frakturschrift verfasst. Man bezeichnet diese besondere Schreibweise in der Druckersprache witzig als »Elefantenrüssel«.

Beim Studium im Innsbrucker Stadtarchiv in der Badgasse gleich hinter dem Goldenen Dachl stieß ich auf einen erstaunlichen Vermerk der Geschichtsforscherin Johanna Felmayer. In ihrem 1996 veröffentlichten Kunstband »Das Goldene Dachl in Innsbruck« erwähnt sie: »Maximilian I. hat seine Mitteilungen zwar verschlüsselt, aber nichts dem Zufall überlassen. Er hat ja auch Tagebücher in einer selbst erfundenen Geheimschrift geführt.« In einer Fußnote wird ergänzt: »Der ehemalige Stadtarchivar Dr. Karl Schadelbauer hat mir solche einmal über den Tisch hinweg gezeigt. In die Hand nehmen durfte ich sie nicht. Sie sind auch nie der Forschung zugänglich gemacht worden.«

Aber, hallo! Das wirft eine Reihe brisanter Fragen auf: Wo werden die Bücher heute aufbewahrt? Hat sich jemals ein Schriftexperte mit dem Inhalt befasst? Konnte der Text entziffert werden? Haben Kryptografen Vergleiche mit den unlesbaren Zeichen am Goldenen Dachl durchgeführt? Wenn nicht, weshalb wurde das im Zuge der Schrift-band-Enträtselung nie in Erwägung gezogen?

Meine Anfrage an den Stadthistoriker und Archivleiter Lukas Mor-scher, wo denn die Tagebücher Maximilians aufbewahrt werden, wur-de mir von seiner Museums- und Archivmitarbeiterin Daniela Jänsch beantwortet: »Ich darf Ihnen mitteilen, dass Herr DDr. Morscher und sein Vorgänger die ›Geschichte‹ zwar kennen, aber nicht wissen, wo sich ein Exemplar der Tagebücher befindet bzw. wie sich die Situation damals zugetragen hat. Leider kann ich Ihnen keine Auskunft über den Verbleib der Bücher geben.«

Merkwürdig. Die mit der Hand geschriebenen Aufzeichnungen von Kaiser Maximilian, die auch als »Gedenkbücher« bezeichnet wer-den, müssten doch so berühmt sein, dass sie in der Kunstgeschichte einen bedeutenden Platz einnehmen. Gemäß Felmayer sollte man an-nehmen, die wertvollen Stücke waren einst Bestandteil der Sammlung in Innsbruck, weil ihr hier die Bücher vom ehemaligen Stadtarchivar Schadelbauer (1902–1972) gezeigt wurden. Johanna Felmayer hat die Notizbände mit eigenen Augen gesehen. Wieso fehlt aber dann im Stadtarchiv die Bestandsliste, die das bestätigen könnte?

»Die Bücher waren bei uns nie inventarisiert und somit nicht im Besitz des Archivs«, beteuert Daniela Jänsch, räumt aber ein, »dass es immer wieder Gründe und Fälle gibt, in denen Archivalien verschwin-den.«

Es gab zwar Umbauarbeiten, aber von gröberen Wasserschäden oder Brandkatastrophen ist nichts bekannt. Selbst wenn es in der frag-lichen Zeit zu Unglücken gekommen wäre, müsste der Verlust von solch bedeutenden Dokumenten irgendwo verzeichnet sein – doch nichts dergleichen. Wer nun glaubt, Johanna Felmayer könnte womög-lich geflunkert haben, zielt ins Leere. Es wird unabhängig von ihr noch ein zweiter ehrbarer Zeuge genannt: der renommierte Grazer Uni-versitätsprofessor und Maximilian-Spezialist Hermann Wiesflecker (1913–2009). In seinem mehrbändigen Standardwerk über Maximili-an schreibt der Wissenschaftler, dass »fünf Tagebücher erhalten« sind. Da könnte man sogar meinen, es gab ursprünglich noch mehr davon. Er bestätigt, dass sie in einer »Geheimschrift« abgefasst worden sind, die nur Maximilian lesen konnte.

Weitere Nachforschungen führten zunächst ins Tiroler Landes-archiv, weiter ins Steiermärkische Landesarchiv und schließlich zum

Österreichischen Staatsarchiv. Der Direktor der Sammlung Thomas Just gab dann den entscheidenden Hinweis. Er versicherte mir, dass es die Bände tatsächlich gibt und dass sie – anders als etwa »Hitlers Tagebücher« – wirklich authentisch sind. Eines dieser raren Stücke wird in der staatlichen Urkundensammlung aufbewahrt, weiß der Bibliothekar. Dieses enthält zwar »keine Einträge in Geheimschrift, aber es befinden sich noch vier weitere Gedenkbücher in der Handschriftensammlung der Österreichischen Nationalbibliothek«. Bingo! Bei einem dieser Kodexe wird ein Geheimcode ausdrücklich genannt. Er wurde in den Jahren 1509 und 1513 von Kaiser Maximilian verfasst, wobei zusätzlich eine spezielle »Eilschrift« erwähnt wird, die in dem »Tagebuch« Anwendung fand. Sind damit Akronyme gemeint, also Texte als Kürzel oder Initialwörter, ähnlich der Chat-Sprache moderner Internetnutzer?

Maximilians persönliche Geheimberichte haben sich doch nicht in Luft aufgelöst! Der Chronik zufolge wurden sie im Jahre 1665 aus Schloss Ambras in Tirol nach Wien in die Hofbibliothek des Habsburgischen Kaiserreichs gebracht. Das ist heute die »Österreichische Nationalbibliothek« mit Abermillionen wertvoller Bücher, Druckwerke und Dokumente. Die Abteilung mit den rund 55.000 mittelalterlichen Handschriften macht nur einen kleinen Teil des ansehnlichen Hofschatzes aus. Aber mittendrin im Depot sind Maximilians heimliche Tagebücher. Wie mir Archivar Friedrich Simader bestätigte, sind die Unikate im Hauptkatalog ab 1992 verzeichnet, aber »kurz gefasste Studien, die sich explizit mit der Geheimschrift Maximilians beschäftigen, ließen sich nicht ermitteln«.

Schriftprobe aus Kaiser Maximilians 3. Gedenkbuch, das er teilweise in Geheimschrift verfasste und das nur er lesen konnte. (Bild: ÖNB, Cod. 2900)

Was dabei stutzig macht: »Es gibt nur eine Abbildung in einem digitalisierten Katalog, aber kein nachweisbares Fotonegativ.« Dank mühsamer Sisyphusarbeit lässt sich ein Erfolg bei der Spurensuche verbuchen: Das sogenannte 3. Gedenkbuch von Kaiser Maximilian, das als »Cod. 2900« in der ÖNB aufbewahrt wird, ist in lateinischer Schrift verfasst, enthält aber tatsächlich Passagen in verschlüsselter Form. Eine auffällige Ähnlichkeit zu den Geheimzeichen auf dem Goldenen Dachl ist auf den ersten Blick allerdings nicht erkennbar. Doch die wissenschaftliche Aufarbeitung zum verschleierten Inhalt ist keineswegs abgeschlossen. Was wir aber mit Bestimmtheit wissen: Kaiser Maximilian war ein schriftkundiger Geheimnisträger, der gerne Informationen versteckte. Warum sollte das bei der Rätselbanderole auf der Balkonbrüstung am Goldenen Dachl anders gewesen sein? Es ist zudem überliefert, dass der Kaiser ein Liebhaber der Maskerade war. Erzählt wird, er sei ein fideler und leutseliger Mensch gewesen, der selbst waghalsige Narreteien nicht scheute. Anekdoten darüber gibt es genug.

Als der vorlaute Franzose Claude de Barré in Worms die gesamte deutsche Ritterschaft zum Zweikampf herausforderte, besiegte ihn Maximilian auf dem Turnierplatz, ohne dass er sich als regierender Fürst zu erkennen gab. In München betrat er einen Tierkäfig und bändigte die wilden Löwen. In Ulm wird erzählt, Maximilian sei auf den Kirchturm bis zum Kreuz geklettert und habe dort akrobatische Turnübungen vollführt. Das berühmteste Wunder soll sich zwei Jahre vor der Krönung zum deutschen König an der Martinswand nahe Innsbruck abgespielt haben. Die Überlieferung aus dem Jahre 1484 berichtet, dass Maximilian, dem Tode geweiht, drei Tage und Nächte auf einem schmalen Felsvorsprung ausharrte, nachdem er sich bei einer Gamsjagd im steilen Gebirge verstiegen hatte. Seither plaudert der Volksmund, Maximilian habe Kontakt mit einem Engelswesen gehabt, das ihn aus seiner misslichen Lage befreite.

Wenn man den zahlreichen Legenden Glauben schenkt, die sich um Kaiser Maximilian ranken, dann muss der Herrscher ein tollkühner Übermensch gewesen sein. Tapferkeit, Mut, Weisheit, Scharfsinn und Humanismus werden ihm zugeschrieben. Doch die Grenzen zwischen Genie und Wahnsinn verschwimmen gerne. Auch Supermax hatte seine menschlichen Schattenseiten, neigte zu Exzentrik, Verschwendungssucht und Größenwahn. Maximilian war ein Verehrer der holden Weiblichkeit, egal welcher Gesellschaftsschicht. Bei Bianca Maria Sforza, seiner zweiten Ehefrau, war von zärtlicher Romantik allerdings nichts zu bemerken. Zur Hochzeit in Mailand im November 1493 schickte der Göttergatte einen Stellvertreter. Die Mitgift der Braut war schnell verbraucht. So kam es vor, dass der König seine Gemahlin, zum Gespött ihres Hofstaats, den Wirten der Reichsstädte zum Pfand überlassen musste. »Bei der Beerdigung fehlte Maximilian und sie war ihm auch kein Grabmal wert«, weiß die Historikerin Johanna Felmayer. Von Herzenswärme also keine Rede. Die Heirat diente offenbar nur einem Zweck: Mailand für das Habsburgerreich zu sichern.

Letztlich aber war Maximilians Außenpolitik verfehlt. Sie artete zu langen, erfolglosen Kriegen mit benachbarten Ländern aus und führte zum Wirtschaftsbankrott. Daran hatten freilich auch seine mit Prunk und Pracht überladenen Feste ihren Anteil. Die Geldkammer war leer, viele Ländereien verpfändet. Bitter das Ende: Als Maximilian von einer Reise wieder in Innsbruck ankam und sich hier längere Zeit niederlassen wollte, weigerten sich die Bürger, sein Gefolge samt Pferden unterzubringen und zu versorgen. Verdrossen und an Darmkrebs erkrankt machte sich der Kaiser auf den beschwerlichen Weg nach Wien, starb jedoch unterwegs am 12. Januar 1519 in der Burg von Wels. Seinem letzten Wunsch entsprechend wurden dem Toten die Zähne ausgebrochen, die Haare geschoren und das Herz nach Flandern gebracht. Dort liegt es in der Liebfrauenkirche von Brügge neben den Gebeinen seiner ersten Ehefrau Maria von Burgund. Alle anderen sterblichen Überreste wurden in einem einfachen Sarg in der Georgskapelle seines Geburtsortes Wiener Neustadt beigesetzt. Dabei hatte der Landesvater noch zu Lebzeiten in der Innsbrucker Hofkirche eine bombastische Ruhestätte für sich errichten lassen. Sie ist mit 28 monumentalen Bronzestatuen (geplant waren 40) die größte figurale Grabanlage des Abendlandes. Das leere Maximiliansgrab ist einmalig und weltbekannt, auch ohne Maximilians Gerippe.

Die Geschichte seines Ablebens ist so skurril wie vieles im abenteuerlichen Leben des Königs, der stets von einem »Neuen Goldenen Zeitalter« des Friedens und der religiösen Aussöhnung träumte. Ein naiver Wunschgedanke, der in unserer hoch technisierten und globalisierten Welt nach wie vor Aktualität besitzt. Hat der angeblich vernunftbegabte Homo sapiens des 21. Jahrhunderts aus seiner Vergangenheit gelernt? Zweifel sind berechtigt. Terror, Glaubenskriege,

Hunger, Zerstörung, Chaos, Banken- und Wirtschaftskrise sowie das Versagen der Politik zeichnen ein düsteres Bild unserer Gesellschaft. Viele Menschen träumen weiterhin von einer gerechten und besseren Zukunft. Sind sie alle kindliche Idealisten, Narren und Traumtänzer?

Mysterien, Mythen und Mummenschanz

War Kaiser Maximilian ein Schelm? Humor, Witz und Selbstironie muss er jedenfalls besessen haben. Wie sonst ist erklärbar, dass sein goldenes Denkmal mit schlüpfrigen und schalkhaften Motiven geradezu übersät ist? Man kann diese Figürchen genauso leicht übersehen wie das Schriftband hinter den Moriskentänzern, dennoch sie sind da. Nahe dem Eingang im Erdgeschoß lauert am Netzrippengewölbe ein groteskes »Begrüßungskomitee«: kleine, wilde, nackte Gestalten in unsittlichen Posen. Darunter ein Wicht, der seine entblößte Kehrseite anbietet und ein anderer Schalk, der Besuchern ungeniert seinen Phallus entgegenstreckt.

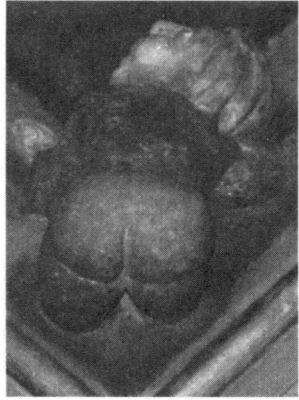

Auf einem modernen Amtsgebäude undenkbar: obszöne Figuren wie diese im Eingangsbereich zum Museum. (Bilder: Museum Goldenes Dachl)

Dass sich Maximilian in Gesellschaft von Narren, grotesken Tänzern und obszönen Figuren darstellen ließ, überrascht auch Stadtarchivar Lukas Morscher. »Ein ähnliches Bildprogramm an einem heutigen

198

Verwaltungsgebäude wäre undenkbar.« Die Verwunderung steigert sich im Inneren des Gebäudes. Über breite Stufen gelangen Gäste zur Pforte eines kleinen, reizvollen Museums. Der Treppenaufgang führt weiter ins zweite Obergeschoß des Goldenen Dachls. Hier sind wichtige Dokumente ausgestellt, die anschaulich über das Leben im Zeitalter Kaiser Maximilians, seiner Regentschaft und die Geschichte des einzigartigen Innsbrucker Baudenkmals informieren. In einer Vitrine liegt ein eiserner »Groteskhelm« aus den Anfängen des 16. Jahrhunderts. Er ist aufklappbar, hat Augenlöcher und zeigt das Antlitz eines Türken. Diente der Aufsatz einst als »Schandmaske« oder war er Zubehör im Moriskentanz?

Die Sammlung besitzt außerdem wertvolle Gemälde. Viele zeigen Kaiser Maximilian im Porträt mit typischer Höckernase und Pagenlook. Was dabei gerne mitfunkelt: Die Ordenskette vom Goldenen Vlies. Die Bruderschaft wurde 1430 in Burgund gegründet, war der Jungfrau Maria gewidmet und bestand ursprünglich aus 30 Rittern. Maximilian war in seiner Amtszeit ihr Großmeister. Im Familienzweig der Habsburger existiert der Orden nach wie vor. Sein Ziel war und ist die Erhaltung des katholischen Glaubens. Seltsam mutet das Logo an. Es ist das Bild eines Widderfells mit Feuerstein. Noch merkwürdiger ist die Verbindung zur griechischen Mythologie, wo das Goldene Vlies mit dem Fell des goldenen Widders Chrysomallos gleichgesetzt wird. Es heißt, das Geschöpf sei riesig gewesen, konnte sprechen und »auf den Wolken laufen«. Personen sollen mit diesem geflügelten Wunderwesen per Luftweg über weite Strecken transportiert worden sein. Ein göttliches Flugvehikel? Was war damit gemeint? Eine These verknüpft den goldenen Widder mit dem Lamm Gottes, einem seit ältester Zeit im Christentum verbreiteten Symbol für Jesus Christus. Könnten die feuerglänzenden Schindeln des Goldenen Dachls ebenfalls mit dieser Vorstellung verschmolzen sein?

Noch eine Rarität gibt es, die ein Fingerzeig zum Golddachl-Code ist: Eine lebensgroße Holzplastik der Spätgotik stellt Kaiser Maximilian dar. Wie ein großer Denker posiert er. Seine linke Hand umfasst eine Schriftrolle, während die rechte Hand mit Zepter leicht erhoben ist. Statt Krone trägt er die Kopfbedeckung eines Gelehrten. Die Skulptur weist zum Schatz des Museums, dem offenen Prunkerker mit seinen sonderbaren Fresken und Miniaturen.

Steht man direkt davor, wird deutlich, dass der Balkon mit einem knappen Meter Tiefe höchst schmal angelegt ist. Ein Betreten ist Besuchern nicht gestattet, aber ein Spiegelsystem ermöglicht es, die Wandmalereien und das Gewölbe aus nächster Nähe zu betrachten. Analog zum Erdgeschoß wimmelt es von drolligen Figuren, verspielten Details und kleinen Wappenschildern, die an den Kreuzungsstellen der Netzrippen angebracht sind. Darunter ein Astronom mit Zettel und Fernrohr, ein behaarter Mann mit Keule, eine Frau mit Schwert, ein schlafender Mönch, komische Fabelwesen und bizarre Fratzenschneider, aber auch nackte Wahrheiten wie Gesäß und Penis, innig umschlungene Menschen und ein goldenes Herz. Wie fremde Planetenbewohner blicken sie vom nachtblauen Himmelszelt auf die Erde herab.

Ein Symbol in der Mittelachse des Gewölbes sorgt in Fachkreisen immer wieder für Diskussion: Es ist eine Mondsichel mit dem Profil eines Mannes, das die Gesichtszüge von Kaiser Maximilian trägt. Für den Innsbrucker Universitätsdozent Franz-Heinz Hye ist es der Honigmond, ein Symbol für Flitterwochen. Es könnte mit der Heirat von Maximilian und Bianca Maria Sforza verbunden sein. Wurde das Golddachl zum Anlass ihrer Vermählung errichtet? Eher unwahrscheinlich, wenn man weiß, dass der Kaiser für seine zweite Ehefrau wenig Zuneigung verspürte. Historikerkollegin Johanna Felmayer kam deshalb zu einer anderen Auffassung: Sie spricht vom Kaisermond und erinnert an die Theorie der zwei Lichter, nach der der Mond dem Kaiser und die Sonne dem Papst zugeordnet war.

In der Österreichischen Nationalbibliothek liegen nicht nur die geheimen Tagebücher Maximilians. Ein fürstlicher Kodex mit der Nummer 7892, genannt »Der Zaiger«, ist ebenfalls eine erstaunliche Hinterlassenschaft. Darin hat Maximilians Hofgeschichtsschreiber Jakob Mennel (1460–1526) die Ahnenreihe des Hauses Habsburg zusammengefasst und illustriert. Folgt man der Chronik, so stößt man auf eine Gemeinsamkeit zum Königsgeschlecht der Merowinger. Da wie dort wird behauptet, ihre Dynastie sei durch eine »göttliche Auserwählung« hervorgegangen. Eine Federzeichnung stellt eine Mondleiter dar, auf der streng hierarchisch die Repräsentanten der Habsburger empor zu den Sternen klettern. Das Motiv ähnelt der Himmelsleiter des jüdischen Patriarchen Jakob, der im 18. Jahrhundert v. Chr. im Land Kanaan gelebt haben soll. Die Bibel berichtet, er habe beobachtet, wie Engel vom Himmel zur Erde auf- und niederstiegen, wobei oben an der Spitze Jahwe – die hebräische Bezeichnung für Gott –

*Federzeichnung von Jakob Mennel aus dem »Zaiger«,
1518: Maximilian steigt mit Gefolge auf einer Mondleiter zu den Sternen
und wird von Engelswesen zum Kaiser gekrönt. Darüber strahlt der
Kaisermond. (Bild: ÖNB, Wien)*

thronte. Jakob ist ebenso einer der Propheten des Islam und findet im Koran Erwähnung. Bei der Version von Mennel befindet sich Maximilian auf der obersten Sprossenleiter und erhält von zwei himmlischen Gottesboten die Krone aufs Haupt gesetzt. Darüber strahlt der Mann im Mond, gemeint ist der Erdtrabant mit Gesichtsprofil. Wenn Maximilian so sehr den Mond anhimmelte, fragt man sich allerdings, weshalb der Kaiser den Silbermann nicht zum Symbol seines persönlichen Wappens auserwählte? War vielleicht doch mehr Sonnenkönig in ihm? Ein silbernes Dachl wäre sicher nicht so glanzvoll gewesen wie das goldene.

Worüber Historiker noch grübeln: Wie sind die Wandgemälde des offenen Prunkerkers zu interpretieren? Neben mythologischen Motiven von Samson und Dalila oder der Entführung eines Mädchens durch ein Seeungeheuer bleibt das große Fresko ein Mysterium. Es ist über die gesamte Rückwand der Loggia gemalt und zeigt eine höfische Gesellschaft samt Hofnarren vor einer Hausfassade. Auch ein Pferd oder Esel ist abgebildet. Links im Bild schaut aus einer Nische ein neckisches Äffchen hervor, das eine Kugel oder einen Ball hält.

»Die Figuren sind in kleinen Gruppen angeordnet, ein gemeinsamer Handlungszusammenhang lässt sich nicht erkennen«, heißt es dazu kurz gefasst im Museumsführer. Doch wieso sollte auf der Schautribüne des Kaisers irgendeine anonyme Minneszene dargestellt sein? Würde man hier nicht eher prominent besetzt den Kaiser mit seinem Gefolge erwarten?

Johanna Felmayer glaubt anhand von Ähnlichkeiten einige Personen identifiziert zu haben. Andere Historiker widersprechen heftig, weil besondere Merkmale wie Wappen oder Orden fehlen und somit eine belegbare Zuordnung nicht möglich ist. Die Idee des Heimatforschers Konrad Fischnaler (1855–1941), die Szenerie meine einen Gerichtsplatz mit Schandesel, fand ebenfalls keine Anerkennung. Eine andere These setzt die versammelten Leute mit mythologischen Figuren gleich, wobei der Gaul als Trojanisches Pferd ausgelegt wird, vielleicht deshalb, weil sich angeblich gemäß Maximilians Stammbaumforschung die Wurzeln der Habsburger bis zum Urahn Hektor zurückführen lassen. Dieser wird in Homers berühmtem Epos »Die Ilias« als mutiger Heerführer, edler Held und Günstling der Götter beschrieben.

Der jüngste Lösungsvorschlag zum Bilderrätsel stammt von Her-

Skizze des Gemäldes auf der Rückwand der Loggia. Motiv und Bedeutung
der einzelnen Figuren sind ungeklärt. Der jüngste Deutungsversuch setzt
Darsteller und Anordnung mit einer »Himmelskarte« gleich.
(Bild: Österreichische Kunsttopographie, Bd. XXXVIII.)

wig Brätz. Der Forscher hat das Kunstwerk in jahrelanger Arbeit nach
mathematischen und astronomischen Aspekten untersucht. Bei Ver-
gleichsanalysen mit der Himmelskarte des deutschen Hofkartografen
Peter Apian (um 1495–1552) fiel Brätz aus allen Wolken. Es ergaben
sich erstaunliche topografische Gemeinsamkeiten mit astronomischen Konstellationen und verborgener Zahlenmystik. Seinen Studi-
en zufolge können die dargestellten Personen des Balkongemäldes als
symbolische Himmelskörper aufgefasst werden. In seiner Auslegung
entspricht das Pferd der Sterngruppe Pegasus und die Burgkulisse dem
Himmelsgewölbe. Wenn man diese Deutung zulässt, so Brätz, dann
könnte das gesamte Gemälde »als irdische Interpretation einer Him-
melsszenerie verstanden werden – eines Spiels der Götter, welches nur
der Eingeweihte durchschaut und dessen tieferer Sinn dem Volk auf
dem Platz vor dem Dachl verborgen blieb«.

Brätz geht noch einen kühnen Schritt weiter, wenn er vermutet, dass

»der Innsbrucker Stadtplan in einem wesentlichen Zusammenhang mit dem Bildprogramm des Goldenen Dachls steht, dass es also nicht um eine abstrakte Geometrie geht, sondern um die Vermessung und Formung eines realen Stückchens Erde«. Verbindet man die Standorte des Goldenen Dachls mit besonderen Plätzen – heute markiert durch die Kirchen Jakob, Spital, Serviten, Johannes – sowie mit dem ehemaligen Kloster der Ursulinen, dann offenbart sich daraus die Anordnung des Sternbildes Taube, einer Sternkonstellation südlich des Orion. Der lateinische Name lautet Columba und steht mythologisch mit der Taube in Beziehung, die den sagenhaften Argonauten den Weg zwischen todbringenden Felsen am Eingang des Schwarzen Meeres wies. Die Überlieferung erzählt auch von der Suche nach dem Goldenen Vlies und dessen Raub. Lässt sich damit ein direkter Zusammenhang zu Maximilians Orden vom Goldenen Vlies ableiten? Andere erkennen im Columba-Sternbild die biblische Taube, die Noah nach der Sintflut aussandte, um nach Land zu suchen. Eine weitere Interpretation vermutet in dem Vogel das Sinnbild für den Heiligen Geist.

Nimmt man einen Stadtplan von Innsbruck zur Hand und vergleicht ihn mit dem Sternbild Taube, ergeben sich folgende Übereinstimmungen:

Das *Goldene Dachl* entspricht dem hellsten Stern Alpha Columbae (1). Geht man davon aus, dann liegt nordöstlich der Stern Epsilon (2). Seine Position deckt sich mit dem *Dom zu St. Jakob*. Südlich im Zentrum des Sternbildes befindet sich Beta (3), ein Stern, der dem irdischen Standort der *Spitalkirche* entspricht. Westlich davon liegt der Stern Gamma (4). Ein Gegenstück in Innsbruck sucht man heute vergeblich. In den 1980er-Jahren wurde das *Ursulinenkloster* am Innrain abgerissen und durch Wohn- und Geschäftsbauten ersetzt. Zieht man den ehemaligen Standort mit ein, ist auch der Stern Gamma irdisch fixiert. Wird die Verbindungslinie am Innrain noch weiter in den Westen verlängert, kommen wir zur *Johannes-Nepomuk-Kirche*. Fasst man die Kirchen von Innsbruck als Sternbild Taube auf, wäre dies der Standort von Stern Delta (5). Fehlt noch Stern *Eta* (6) im Süden der Konstellation. Er entspricht in der Stadtplanung der *Servitenkirche*. Darüber hinaus könnte die im Osten der Altstadt liegende *Franziskaner-Hofkirche* als Anordnung für den Kugelhaufen NGC 1851 (7) gedeutet werden, und die *Jesuitenkirche* als NGC 1792 (8).

Rechnet man noch weiter außen liegende Orte in Innsbruck mit

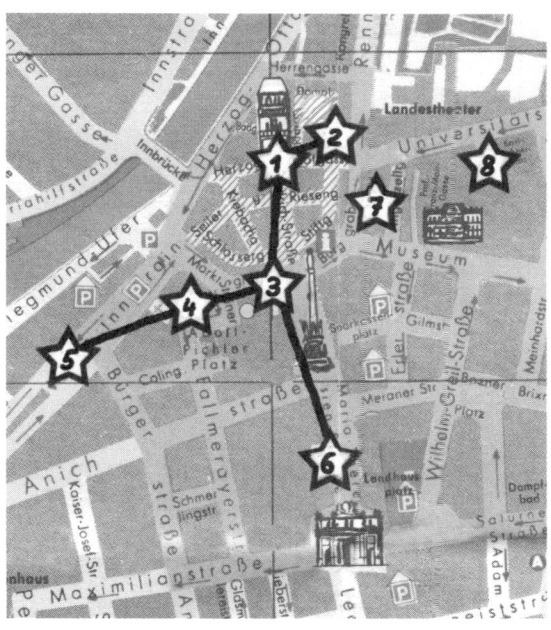

Ist es Zufall, dass die Topografie der wichtigsten Innsbrucker
Gotteshäuser mit der Anordnung der Sonnen im Sternbild der Taube
übereinstimmt? (Bild: R. H.)

ein, ergeben sich dafür im Norden die irdischen Gegenstücke zu den
Hauptsternen benachbarter Sternbilder. Die Pfarrkirche *Mariahilf* ent-
spricht dann Sirius und *St. Nikolaus* findet mit Rigel ihr himmlisches
Spiegelbild.

Das können doch nur Zufälle sein, oder? Wie sollten Maximilians
Städteplaner ein Stück Himmel auf der Erde nachgebaut haben? Das
wäre gewiss eine Sensation, obwohl anderswo offenbar Gleichartiges
bereits vorher glückte. Dazu zählt der Glastonbury-Tierkreis in Sü-
dengland. Auf einem Areal mit 16 Kilometern Durchmesser sind astrologische Sternbilder in die Landschaft »gezeichnet«, die sich durch
Umrisse von Hügeln, Straßen, Kanälen und Schanzen ergeben. Wie
es frühen Siedlern gelang, diesen Sternentempel in die Landschaft zu
integrieren, ist Archäologen ein Rätsel. Dann gibt es natürlich noch

den Vergleich zur bereits erwähnten »Orion-Korrelations-Theorie« von Robert Bauval und Adrian Gilbert, wonach die drei Pyramiden von Gizeh in Anordnung und Größenverhältnis den drei Gürtelsternen des Orion entsprechen.

Es steht im wahrsten Sinne des Wortes noch in den Sternen, ob solch »verrückte« Erkenntnisse den Einzug in die Lehrbücher der Geschichte schaffen werden. Für den Forschergeist bleibt jedenfalls noch genug an Denkarbeit übrig. Es gibt allerdings ebenso eine mögliche irdische Erklärung für das ganze Geschehen ums Goldene Dachl: Mummenschanz und Theaterspiel. Ein heiterer Gedanke, dem auch Herwig Brätz offen gegenübersteht. Auf dem Hauptgemälde wäre dann keine echte Szene aus dem wirklichen Leben zu sehen, sondern ein inszeniertes Bühnenstück. Überliefert ist, dass der Kaiser »Mummereien« – sprich maskierte Rollenspiele – geliebt hat. Eine Gestalt auf dem Fresko zeigt mit etwas Fantasie die Konturen von Maximilian. Er ist der Hofnarr. Der Schäker steht einer holden Dame gegenüber (ist es die ebenso verkleidete Bianca Maria Sforza?) und berührt sie unsittlich am Schoß.

Der König als liebestoller Kaspar?

Stadthistoriker Lukas Morscher ist skeptisch: »Es ist schwer vorstellbar, dass sich der zukünftige Kaiser an einem derart repräsentativen Bauwerk als Narr in einer obszönen Handlung für alle Zeiten hätte festhalten lassen.« Dennoch gibt es eine enge Symbiose, wird doch vom Narren behauptet, er sei das Alter Ego des Königs gewesen. Nur er durfte ihm Wahrheiten sagen, die auszusprechen sonst niemand wagen würde.

In unserer Zeit genießen Cartoonisten, Komiker und Satiriker in etwa das gleiche Privileg. Der Kaiser im Narrenkostüm passt zu den vielen komisch-grotesken Figuren, die am Goldenen Dachl zu entdecken sind. Die Inspiration dazu könnte von dem Straßburger Rechtsgelehrten Sebastian Brant (1457–1521) stammen. Sein Buch »Das Narrenschiff«, erstmals 1494 in Basel gedruckt, war kurz vor Baubeginn des Goldenen Dachls in ganz Europa bekannt. Diese spätmittelalterliche Moralsatire hält der Welt und ihren Lastern einen zeitkritischen Spiegel vors Gesicht. Dabei wurde dem alten philosophischen Gedanken gewürdigt, dass nur ein Mensch, der sich seiner Narrheit bewusst wird, Weisheit erlangen kann.

Kaiser Maximilian, der gerne zu Schabernack aufgelegt war, könnte sich daran orientiert haben. Liegt hier sogar die Lösung zum Schrifträtsel des Prunkerkers? Zeitgenossen mit Hang zur Satire werden vielleicht noch eine Assoziation bemerkt haben: Der Habsburger Herrscher war für seinen ausgeprägten Gesichtserker bekannt. Das belegen ebenso viele Gemälde, die Seitenansichten des Kaisers offenbaren. Man kennt auch den Ausdruck: »Jemand verdient sich eine goldene Nase«. Das vorspringende Golddach von Kaiser Maximilians Denkmal ist einem vergoldeten Riechkolben nicht unähnlich. Lässt sich daraus ein Zusammenhang ableiten? Karikaturisten werden bei diesem Gedanken ihre Freude haben.

Noch eine Narretei habe ich zum Abschluss anzubieten:

Erläutert wurde bereits, dass im Zentrum der Brüstung Kaiser Max zwei Mal abgebildet ist: im Profil und in Vorderansicht. Daneben sind seine Gemahlinnen, ein Berater und mitten im Geschehen abermals der Hofnarr. Sein äußeres Erscheinungsbild zeigt im Profil ebenfalls eine charakteristische Adlernase. Die Ähnlichkeit mit Maximilian ist

Ausschnitt des zentralen Balkonreliefs am Goldenen Dachl: Kaiser Maximilian I. und Hofnarr. Beide Profile zeigen die ausgeprägte Adlernase. Ist ein- und dieselbe Person gemeint?
(Bilder: R. H.)

hier noch markanter als auf dem Wandgemälde der Loggia. Nimmt sich im närrischen Bildnis der König etwa selbst auf die Schippe? Das wäre in der Tat hohe Selbsterkenntnis und wahre menschliche Größe. Und das mysteriöse Schriftband hinter der Kulisse? Es schwingt mit seinen Rätselbuchstaben seit fünf Jahrhunderten mit. Wie wäre es, wenn der unverstandene Text sinngemäß auf das »Narrenschiff« Bezug nimmt? Ein Zitat von Sebastian Brant könnte behagen:

»Nur wer sich für ein'n Narrn eracht't der ist zum Weisen bald gemacht ...«

Letzte Worte mit Dank

Wo ist das Licht, das aus den Finsternissen
den Weg mir weist mit sonnenhellem Schein?
Wo ist der Wunderring, der Weisen Stein,
mit einem Wort: Die Quelle für mein Wissen?

Dr. Humbert Dell'mour, in »Stromquellen –
Gedichte meines Lebens«, Wien 1922

Unsere Reise zu den Rätselschriften der Welt ist beinahe zu Ende. Natürlich gibt es noch mehr Geheimsprachen und Kryptosysteme, die eine große Herausforderung für Linguisten sind.

Ich habe mich hier auf einige herausragende Fälle beschränkt, diese genauer hinterfragt, Querverbindungen aufgezeigt und zur Diskussion gestellt. Es betrifft vorwiegend merkwürdige Schriften, Texte und Legenden, über die ich während meiner Reisen und Studien gestolpert bin. Dabei hat sich gezeigt, dass nicht nur in Ägypten, Anatolien oder bei den Olmeken in Altamerika mysteriöse Botschaften der Nachwelt hinterlassen worden sind.

Manchmal liegt das Mysterium direkt vor der eigenen Haustür, ohne dass man davon eine Ahnung hat. Als kleine Anregung, die Augen für das Geheimnisvolle in nächster Nähe offenzuhalten, möchte ich mit einem persönlichen Beispiel schließen.

Es betrifft einen Rätselstein am Ende der Degengasse im 16. Wiener Gemeindebezirk Ottakring. Entlang einer alten Mauer verbindet ein schmaler Weg die Häuser der Wohnanlage. An dieser Mauer ist eine Tafel hinter Gittern angebracht. Offenbar sollte Witterungsschaden und Vandalismus vorbeugt werden. Die Inschrift ist ein lateinisches Klagegedicht in Form griechischer Zweizeiler.

Stadthistoriker Viktor Böhm vermutet hier einen Bezug zur Göttin Clytia, die den Sonnengott Apollon liebt, der ihr jedoch eine Rivalin vorzieht. Sie isst daraufhin nichts mehr und beobachtet neun Tage lang apathisch die Sonne. Apollon hat schließlich Mitleid mit ihr und verwandelt sie in eine Heliotropblume. Eine andere Deutung erkennt in der Beschreibung eine Sonnenuhr.

Der Text lautet übersetzt:

»Die durch die Lage unvollkommene Magerkeit; obwohl du es sehen kannst, fragst du doch nach dem Sinn des unerklärlichen Werkes, das du bedenkst. Noch nicht hat sie (Clytia oder eine Sonnenuhr, Anm. d. V.) die nach Licht verlangenden Hoffnungen, noch nicht die unnütze Sorge abgelegt, wenn der schreckliche Schatten den verblassenden Tag zurückdrängt. Alles Natur, nichts Künstliches, lieber Wanderer, du musst schon sehr schlau sein, um dieses Gedicht zu durchschauen.«

Geheimnisvolle Steintafel in Wien-Ottakring (Bild: Reinhard Habeck)

Ich bin nicht wirklich schlau daraus geworden. Vielleicht haben scharfsinnige LeserInnen eine Idee. Die Tafel befindet sich nur einen Steinwurf entfernt von dem Gemeindebau, in dem ich aufwuchs und wo meine Eltern wohnen. Trotzdem habe ich von dem Rätselstein nichts gewusst, wohl weil es in meiner Kindheit keinen Zugang zu ihm gab. Auf dem Gelände stand damals eine leere Fabrik, der in den 1980er-Jahren der »Wohnpark Sandleiten« folgte.

Einen Hinweis, woher der mysteriöse Schriftstein stammen könnte, gibt es: Im Gemeindebau führt ein Durchgang in die Parkanlage und zu anderen Wohnhäusern. Auf der Wand ist ein Mosaik, das mich als Kind nicht weiter interessiert hat. Heute weiß ich, dass es den sogenannten »Schottenhof« zeigt, der 1962 abgerissen wurde, um der Wohnhausanlage Platz zu machen. Trotzdem schade um dieses kunsthistorisch interessante Gebäude, das seit dem 14. Jahrhundert belegt ist. 1777 gelangte es in den Besitz des Schottenklosters. Die Steintafel mit der rätselhaften Inschrift soll sich ursprünglich an der Front eines

Lusthauses in diesem Hof befunden haben. Von alldem erfuhr ich erst, während ich dieses Buch schrieb ...

Sind Sie – liebe Leserinnen, liebe Leser – selbst »Grenzgänger des Fantastischen«? Haben Sie Dinge erlebt und gesehen, die Sie zuvor für undenkbar gehalten haben? Wissen Sie von einer verborgenen, unmöglichen Entdeckung, die Rätsel aufgibt? Oder sind Sie gar im Besitz eines magischen Gegenstandes mit mysteriöser Inschrift oder ungeklärter Herkunft? Wenn Sie Kritik, Anregungen oder Informationen haben, freue ich mich über Ihre E-Mail. Alle Angaben werden selbstverständlich vertraulich behandelt. Die Kontaktdaten finden Sie unter www. reinhardhabeck.at.

Mein aufrichtiger Dank gilt vielen Menschen, die zum Gelingen dieses Buches beigetragen haben. Ich bin ein Glücksritter, denn ich habe seit Jahren die treue Unterstützung meines Lesepublikums, darf mich auf Hilfe fachkundiger Freunde und hilfreicher Fotografen verlassen und erhalte von unkomplizierten Kollegen und renommierten Fachgelehrten brisante Informationen. Für ihren Ansporn und ihre konstruktive Kritik bin ich sehr dankbar.

Allen voran danke ich meinem »steinalten« Weggefährten und Freund StD. Peter Fiebag. Wir kennen uns seit Ende der 1970er-Jahre, als wir gemeinsam mit Peters Bruder Dr. Johannes Fiebag (†1999) die ersten literarischen Gehversuche auf den Spuren Erich von Dänikens wagten. Wir haben es keinen Tag bereut und unsere Freundschaft ist seither noch intensiver geworden. Ein herzliches Dankeschön gilt auch Peters Frau Claudia, die ihren Mann tatkräftig bei seinen Studien unterstützt.

Die wichtigste Stütze, nicht nur beim Voranschreiten der Manuskriptarbeit, ist meine Lebensgefährtin Elvira Schwarz. Als erste »Testleserin« hat sie bis zum Schluss mitgelitten und mitgefiebert, bis alle Texte wunschgemäß zu Papier gebracht waren. Ohne Elviras Liebe, Geduld und ohne ihre wertvollen Anregungen hätte es die »Texte, die es nicht geben dürfte« nicht gegeben.

Alle anderen Freunde, Kollegen und Forscher, denen ich für ihre konstruktive Mitwirkung Dank schulde, nenne ich nachfolgend in alphabetischer Reihenfolge. Sollte ich jemanden vergessen haben, muss dahinter keine Verschwörung vermutet werden. Es könnte einfach mit der altersbedingten Vergesslichkeit des Autors zu tun haben. In diesem Fall bitte ich um Nachsicht, der Name wird bei der nächsten Auflage ergänzt.

Ein herzliches Dankeschön an:

A.A.S. – Forschungsgesellschaft für Archäologie, Astronautik und SETI, Beatenberg; Prof. Hademar Bankhofer; Werner Betz; Luc Bürgin; Cornelia von Däniken; Erich von Däniken; Sabine Dell'mour; Chris Dimperl; Tom Distler; Klaus Dona; Anke und Horst Dunkel; Gisela Ermel; Viktor Farkas, Ariana Fiala und Walter Ernsting (†2005); Robert Ernsting und Familie; Lars A. Fischinger; Regina Froitzheim, Inge und Dipl.-Ing. Walter Garn (†2010); Prof. Dr. Roland Girtler; Dipl.-Biologe Dominique Görlitz; Prof. Dietmar Grieser; Ingrid und StR i. R. Willi Grömling; Fritz Grunt; Prof. Jaime Gutierrez, Helga Habeck und »Sir« Henry Wallinger; Hubert Haensel und Familie; Renate und Walter Hain; ArchR. Mag. Dr. Elke Hammer-Luza, Steiermärkisches Landesarchiv; Hans-Peter Jaun und Irma Schirinzi; Daniela Jänsch, Museum Goldenes Dachl; Mag. Thomas Just, Österreichisches Staatsarchiv; Daniela Kornek und Billy Lesina, Gratis Onlinemagazin Mystikum.at; Helga »Maria« Kaiser; Peter Krassa (†2005); Walter-Jörg Langbein; Gabriele Lukacs; Bernhard Moestl; MMag. DDr. Lukas Morscher, Innsbrucker Stadtarchiv/Stadtmuseum; Redaktion »Mysteries«, Basel; Redaktion »Sagenhafte Zeiten«, Beatenberg; Semir Osmanagic, Mario Rank; Armin Risi; Dietmar Rücker; Hans-Werner Sachmann; Priv.-Doz. DDr. Martin Schennach, Tiroler Landesarchiv; Armin Schrick und Familie, Wolfgang Siebenhaar; Mag. Friedrich Simader, Sammlung von Handschriften und alten Drucken, Österreichische Nationalbibliothek; Ekkehard Steinhäuser und Familie; Peter Stern; Neil Steede, Michael M. Thurner; Oliver Stummer; Dipl.-Ing. Alfons Wagner; Andrea Weiss und Familie.

Nicht vergessen seien die »guten Geister« des Verlagshauses Ueberreuter, darunter Martina Gutmann, Andrea Braunsdorfer und Johann Pröll. Meinen geduldigen Lektorinnen Mag. Elisabeth Wagner und Mag. Karin Ballauff gebührt besondere Anerkennung für ihre aufmunternden Worte und ihre konstruktive Zusammenarbeit während der Schreibklausur. Zu guter Letzt danke ich sehr herzlich meinem Programmleiter Melchior Müller und der Verlagsleitung dafür, dass sie die Herausgabe meines nunmehr vierten literarischen »Nicht-geben-dürfte-Streiches« in Folge bei Ueberreuter ermöglicht haben.

Literatur und Links

ÜBER DAS GEHEIMNIS SCHWEIGSAMER TEXTE

Assmann, Jan: *Religion und kulturelles Gedächtnis*, München 2000
Ekschmitt, Werner: *Das Gedächtnis der Völker*, München 1980
Illich, Ivan/Sanders, Barry: *Lesekultur und Identität – Das Denken lernt schreiben*, Hamburg 1988
Schneider, Wolf: *Wörter machen Leute*, München 1983

VORWEG GESAGT: WISSEN MIT ABLAUFDATUM

Lüscher, Geneviève: *Weshalb Schriften aussterben*, in NZZ, Zürich, 09. 01. 2005
S. B.: *Ein Gedächtnis für Computerdaten*, in: NZZ, Zürich, 11. 03. 2005
www.spiegel.de/thema/fukushima/

VERLORENES WISSEN

Anati, Emanuel: *Höhlenmalerei*, Zürich–Düsseldorf 1997
Antonio, José/Roldàn, Marisol: »Le sfere di pietra del Costa Rica«, in: *Hera*, Nr. 16, Rom, April 2001
Aston, Mick/Taylor, Tim: *Atlas der Archäologie*, München 1998
Bartel, Thomas: *Grundlagen zur Entzifferung der Osterinselschrift*, Hamburg 1958
Berlitz, Charles: *Geheimnisse versunkener Welten*, Frankfurt a. M. 1973
Bernardini, Enzo: *Meilensteine der Archäologie*, Klagenfurt 2005
Blome, Peter (Hg.): *Hermes statt SMS – Kommunikation in der Antike*, Katalog zur gleichnamigen Ausstellung im Antikenmuseum Basel, Basel 2010
Bray, Warwick/Trump, David: *Lexikon der Archäologie*, 2 Bände, München 1973
Breuer, Hans: *Kolumbus war Chinese*, Frankfurt a. M. 1970
Buland, Cottie A.: *Völker der Sonne*, Bergisch Gladbach 1977

Burenhult, Gören (Hg.): *Die Kulturen der Neuen Welt*, Augsburg 2000

Charroux, Robert: *Unbekannt, Geheimnisvoll, Phantastisch*, Düsseldorf-Wien 1970

Däniken, Erich von: *Strategie der Götter*, Düsseldorf-Wien 1982

Dell'mour, Humbert: *Stromquellen – Gedichte meines Lebens*, Wien 1922

Disselhoff, Hans-Dietrich: *Gott muss Peruaner sein*, Wiesbaden 1956

Feo, Giovanni: *Die Hohlwege der Etrusker*, Pitigliano 2007

Fiebag, Peter/Gruber, Elmar/Holbe, Rainer: *Mystica – Die großen Rätsel der Menschheit*, Augsburg 2005

Fiebag, Peter: *Der Götterplan*, München 1995

Frutiger, Adrian: *Der Mensch und seine Zeichen*, Wiesbaden 1978

Görlitz, Dominique: Persönliche Mitteilungen, Chemnitz, 12.03. und 14.03.2011

Gremaud, Ruth: »Das Geheimnis von Glozel«, in: *Mysteries*, Nr. 4, Basel 2010

Guyer, Nanina: »Geknotete Schnüre – die Festplatten der Inkas«, in: *Tages-Anzeiger*, Zürich, 18.08.2005

Haarmann, Harald: *Universalgeschichte der Schrift*, Frankfurt a. M. 1991

Habeck, Reinhard und Co-Autoren: *Unsolved Mysteries – Die Welt des Unerklärlichen*, Ausstellungskatalog, Wien 2001

Habeck, Reinhard: *Dinge, die es nicht geben dürfte*, Wien 2007

Hertenberger, Gerhard: »Steinalte Schrift«, in: *profil*, Nr. 24, Wien, 13.06.2005

Heyerdahl, Thor: *Aku-Aku*, Berlin 1957

Heyerdahl, Thor: *Die Pyramiden von Tucumé*, München 1995

Heyerdahl, Thor: *Expedition Ra*, München 1988

Heyerdahl, Thor: *Kon-Tiki*, Wien 1949

Hitz, Hans-Rudolf: *Als man noch protokeltisch sprach*, Zürich 1986

Hoffmann, Emil: *Lexikon der Steinzeit*, München 1999

Irwin, Constance: *Kolumbus kam zweitausend Jahre zu spät*, Wien 1963

Jaun, Hans-Peter: *Eine Schrift vor der Schrift?*, Diplomarbeit, Universität Basel 2007

Jaun, Hans-Peter: »Schriftgeschichte – darf es auch etwas mehr sein«, in: *Tagungsband zum One-Day-Meeting der Forschungsgesellschaft Archäologie, Astronautik und SETI*, Groß-Gerau 2009

Jötten, Frederik: »Mutters Sprache«, in: *NZZ*, Zürich, 16.01.2011

Langenbach, Jürgen: »Die Schrift an der Wand«, in *Die Presse*, Wien, 19.02.2010

Langenbach, Jürgen: »Neue erste Amerikaner«, in: *Die Presse*, 25.03.2011

Lawrence, D. H.: *Etruskische Stätten*, Siena 1989

Lukács, Gabriele/Osmanagić, Semir: *Die Bosnischen Pyramiden*, Wien 2006 und 2008

Lüscher, Geneviève: »Weshalb Schriften aussterben«, in: *NZZ*, Zürich, 09.01.2005

Mahieu, Jacques de: *Des Sonnengottes große Reise*, Tübingen 1972

Mally, Thomas/Schediwy, Robert: *Wiener Spurensuche*, Wien 2008

Naipaul, V. S.: *Afrikanisches Maskenspiel*, Frankfurt a. M. 2011

O. A.: »Der älteste Satz in menschlicher Sprache«, in: *NZZ*, Zürich, 15.07.2005

O. A.: »Die letzten beiden Ayapaneco-Sprechenden wollen nicht miteinander reden«, in *Der Standard*, Wien, 17.04.2011

O. A.: »Mysteriöse Zeichen in Höhlenmalereien«, in: *Spektrum der Wissenschaft*, Heidelberg, Februar 2011

O. A.: »Wurde die Schrift in China erfunden?«, in: *SonntagsZeitung*, Zürich, 04.05.2003

Papachatzis, Nikos: *Mykene-Epidauros-Tiryns-Nauplia*, Athen 1978

Rudgley, Richard: *Abenteuer Steinzeit*, Wien 1998

Sakellarakis, J. A.: *Museum Heraklion*, Athen 1980

Salvini, Mirjo: *Geschichte und Kultur der Urartäer*, Darmstadt 1995.

SDA: »Die ersten Amerikaner waren schon lange da«, in: *Tages-Anzeiger*, Zürich, 26.03.2011

Settis, Salvatore (Hg.): *Das Land der Etrusker*, Florenz 1985

Spalinger, Andrea: »Neue Sprache in Indien entdeckt«, in: *NZZ*, Zürich, 15. 19. 2010

Strinati, Claudio: *Führer zu den Stätten der Etrusker*, Florenz 2007

The National Geographic Society (Hg.): *Wunder der antiken Welt*, Augsburg 1998

Wagner, Alfons: Persönliche Mitteilungen, München 26.01. und 15.02.2011

Wood, Michael (Hg.): *Der große Bildatlas der Archäologie*, München 1991

Wrixon, Fred B.: *Geheimsprachen*, Königswinter 2006

Zick, Michael/Ewe Thorwald/Korn, Wolfgang/Sperlich, Waltraud:

»Die 7 großen Fragen der Archäologie«, in: *Bild der Wissenschaft*, Nr. 6, Stuttgart, Juni 1998

Zick, Michael: »Die erste Eroberung Amerikas«, in: *Der kleine Bund*, Bern, 11.08.2010

Zick, Michael: »Nachrichten aus der Alt-Steinzeit«, in: *SonntagsZeitung*, 27.01.2006

Zillmer, Hans-Joachim: *Kolumbus kam als Letzter*, München 2004

http://mystikum.at

http://sciencev1.orf.at

http://wissenschaft.de

www.abora.eu

www.archaeolinks.com

www.archaeologie-online.de

www.atlantis-schoppe.de

www.donau-archaeologie.de

www.evolution-mensch.de

www.glozel.net

www.magisch-reisen.at

www.piramidasunca.ba/de

www.prehistory.it

www.svf.uib.no/sfu/blombos/Artefact_Review2.html

www.unsolved-mysteries.info

GEHEIMNISVOLLE GOTTESWORTE

Arnold, Dieter: *Die Tempel Ägyptens*, Augsburg 1996

Baran, Musa: *Ephesos und Umgebung*, Izmir o. J.

Bauval, Robert/Hancock, Graham: *Der Schlüssel zur Sphinx*, München 1996

Bellinger, Gerhard J.: *Lexikon der Mythologie*, Augsburg 1996

Beltz, Walter: *Die Mythen der Ägypter*, Düsseldorf 1982

Betró, Maria Carmela: *Heilige Zeichen*, Wiesbaden 2004

Bonin, Werner F.: *Lexikon der Parapsychologie und ihrer Grenzgebiete*, Bern-München 1976

Bonnet, Hans: *Reallexikon der ägyptischen Religionsgeschichte*, Berlin 1952

Brugsch, Heinrich: *Die Sage von der geflügelten Sonnenscheibe*, Göttingen 1870

Brunner, Theodor: *Ägypten – Schweizer fahren in das Pharaonenland*, Bern 1935

Brunner-Traut, Emma: *Altägyptische Märchen*, Düsseldorf-Köln 1976

Brunton, Paul: *Geheimnisvolles Ägypten*, Zürich 1951

Bürgin, Luc: *Lexikon der verbotenen Archäologie*, Rottenburg 2009

Champdor, Albert: *Das Ägyptische Totenbuch*, Bern-München 1977

Cimok, Fatih: *Reise zu den sieben Gemeinden*, Istanbul 1999

Cleres, Anneliese/Froitzheim, Regina: *Wörterbuch der Altorientalistik nach Quellen von Zecheria Sitchin*, Privatdruck, Düsseldorf 2010

Corliss, William R. und Co-Autoren: *Bibliothek erstaunlicher Fakten und Phänomene – Schwindel und Betrug*, München 1992

Däniken, Erich von (Hg.): *Brisante Archäologie*, Rottenburg 2008

Däniken, Erich von: *Der jüngste Tag hat längst begonnen*, München 1995

Dobelhofer, Ernst: *Die Entzifferung alter Schriften und Sprachen*, Stuttgart 2008

Dopatka, Ulrich: *Lexikon der außerirdischen Phänomene*, Bindlach 1992

Dreyer, Günter: *Umm el-Qaab – Das prädynastische Königsgrab U-j und seine frühen Schriftzeugnisse*, Band 1, Darmstadt 1998

Eggers, Stefan (Hg.): *Das Pyramidenkapitel in Al-Makrizi's »Hitat«*, nach einer Übersetzung von Dr. phil. Erich Graefe, Norderstedt 2003

Erman, Adolf/Grapow, Hermann: *Wörterbuch der Aegyptischen Sprache*, 5 Hauptbände mit Ergänzungen, Berlin 1926–1963

Gökovali, Sadan: *Ephesos*, Izmir o. J.

Gottschalk, Herbert: *Sonnengötter und Vampire*, Berlin 1978

Goyon, Georges: *Die Cheopspyramide*, Augsburg 1990

Graichen, Gisela (Hg.): *Heilwissen versunkener Kulturen*, München 2004

Gutgesell, Manfred: »Das Ende der Sprachlosigkeit«, in: *GEO Special – Ägypten*, Nr. 3, Hamburg, Juni 2003

Haase, Michael: *Das Rätsel des Cheops*, München 1998

Habachi, Labib: *Die unsterblichen Obelisken Ägyptens*, Mainz 2000

Habeck, Reinhard: *Atlantis – Der verschollene Kontinent*, Wien 2001

Hancock, Graham: *Die Spur der Götter*, Bergisch Gladbach 1995

Helck, Wolfgang/Otto, Eberhard: *Kleines Wörterbuch der Ägyptologie*, Wiesbaden 1970

Himelfarb, Elizabeth J.: »First Alphabet Found in Egypt«, in: *Archeology*, Nr. 1, New York 2000

Hoffmann, Helmut: *PSI – die »andere Wirklichkeit«*, Wien-Klosterneuburg 2001

Hoffmann, Lars (Hg.): *Herodot – Neun Bücher zur Geschichte*, Wiesbaden 2007

Hornung, Erik: *Das Totenbuch der Ägypter*, Zürich-München 1970

Hornung, Erik: *Die Unterweltsbücher der Ägypter*, Düsseldorf-Zürich 1997

Houdin, Jean-Pierre: *Cheops: Die Geheimnisse um den Bauprozess der großen Pyramide*, Darmstadt 2007

Ions, Veronica: *Ägyptische Mythologie*, Wiesbaden 1968

Kákosy, László: *Zauberei im alten Ägypten*, Leipzig 1989

Kern, Susanne: »Wer hat Angst vor dem ›Vater des Schreckens?‹«, in: *P.M. History*, Nr. 3, München 2011

Kolpaktchy, Gregoire: *Das ägyptische Totenbuch*, Bern–München 1970

Krassa, Peter/Habeck, Reinhard: *Das Licht der Pharaonen*, München 1992

Krosney, Herbert: *Das verschollene Evangelium*, Wiesbaden 2006

Kucklick, Christoph: »Und aus Bildern wurde Schrift«, in: *GEO Epoche – Das Reich der Pharaonen*, Nr. 3, Hamburg, April 2000

Langbein, Walter-Jörg: *Bevor die Sintflut kam*, München 1996

Lichtenfels, Karl Leopold von: *Lexikon der Prophezeiungen*, München 2000

Lurker, Manfred: *Lexikon der Götter und Dämonen*, Stuttgart 1984

Lurker, Manfred: *Lexikon der Götter und Symbole der alten Ägypter*, Bern-München-Wien 1987

Lurker, Manfred: *Wörterbuch der Symbolik*, Stuttgart 1991

Magin, Ulrich: »Tulli-Papyrus ist gefälscht«, in: *Mysteries*, Nr. 3, Basel, Mai 2006

Manley, Bill: *Die siebzig großen Geheimnisse des alten Ägyptens*, München 2003

Marchant, Jo: *Die Entschlüsselung des Himmels*, Reinbek 2011

Marx, Helma: *Das Buch der Mythen*, Graz-Wien-Köln 1999

Müller, Peter: »Der Stein von Rosetta«, in: *Tages-Anzeiger*, Zürich, 04.09.2004

National Geographic (Hg.): *Das Lexikon der Entdecker*, Hamburg 2009

O. A.: »König Skorpion I. und die erste Schrift«, in: *Bild der Wissenschaft*, Nr. 12, Leinfelden-Echterdingen 1998

Oostra, Roel (Hg.): *Die großen Rätsel – Auf den Spuren alter Mysterien*, Köln-Luzern 1996

Paganini, Rico/Risi, Armin: *Die Giza-Mauer und der Kampf um das Vermächtnis der alten Hochkulturen*, Neuhausen-Jestetten 2005

Posener, Georges: *Knaurs Lexikon der ägyptischen Kultur*, München-Zürich 1978

Reeves, Nicholas: *Faszination Ägypten*, München 2001

Rétyi, Andreas von: *Die Stargate-Verschwörung*, Rottenburg 2000

Risi, Armin: »Die Osiris-Krypta« und »Ägyptisches Mysterienwissen einst und heute«, in: *Machtwechsel auf der Erde*, Neuhausen-Jestetten 2006, München 2007

Risi, Armin: »Die Osiris-Krypta von Gizeh« in: *Tagungsband zum One-Day-Meeting der Forschungsgesellschaft für Archäologie, Astronautik und SETI*, München 2007, Groß-Gerau 2007

Risi, Armin: Persönliche Mitteilung, Zürich, 08.03.2011

Roeder, Günther: *Ägyptische Mythologie – Die Götterwelt*, Düsseldorf-Zürch 1998

Roob, Alexander: *Das hermetische Museum – Alchemie & Mystik*, Köln 1996

Rotter, Gernot: *Bibliothek Arabischer Erzähler*, 10 Bände, München 1988

Schmidt, Klaus: *Sie bauten die ersten Tempel*, München 2006

Schmökel, Hartmut: *Das Gilgamesch-Epos*, Stuttgart-Berlin-Köln-Mainz 1966

Schneider, Thomas: *Lexikon der Pharaonen*, Düsseldorf 2002

Schwabenthan, Sabine: »Der Geheimcode der Smaragdtafel«, in: *Wunderwelt Wissen*, München, April 2008

Siliotti, Alberto: *Ägypten – Land der Pharaonen*, Erlangen 1994

Sitchin, Zecharia: *Auf den Spuren der Mythen*, Rottenburg 2010

Sitchin, Zecharia: *Stufen zum Kosmos*, Unterägeri 1982

Stadelmann, Rainer: *Die ägyptischen Pyramiden*, Mainz 1997

Stearn, Jess: *Der schlafende Prophet – Prophezeiungen in Trance (1911–1998)*, Genf 1978

Straumann, Felix: »Die Erde stand schon sieben Mal am Abgrund«, in: *Berner Zeitung*, Bern, 22.02.2010

Tappe, Anne: *Magisch Reisen – Türkei*, München 1991

Thomas, Andrew: *Das Geheimnis der Atlantiden*, Stuttgart 1971

Thorwald, Jürgen: *Macht und Geheimnis der frühen Ärzte*, München-Zürich 1962

Tompkins, Peter: *Cheops – Die Geheimnisse der Großen Pyramide*, Bern-München 1973

Werner, Helmut: *Lexikon der Esoterik*, München 1999

Wimmer, Stefan Jakob/Wimmer-Dweikat, Samaher: »The Alphabet from Wadi el-Hôl – A First Try«, in: *Göttinger Miszellen – Beiträge zur ägyptologischen Diskussion*, Nr. 180, Göttingen 2001

Witthuhn, Orell: »Sphinx – Vater des Schreckens«, in: *Kemet*, Berlin, April 2010

Zarei, Alireza: *Die verletzte Pyramide*, Groß-Gerau 2011

Zauzich, Karl-Theodor: *Hieroglyphen ohne Geheimnis*, Mainz 1980

http://egyptsites.wordpress.com/

http://sphinx-suche.de/

http://terra-x.zdf.de/

http://wiki.atlantisforschung.de/

www.ancient-cultures.com/

www.antikythera-mechanism.gr/

www.armin-risi.ch/

www.chufu.de/

www.drhawass.com/

www.edgarcayce.org/

www.kemet-time-code.de/

www.mysteria3000.de/wp/2002/neues-vom-tulli-papyrus/

www.nag-hammadi.com/

www.palaeoseti.de/

www.robertschoch.com/

www.touregypt.net/

KAISERLICHE KRYPTOZEICHEN

Baltrusaitis, Jurgis: *Das phantastische Mittelalter*, Berlin 1994

Bauval, Robert/Gilbert, Adrian: *Das Geheimnis des Orion*, München 1994

Betrò, Maria Carmela: *Heilige Zeichen – 580 Ägyptische Hieroglyphen*, Bergisch Gladbach 1996

Bogun, Werner/Straet, Norbert: *Lexikon der Esoterik*, Köln 1997

Bouchal, Robert/Lukacs, Gabriele: *Geheimnisvoller Da Vinci Code in Wien*, Wien-Graz-Klagenfurt 2009

Brätz, Herwig: *Briefwechsel mit Dr. Johanna Felmayer*, Rostock-Mieders 2000

Brätz, Herwig: *Neues zum Goldenen Dachl in Innsbruck*, Rostock 2005

Brett, Michael/Forman, Werner: *Die Mauren – Islamische Kultur in Nordafrika und Spanien*, Freiburg i. Br. 1981

Budka, Julia: »Der Schönbrunner Obelisk«, in: *Beiträge zur Ägyptologie*, Band 21, Institut für Afrikanistik und Ägyptologie der Universität Wien, Wien 2005

Däniken, Erich von (Hg.): *Neue Kosmische Spuren*, München 1992

Distelberger, Rudolf und Co-Autoren: *Westliche und Geistliche Schatzkammer*, Bildführer, Wien 1987

Felmayer, Johanna: *Anmerkungen zu den hebräischen Buchstaben am Goldenen Dachl*, Mieders 1996

Felmayer, Johanna: *Das Goldene Dachl in Innsbruck*, Innsbruck 1996

Fischer, Heinz-Joachim (Hg.): *Sebastian Brant – Das Narrenschiff mit Holzschnitten des Drucks Basel 1494*, Wiesbaden 2007

Fritsch, Esther: *Die hebräischen Buchstaben am Goldenen Dachl in Innsbruck*, 1996

Fussenegger, Gertrud: *Maria Theresia*, Wien-München-Zürich-Innsbruck 1980

Girtler, Roland: »Die geheimen Zeichen von Innsbruck«, in: *Krone bunt*, Wien 2010

Hain, Walter: »Jesus und der Da Vinci Code«, in: *Magazin 2000plus*, Nr. 277, Marktoberdorf 2009

Hammer-Luza, Mag. Dr. Elke, Amt der Steiermärkischen Landesregierung, Steiermärkisches Landesarchiv: Persönliche Mitteilung, Graz, 02.12.2010

Harwood, Jeremy: *Die Freimaurer*, Wien 2007

Hauf, Monika: *Der Mythos der Rosenkreuzer*, Düsseldorf 2007

Hauft, Uta: »Das Top-Secret«, in: *Kurier*, Wien, 04.12.2009

Homer (übertragen von Johann Heinrich Voß): *Ilias*, Frankfurt a. M. 2009

Hye, Franz-Heinz: Das *Goldene Dachl Kaiser Maximilians I. und die Anfänge der Innsbrucker Residenz*, Innsbruck 1997

Jänsch, Daniela, Stadtmagistrat Innsbruck, Museum Goldenes Dachl: Persönliche Mitteilungen, Innsbruck, 29. und 30.11.2010

Jantsch, Franz: *Kultplätze im Land Tirol & Vorarlberg*, Unterweitersdorf 1995

Just, Mag. Martin, Österreichisches Staatsarchiv, Abteilung Haus-, Hof- und Staatsarchiv: Persönliche Mitteilung, Wien, 03.12.2010

Kobler, Barbara/Zeindl, Gertraud/Morscher, Lukas: *Museum Goldenes Dachl*, Museumsführer, Innsbruck 2009

Krassa, Peter: *Der Wiedergänger*, München 1998

Krauss, Heinrich: *Kleines Lexikon der Engel*, München 2001

Krenslehner, Erich/Lukacs, Gabriele: *Geheimnisvoller Tiergarten Schönbrunn*, Selbstverlag, Wien 2006

Küng, Hans: *Judentum – Die Tora*, München 2005

Kunze, Gerhard: *Tiergarten Schönbrunn*, St. Pölten-Wien 2006

Langegger, Verena: »Rätselhafte Inschrift am Goldenen Dachl soll poetisch decodiert werden«, in: *Der Standard*, Wien, 14.10.2009

Leitich, Ann Tizia: *Augustissima*, Wien 1954

Lipffert, Klementine: *Symbol-Fibel*, Kassel 1976

Lurker, Manfred: *Wörterbuch der Symbolik*, Stuttgart 1991

Meyrink, Gustav: *Der Engel vom westlichen Fenster*, Leipzig 1927

Miers, Horst E.: *Lexikon des Geheimwissens*, München 1997

Morscher, Lukas/Grossmann, Ulrich G./Grebe, Anja: *Das Goldene Dachl in Innsbruck*, Regensburg 2004

Mrugalska, Berit/Morscher, Wolfgang: *Das Innsbrucker Sagenbuch*, Innsbruck 2007

Musil, Robert: *Nachlaß zu Lebzeiten*, Reinbek 1962

Naval, Margret: *In Rom erzählt man …*, Wien 1950

Nestler, Julius (Übersetzer): *Die Kabbala*, Wiesbaden 2004

Oberhammer, Vinzenz: *Das Goldene Dachl zu Innsbruck*, Innsbruck-Wien-München 1970

Pollack, Rachel: *Tarot – 78 Stufen der Weisheit*, München 1985

Roberts, Marc: *Das neue Lexikon der Esoterik*, Berlin 2005

Schennach, DDr. Martin, Amt der Tiroler Landesregierung, Tiroler Landesarchiv: Persönliche Mitteilung, Innsbruck, 07.12.2010

Simader, Mag. Friedrich, Sammlung von Handschriften und alten Drucken, Österreichische Nationalbibliothek: Persönliche Mitteilung, Wien, 14.12.2010

Unterkircher, Franz: *Die datierten Handschriften der Österreichischen Nationalbibliothek von 1501 bis 1600*, Wien 1976

Vajda, Stephan: *Die große Geschichte Österreichs*, Wien-Heidelberg 1984

Waldmann, Emil: *Albrecht Dürer*, Leipzig 1919

Westwood, Jennifer: *Sagen, Mythen, Menschheitsrätsel*, München 1987

Wiesflecker, Hermann: *Kaiser Maximilian I.*, Wien-München, 1971– 1986 (5 Bände)

Wildung, Dietrich/Wullen, Moritz/Wenderholm, Iris: *Hieroglyphen!*, Berlin-Köln 2005

http://archiv2.sfd.at/akademie/2009/klassen/felixmitterer/
http://austria-lexikon.at/af/Wissenssammlungen/Symbole/
http://de.geschichte-chronologie.de/
http://de.wikipedia.org/wiki/Voynich-Manuskript
http://it.wikipedia.org/wiki/Porta_Alchemica
http://sphinx-suche.de/
http://web.utanet.at/mahain/der_da_vinci_code_in_wien.htm
www.goldenes-dachl.at/
www.innsbruck.at/
www.morisken.de/
www.schoenbrunn.at/

Anmerkung zu den Bildnachweisen

ISBN 978-3-8000-7452-5

ISBN 978-3-8000-7344-3

ISBN 978-3-8000-7409-9